Kreativität und Perversion

Über dieses Buch:
Die Autorin untersucht in diesem Werk nicht banale oder bizarre Abweichungen im Sexualverhalten, sondern eine eigene, allen Menschen innewohnende Dimension: die Sehnsucht des Menschen, seine Grenzen zu sprengen, die reale Welt durch eine neue, in der alles möglich ist, zu ersetzen. Perversion ist eine Versuchung, der jeder Mensch ausgesetzt ist. Aus Hybris geboren, entthront die „listige Welt" die Götter und schreibt sich eine neue Bibel. Ihr Ziel ist die Veränderung der Wirklichkeit, ihre Lust Unordnung und Chaos.

Janine Chasseguet-Smirgel belegt ihre Auffassung mit reichem Material aus Film, Theater und Literatur, z.B. mit de Sade, Caligula, Oscar Wilde und H.G. Wells. Neben diesen literarischen und künstlerischen Quellen verarbeitet sie auch zahlreiche klinische Fälle sowohl aus der psychoanalytischen Fachliteratur als auch aus ihrer Praxis.

Dieses Buch vermittelt nicht nur dem Fachwissenschaftler einen tiefen Einblick in das französische psychoanalytische Denken der Gegenwart im allgemeinen und das einer ihrer herausragenden Vertreterinnen im besonderen, sondern auch jedem, der an Grenzbereichen der menschlichen Existenz interessiert ist, neue Einsichten und Denkanstöße.

Über die Autorin:
Janine Chasseguet-Smirgel sitzt im Vorstand der Internationalen Psychoanalytischen Vereinigung. Sie ist „Docteur des lettres et sciences humaines" an der Sorbonne und diplomierte Politologin. 1982–83 hatte sie den Freud-Lehrstuhl an der Universität von London inne. Auf der Grundlage der dort gehaltenen Vorlesungen und Seminare entstand dieses Buch.

Janine Chasseguet-Smirgel
Kreativität und Perversion

Aus dem Englischen übersetzt
von Norbert Geldner

Nexus

CIP-Kurztitelaufnahme der Deutschen Bibliothek
Chasseguet-Smirgel, Janine:
Kreativität und Perversion / Janine Chasseguet-
Smirgel. Aus d. Engl. übers. von Norbert
Geldner. – Frankfurt am Main: Nexus, 1986.
(Psychologie 1)
Einheitssacht.: Creativity and perversion dt.
ISBN 3–923301–16–2

NE: GT

DEUTSCHE ERSTAUSGABE

Copyright by Nexus Verlag
Fichardstr. 38 6000 Frankfurt 1

Titel der englischen Originalausgabe:
„Creativity and Perversion", erschienen bei
Free Association Books, London, 1984 by
Janine Chasseguet-Smirgel

Datenkonvertierung/Satz: Hermann Ostgathe
Druck: Nexus Verlag
Umschlaggestaltung: Bernd Wendt
Übersetzung: Norbert Geldner
Printed in Germany

ISBN 3–923301–16–2

Inhaltsverzeichnis

Perversion und das Universalgesetz	7
Drei luziferische Charaktere als Beispiele für Perversion	24
Narzißmus und Perversion	39
Erneute Lektüre des „Kleinen Hans"	55
Erneute Lektüre des „Wolfsmannes"	67
Narzißmus und Gruppenpsychologie	82
Eine psychoanalytische Untersuchung der „Falschheit"	97
Betrachtungen über den Fetischismus	114
Ästhetizismus, das Schöpferische und Perversion	131
Die Konstruktion in der Analyse und die psychische Konstruktion	149
Über den therapeutischen Bund und „perverse" Patienten	162
Einige Betrachtungen über die „perverse" Art des Denkens	178
Ein klinischer Bericht: Rrose Sélavy	194
Eine metapsychologische Untersuchung der Perversionen	216
Bibliographie	236
Index	240

Danksagung

Ich möchte Sir James Lighthill, Provost des University College, London, und den Mitgliedern des Verwaltungsrates des Freud-Lehrstuhls, die mir die großartige Möglichkeit des Lehrens und des Gedankenaustausches mit den Studenten der Universität gaben, meinen Dank aussprechen. Ebenso danke ich Professor Richard Wollheim, der meine ersten Schritte in dieses Abenteuer begleitete. Ebenso gilt mein Dank Robert Young – meinem englischen Herausgeber, der zu meinen Hörern gehörte – und seinem kompetenten und lebendigen Team. Und nicht zuletzt danke ich den Patienten, von denen ich in diesem Buch spreche, für all die faszinierenden Dinge, die sie mir großzügigerweise erzählt haben.

Janine Chasseguet-Smirgel

1. Kapitel

Perversion und das Universalgesetz

Der Mensch hat immer die engen Grenzen seines Seins zu überschreiten gesucht. Nach meiner Auffassung benutzt er die Perversion als ein geeignetes Werkzeug, die Barrieren des Möglichen zu überwinden und die Realität zu erschüttern. Ich betrachte Perversionen nicht ausschließlich als Abweichungen von der natürlichen Sexualität, die nur eine verhältnismäßig kleine Zahl von Menschen betreffen, obwohl ihre Rolle und Bedeutung im soziokulturellen Bereich nicht überschätzt werden können. Ich betrachte Perversionen in einem weiteren Sinne als Dimension der menschlichen Psyche im allgemeinen, als Versuchung des Geistes, die jedem von uns widerfährt. Dies ist eine der Thesen, die ich hier vertreten möchte.

Meine Studien und meine klinische Erfahrung haben mich zu der Auffassung geführt, daß es in jedem von uns latent einen „perversen Kern" gibt, der unter bestimmten Bedingungen aktiviert werden kann. Ich hoffe, die weiteren Implikationen eines Phänomens deutlich machen zu können, das auf den ersten Blick lediglich als Abweichung – und oft als pittoreske Abweichung – des Sexualverhaltens erscheint. Beispielsweise sollten wir uns daran erinnern, daß Perversion und perverses Verhalten besonders in jenen Zeiten der menschlichen Geschichte auftreten, in denen größere soziale und politische Umwälzungen stattfinden oder bevorstehen: Der Untergang des römischen Reiches fiel, wie wir wissen, in eine Zeit weitverbreiteter sittlicher Dekadenz.

Es ist ein Gemeinplatz geworden, den Aufstieg der Nazis mit ausschweifendem Sexualverhalten in Verbindung zu bringen, z.B. wenn gleich mehrere Filme die Hochblüte des Transvestitenkabaretts kurz vor Hitlers Machtübernahme zum Thema haben. Im besonderen denke ich an *Cabaret, Das Schlangenei* und auch an *Die Verdammten*. Im letzteren Film schildert Visconti, wie die Hauptfigur mit seiner Mutter in Inzest lebt, sich kleidet wie Marlene Dietrich im *Blauen Engel* und ein kleines Mädchen vergewaltigt, das daraufhin Selbstmord begeht. Dies ist eine Reminiszenz an Matrioschas Vergewaltigung und Selbstmord in *Die Dämonen* (1873). Dostojewskys Stavrogin gehört zu einer Partei russischer Nihilisten. Tatsächlich hat Dostojewsky die Gruppe um Netschajew beschrieben. Und die Werke des Marquis de Sade (auf die sich, nebenbei bemerkt, Dostojewsky bezieht, wenn Chatow Stavrogin einen Wüstling nennt) sind zur Zeit der französischen Revolution geschrieben, und des Autors Leben ist eng mit den bedeutendsten Entwicklungen der Zeit verknüpft.

So kommt man zu einer ersten Hypothese: Können wir vielleicht historische Umstürze, die eine Ahnung des Entstehens einer neuen Welt vermitteln, in Beziehung bringen mit der Unordnung zwischen den Geschlechtern und Generationen, die der Perversion eigen ist, so daß die Hoffnung auf eine neue soziale und politische Wirklichkeit Hand in Hand ginge mit dem Versuch, die sexuelle Wirklichkeit und Wahrheit zu zerstören?

Nun, meiner Meinung nach erwächst die ödipale Tragödie zu einem großen Teil aus der *chronologischen Lücke*, die zwischen der Entstehung des Begehrens des Jungen nach der Mutter und der Erlangung seiner vollen genitalen Fähigkeiten klafft. Diese Lücke ist das Ergebnis einer Art Frühreife des menschlichen Wesens, das bei der Geburt weniger voll entwickelt ist als das Tier. Es könnte sogar zu den Wurzeln des universellen Inzesttabus gehören, daß das Nicht-Dürfen das kindliche Nicht-Können ersetzt. (Ich beziehe mich hier auf Gedanken Béla Grunbergers.) Das Fundament der Wirklichkeit besteht aus der Verschiedenheit der Geschlechter und der Verschiedenheit der Generationen: die unvermeidliche Zeitspanne, die ein Kind von seiner Mutter (für die es kein angemessener Geschlechtspartner ist) und seinem Vater (dessen potentes reifes Geschlechtsteil es nicht besitzt) trennt. Wenn das Kind die komplementäre Natur der Genitalität seiner Eltern erkennt, ist dies ausschließlich mit dem Gefühl der Kleinheit und Unzulänglichkeit verbunden. Die Erkenntnis des Unterschiedes zwischen den Geschlechtern ist also mit der Erkenntnis des Unterschiedes der Generationen verknüpft.

Die perverse Versuchung führt dazu, die prägenitale Begierde und Befriedigung (erlebbar für den kleinen Jungen) und die genitale Begierde und Befriedigung (erlebbar für den Vater) als gleichwertig oder erstere gar als höherwertig einzuschätzen. Einebnung des doppelten Unterschiedes zwischen den Geschlechtern und zwischen den Generationen ist das Ziel des Perversen. Im allgemeinen hilft ihm seine Mutter noch dabei, dieses Ziel zu erreichen, indem sie durch die aufreizende Art des Umgangs mit ihm und die damit einhergehende Zurückweisung seines Vaters in ihm die Illusion nährt, er brauche weder erwachsen zu werden noch zu reifen, indem er seinen Vater zum Vorbild nimmt, um ihr ein befriedigender Partner zu sein.

Die analsadistische Welt und Perversion

Regression auf die analsadistische Phase führt zur Einebnung des doppelten Unterschiedes zwischen den Geschlechtern und zwischen den Generationen, ja, aller Unterschiede überhaupt, und diese Regression scheint mir im wesentlichen dasselbe wie Perversion zu sein. In einigen meiner früheren Arbeiten hatte ich die Gelegenheit, mich mit dem Autor zu beschäftigen, an dem sich das wahre Wesen von Analität und Sadismus am besten enthüllen läßt, dem Marquis de Sade selbst. Speziell habe ich eine Studie über die Sadesche Szenerie verfaßt, aber auf diesen Aspekt will ich hier nicht eingehen. Statt dessen würde ich gern genauer das Ergebnis des Prozesses untersuchen, der an einem Ort vor sich geht, den ich mit dem Verdauungstrakt verglichen habe.

Geschlechtsverkehr ist natürlich das Thema, das in diesem Werk allgegenwärtig ist. Bei Sade handelt es sich immer um Gruppenaktivitäten, bei denen die Protagonisten – indem sie extrem komplizierte Stellungen bilden, auflösen und neu formen – Männer und Frauen, Kinder und alte Leute, Jungfrauen und Huren, Nonnen und Kupplerinnen, Mütter und Söhne, Väter und Töchter, Brüder und Schwestern, Onkel und Neffen, Adelige und Pöbel sind. „Alles geht kunterbunt durcheinander, alles wälzt sich auf den Polstern, auf der Erde, und wie bei Tieren wird getauscht, wird sich vermischt, wird Inzest, Ehebruch und Sodomie begangen." Dies ist eine der Vorschriften aus dem „Gesetzbuch" in *Die 120 Tage von Sodom*. (S. 56)

Manchmal werden die Unterschiede zwischen den Geschlechtern und den Generationen auf offensichtliche Weise aufgehoben: eine der „Zeremonien" in *Die 120 Tage...* sind die Hochzeiten von Kindern: „Beide waren ganz außerordentlich herausgeputzt, aber sozusagen auf verdrehte Weise, da der kleine Junge als Mädchen ausstaffiert war und das Mädchen Jungenkleider trug." (S. 148) Und ebenso: „An diesem Abend heiratet der Bischof, als Frau verkleidet, den Antinous in der Rolle des Ehemannes, und danach heiratet er als Mann den Celadon in der Rolle eines Mädchens." Antinous und Celadon sind beide Kinder. Und Noirceuil sagt zu Juliette:

> „Ich bin seit langer Zeit von einer höchst ungewöhnlichen Phantasie besessen, Juliette, und ich habe deine Rückkehr ersehnt, weil du die einzige Person auf der Welt bist, mit der ich ihr frönen kann. Ich möchte am selben Tag zweimal heiraten: um zehn Uhr morgens werde ich mich als Frau kleiden und einen Mann heiraten, mittags werde ich, als Mann gekleidet, einen homosexuellen Mann heiraten, der als Frau gekleidet

ist. Und darüber hinaus ... möchte ich, daß eine Frau dasselbe tut, und welche Frau außer dir würde eine solche Phantasie verwirklichen? Du mußt dich als Mann kleiden und eine homosexuelle Frau heiraten, im selben Moment, wenn ich als Frau einen Mann heirate, und dann mußt du als Frau eine andere homosexuelle Frau heiraten, die als Mann gekleidet ist, während ich in den meinem Geschlecht entsprechenden Kleidern als Mann einen männlichen Homosexuellen in Frauenkleidern heirate." (*Die Geschichte der Juliette*, S. 569)

Ebenso werden die erogenen Zonen und ihre Funktionen austauschbar gemacht. *Vermischung* könnte das Motto sein, unter dem die ganze Sadesche Phantasiewelt steht.

Es ist klar, daß für Sade der Inzest nichts mit der Befriedigung eines tiefen Sehnens nach dem ödipalen Objekt zu tun hat, sondern mit der Eliminierung der Begriffe „Kinder" und „Eltern" als Kategorien. Allgemeiner ausgedrückt: Die Lust, die mit der Gesetzesübertretung verbunden ist, wird noch von der Phantasie verstärkt, die Übertretung habe – indem die Schranken, die Mann von Frau, Kind von Erwachsenen, Mutter vom Sohn, Tochter vom Vater, Schwester vom Bruder, die erogenen Zonen der verschiedenen Geschlechter und, im Falle von Mord, die Moleküle im Körper voneinander trennen, niedergerissen werden – die Wirklichkeit zerstört und dabei eine neue geschaffen, nämlich die der analen Welt, in der es keine Unterschiede mehr gibt.

Die ist letztendlich die Welt des *Sakrilegs*. Alles, was tabu, verboten oder heilig ist, wird vom Verdauungstrakt verschlungen, der ein gewaltiges Mahlwerk darstellt, das alle so aufgenommene Materie in seine Moleküle auflöst, um sie in Exkremente zu verwandeln. Die erogenen Zonen und die verschiedenen Körperteile werden austauschbar und werden von einer Art teuflischer Chirurgie umgestaltet. In *Die neue Justine* gibt es tatsächlich zwei sadistische Chirurgen, Rombeau und Rodin. Rodin will seine Tochter töten, indem er ihr die Gebärmutter entfernt. Das ist eine demiurgische Phantasie, über die ich noch mehr zu sagen haben werde. Der Sadesche Held setzt sich an die Stelle Gottes und wird durch einen Akt von Zerstörung zum Schöpfer einer neuen Art von Wirklichkeit.

Ich glaube, es ist nötig, einige der Sadeschen Argumente für den Mord zu zitieren. Auf den ersten Blick mögen sie als materialistische Gemeinplätze erscheinen. Aber bei genauer Betrachtung erweisen sie sich als zentral für das Verständnis Sades, des Sadismus und der Perversion im allgemeinen. Wenn Rombeau mit Rodin den Mord diskutiert, spricht er von „diesen Brocken unorganisierter Materie, die wir in den Schmelztiegel der Natur werfen. Dadurch erlauben wir es ihr, erneut schöpferisch tätig zu werden." (S. 263) Und Bressac sagt zu Justine:

> „Dem Menschen ist die Macht der Zerstörung nicht gegeben. Er kann höchstens die Gestalt verändern, aber die Macht zur Auslöschung hat er nicht. Nun sind in den Augen der Natur alle Gestalten gleich, nichts geht verloren in dem gigantischen Sudkessel, aus dem sie ihren Artenreichtum hervorbringt. Jedes Stückchen Materie, das in ihn hineinfällt, geht in neuer Gestalt aus ihm hervor. Und von welcher Bedeutung könnte es nun für ihre schöpferische Hand sein, wenn dieses Stück Fleisch, das heute Teil eines zweibeinigen Wesens ist, morgen in der Form von tausend verschiedenen Insekten erscheint?" (Bd. 6, S. 202)

Sade wiederholt diesen Gedanken endlos, und man kann Dutzende von Beispielen in seinem Werk finden.

Ich glaube, dieses immer wiederkehrende Motiv der Veränderung der Gestalt – der Fähigkeit des Menschen, Dinge zwar nicht auslöschen, aber auflösen und nach der Zerlegung in die Einzelteile in eine neue Form umgestalten zu können – bedeutet, daß alle Dinge zum Chaos zurückkehren müssen, zum ursprünglichen Chaos, das man mit Exkrementen identifizieren kann. Die materialistische Argumentation Sades, wenn er von der Gleichheit des Menschen und der Auster, der Gleichheit aller Menschen, der Gleichheit des Guten und des Bösen, der Gleichheit von Tod und Leben und seiner Verleugnung des Leib-Seele-Dualismus – Ideen, die in seinen „philosophischen" Ausführungen enthalten sind – spricht, enthüllt nur eine einzige Grundabsicht: die Welt zu Fäkalien zu machen, oder besser, die Welt der Unterschiede (die genitale Welt) zu vernichten und an ihre Stelle die anale Welt zu setzen, in der alle Bestandteile gleich und austauschbar sind.

Die Geburt des Menschen als hilfloses Kind führt dazu,

daß das menschliche Junge auf das Objekt angewiesen ist, um zu überleben. Gerade dieser Zustand der Hilflosigkeit, Not und Abhängigkeit wird von Sade offenbar geleugnet. Hier folgt zum Beispiel ein Teil des Gespräches, das Bressac mit Justine führt, bevor er seine Mutter erschlägt:

„... Die Kreatur, die ich zerstöre, ist meine Mutter, so müssen wir den Mord von diesem Gesichtspunkt her untersuchen ... Das Kind wird geboren, die Mutter stillt es. Wenn sie dem Kind diesen Dienst erweist, können wir sicher sein, daß sie von einem natürlichen Drang gelenkt wird, der sie treibt, sich einer Sekretion zu entledigen, die sich andernfalls möglicherweise als gefährlich für sie erweisen könnte. So ist es nicht die Mutter, die dem Kind einen Dienst erweist, wenn sie es stillt, sondern im Gegenteil erweist das Kind der Mutter einen Dienst ... Was! Bin ich einer Person etwas schuldig, die mir einen Gefallen tut, ohne den ich ebenso gut auskommen könnte, der allein ihren Bedürfnissen entspringt? Darum ist es selbstverständlich, daß, wann immer ein Kind die Gelegenheit erhält, seiner Mutter Gewalt anzutun, es es ohne die geringsten Skrupel tun sollte; es sollte sogar die Gelegenheit suchen, weil es eine solche Frau nur hassen kann, und Rache ist die Frucht des Hasses und Mord das Mittel der Rache. So soll es erbarmungslos diese Kreatur erschlagen, der es irrtümlich so viel zu schulden meint, ohne Bedenken die Brust zerreißen, die ihn gesäugt hat." (S. 209f)

Wir haben gesehen, daß Sade endlos den Gedanken wiederholt, die Natur wäre ein Schmelztiegel, d. h. der Topf, in dem die chemische Verschmelzung der Stoffe stattfindet. Der Sadesche Held identifiziert sich mit ihr, einer grausamen und allmächtigen Mutter, die die Rolle des Urhebers der gesamten Schöpfung übernimmt, ja, die Gottes selbst. Denn diese Zerstörung stellt die Schöpfung einer neuen Dimension dar, wo Gleichmacherei, Konfusion und Chaos herrschen. Tatsächlich wird der Sadesche Held das Mahlwerk, der Schmelztiegel, in dem die Welt aufgelöst wird. „Ein Mechaniker, der eine Maschine erfinden würde, die in der Lage wäre, die ganze Welt zu Staub zu zermahlen – er allein verdiente Dank von der Natur, weil die Hand der Natur ungeduldig darauf wartet, ein Werk neu zu schaffen ... daß ihr beim ersten Mal mißlungen ist." (Der Mönch Clement zu Justine, S. 402) Und: „Als ich eines Tages den feuerspeienden Ätna sah, wünschte ich, dieser berühmte Vulkan zu sein. Höllenschlund', rief ich aus, als ich das bedachte, wenn ich wie du alle Städte in meiner Umgebung zudecken könnte, wie viele Tränen würden deshalb vergossen werden!" (Jerome, ein anderer Mönch, S. 45)

Durch die Einführung der analen Welt bedeutet die Entthronung des Schöpfers, die Rolle des Schöpfers zu übernehmen. Viele Seiten lang – besonders in *Justine* und *Juliette* – sind die atheistischen Glaubensbekenntnisse, begleitet von Schmähungen und Blasphemien gegen Gott. „Gott ist seicht und lächerlich ... Wir haben nichts als Verachtung für diesen Gott, an den du so närrisch bist zu glauben ... Er ist eine Ausgeburt der Einbildung." (*Die neue Justine*, S. 130) „Oh, Justine, wie ich diese Idee eines Gottes verabscheue!" (S. 193) Gott ist ein „Idiot", eine „Babyrassel", eine „unwürdige Einbildung", eine „machtlose, sterile Illusion", ein „bizarres und abstoßendes Idol", ein „großer Narr", ein „vergöttlichter Schurke", ein „verschmitzter Betrüger", ein „Dummkopf", ein „niederträchtiger Charakter" usw.

Der Logik des Grundsatzes folgend, daß alles in den Zustand der Unordnung zurückzukehren hat, ist auch Gott selbst einer Verwandlung unterworfen und wird fäkales Material. Wenn Bressac Justine von „dem Betrug und der Dummheit der Religion" (S. 179) zu überzeugen versucht, sagt er an einer Stelle:

> „... Dieser große Gott, der Schöpfer von allem, was wir sehen, geruht jeden Morgen 10 bis 12millionenmal in Form eines Stückchen Teigs herniederzusteigen und sich von den Gläubigen verspeisen zu lassen, um dann in ihren Eingeweiden zum abscheulichsten Exkrement zu werden ... und der Mensch ißt Gott und scheißt ihn wieder aus, denn Gott ist gut, und er ist allmächtig." (S. 190)

Für den Sadeschen Helden kommt es darauf an, einen Zustand vollständiger Verschmelzung zu erreichen, einschließlich der Änderung der Schöpfungsordnung und der Beseitigung jeder Idee von Organisation, Struktur und Klassifizierung. Das bedeutet, die Natur zu vergewaltigen, den Dingen ihr innerstes Wesen zu entreißen und somit die *absolute Vermischung* zur Regel zu machen. Wir dürfen nicht vergessen, daß *Die 120 Tage von Sodom* als „Katalog der Perversionen" betrachtet wird; und die Tatsache, daß Perversionen in enger Beziehung zu tatsächlichem Sadismus stehen, und das Verlangen, die (genitale) Welt des Unterschiedes zu vernichten und so die Realität zu zerstören, zeigen, daß Perversion unweigerlich sadistisch ist. Die Auslöschung der Unterschiede verhindert psychisches Leiden auf allen Ebenen: Gefühle von Minderwertigkeit, Kastration, Verlorensein, Mangel und Tod existieren nicht mehr. Ich will nun zeigen, daß diese Welt in jeder Einzelheit im Gegensatz steht zu derjenigen, die in dem Text beschrieben ist, auf dem unsere jüdisch-christliche Zivilisation basiert.

Die verbotene Vermischung: Hybris und Hybride

Als erstes will ich an einige wohlbekannte Passagen aus der Bibel erinnern, die von dem Großrabbi A. Deutsch in seinem *Handbuch der israelitischen Religion* als Beispiele für „verbotene Vermischung" zitiert werden. Betrachten wir zunächst das berühmte Gebot: „Ein Böcklein darfst du nicht in der Milch seiner Mutter kochen." Dieses Gebot wird in der Tora mehrfach wiederholt (Exodus 23, 19; Exodus 24, 26; Deuteronomium 14, 21).

Psychoanalytiker lesen normalerweise in diese Formulierung ein Inzestverbot hinein (die Mutter und das Kind werden durch dieselbe Substanz, Milch, vereint). Aber eine Abhandlung von Woolf *mit dem Titel Verbote des gleichzeitigen Genusses von Milch und Fleisch im orthodoxen jüdischen Gesetz* geht einen Schritt weiter als diese erste Annäherung und vertritt Hypothesen, die meiner Auffassung nach vollständiger und überzeugender sind. Der Autor, der seine Argumentation mit einer Reihe von Dokumenten stützt, stellt dar, daß das Kochen des Böckleins in der Milch seiner Mutter ein Bestandteil des Astarte-Kults war. „... daß das Kochen des Böckleins in der Muttermilch die Rückkehr des Kindes in den Mutterschoß, in den vollen und ungeteilten Besitz der Mutter bedeutet." Das wäre ein Versuch der Zerstörung des matriarchalischen Gesetzes. Daraus folgend wäre die Eigenheit der Isolierung, die die rituellen jüdischen Speisesitten charakterisiert, ein Ergebnis des Kampfes des jüdischen Monotheismus gegen das ihn umgebende Heidentum, eines Kampfes, der nicht nur nach außen, sondern auch intrapsychisch geführt wird. Diese Hypothese konfrontiert uns mit der Tatsache, daß die Vermischung (Milch und Fleisch) den Ausschluß des Vaters zugunsten der Vereinigung von Mutter und Kind impliziert.

Levithicus 19, 19 sagt Gott: „Beachte meine Gebote. Du sollst nicht zweierlei Arten deines Viehs sich begatten lassen, dein Feld nicht mit zweierlei Samen besäen, und ein Kleid, das aus zweierlei Fäden gewirkt ist, darf nicht auf deinen Leib kommen." Levithicus 18, 6–18 sind die Gebote aufgelistet, die in engerem Zusammenhang mit Inzest stehen. Ich will jedoch zeigen, daß das Ziel all dieser Gebote ist, den Zusammenbruch der Schranken zu verhindern, die den Kern des Wesens der Dinge schützen:

„6 Niemand darf seinem Blutsverwandten nahen, um mit ihm zu verkehren.
Ich bin Jahwe!
7 Mit deinem Vater und mit deiner Mutter darfst du nicht verkehren; sie ist deine Mutter, du darfst nicht mit ihr verkehren.
8 Mit der Frau deines Vaters darfst du nicht verkehren, sie ist deines Vaters Fleisch.
9 Mit deiner Schwester, der Tochter deines Vaters oder der Tochter deiner Mutter, mag sie im Hause geboren oder außerhalb geboren sein, darfst du nicht verkehren.
10 Mit der Tochter deines Sohnes oder der Tochter deiner Tochter darfst du nicht verkehren, denn sie sind dein eigenes Fleisch.
11 Mit der Tochter einer Frau deines Vaters, die von deinem Vater stammt, darfst du nicht verkehren, denn sie ist deine Schwester.
12 Mit der Schwester deines Vaters darfst du nicht verkehren, sie ist die Verwandte deines Vaters.
13 Mit der Schwester deiner Mutter darfst du nicht verkehren, denn sie ist die Verwandte deiner Mutter.
14 Mit der Frau des Bruders deines Vaters darfst du nicht verkehren; seiner Frau darfst du nicht nahen, sie ist deine Tante.

15 Mit deiner Schwiegertochter darfst du nicht verkehren, sie ist die Frau deines Sohnes; du darfst ihr nicht beiwohnen.
16 Mit der Frau deines Bruders darfst du nicht verkehren, sie ist deines Bruders Fleisch.
17 Mit einer Frau und zugleich mit ihrer Tochter darfst du nicht verkehren, um ihnen beizuwohnen. Die Tochter ihres Sohnes und die Tochter ihrer Tochter darfst du nicht nehmen, um ihnen beizuwohnen: sie sind dein eigenes Fleisch. Es wäre Blutschande.
18 Du darfst nicht eine Frau zu ihrer Schwester hinzunehmen und dadurch Streit erregen, wenn du ihr neben jener zu deren Lebzeiten beiwohnst."

Verse 20–23 verbieten Ehebruch, die Kinderopfer für Moloch, Homosexualität und den Geschlechtsverkehr von Menschen mit Tieren. Wir stellen fest, daß dieser Gebotskatalog (ein negativer Katalog) fast genau mit der Aufzählung der Vergehen (ein positiver Katalog) übereinstimmt, die man im Werk Sades, besonders in *Die 120 Tage von Sodom*, findet. Nehmen wir zum Beispiel die „Leidenschaft" Nr. 20 im 3. Teil des letztgenannten Buches (die „Leidenschaften" sind wie die Verse der Bibel numeriert). Hier haben wir die Vereinigung von mehreren biblischen Verboten: „Um Inzest, Ehebruch, Sodomie und Sakrileg zu verbinden, sodomiert er seine verheiratete Tochter mit einer Hostie."

Wir bemerken, daß die biblischen Verbote auf dem Prinzip von Teilung und Differenzierung beruhen. In der Pathologie erscheint diese Qualität als ein Isolationsmechanismus an der Wurzel der Zwangsneurose. Wir wissen, daß in dieser Art von Neurose analsadistische Regression die Genitalität verdrängt hat, daß aber die analen Triebkräfte Gegenstand heftiger Abwehrbemühungen sind. Freud (*Hemmung, Symptom und Angst*, 1926) assoziiert Isolation mit dem Tabu des Körperkontaktes mit dem Objekt, ob er nun aggressiv oder zärtlich ist. En passant möchte ich die Behauptung aufstellen, daß in der Zwangsneurose die Isolation ein allgemeiner Mechanismus ist, der den analsadistischen Wunsch nach Wirrwarr und Chaos bekämpft. In diesem Sinne würde sie die Form einer Abwehrformation gegen die typisch perversen Ideen der Unteilbarkeit und Verschmelzung (der Verwandlung der Dinge in Fäkalien) annehmen.

Wenn wir uns nun der Genesis zuwenden, stellen wir fest, daß sie ausschließlich auf den Prinzipien von Unterscheidung, Trennung und Differenzierung beruht. „Im Anfang schuf Gott den Himmel und die Erde. Die Erde aber war wüst und leer." Gott ordnet das ursprüngliche Chaos und teilt es auf:

„… Gott schied zwischen dem Licht und der Finsternis. Nun sprach Gott: Es werde ein Firmament inmitten der Wasser und scheide zwischen Wasser und Wasser!' Und es geschah so. Gott machte das Firmament, und es schied zwischen den Wassern unterhalb des Firmamentes und den Wassern oberhalb des Firmamentes. Dann sprach Gott: Es lasse grünen die Erde Grünes, Kraut, das Samen bringt, und Fruchtbäume, die Früchte auf Erden tragen, in denen ihr Same ist!' Und es geschah so. Die Erde brachte Grünes hervor, Kraut, das Samen bringt nach seiner Art, und Bäume, die Früchte tragen nach ihrer Art, in denen ihr Same ist."

In der folgenden Passage wird die adverbiale Phrase „nach seiner Art" wie ein Leitmotiv wiederholt. In dieser Differenzierung der Arten gibt es keine Vermischung, oder genauer gesagt: Es fehlt jede Hybridisierung. Das Gebot, sein Feld nicht mit „zweierlei Samen" zu besäen, wird auch als „hybrider Samen" übersetzt. Den engen Zusammenhang zwischen Hybridisierung von Samen, Stoffen und Tieren veranschaulicht deutlich die Erklärung, die Maimonides für das jüdische Gebot gibt, keine Zitronen zu verwenden, die von veredelten Bäumen stammen. Dieses Gebot hatte den Zweck, die orgiastischen Praktiken zu verhindern, die während der Veredelung in den Dorfgemeinschaften stattfanden; während des Rituals hatte ein Paar „widernatürlichen Geschlechtsverkehr". (Mircea Eliade, Blacksmiths and Alchemists, S. 28) Der Mensch, der das Gesetz der Differenzierung nicht beachtet, fordert Gott heraus. Er schafft neue Kombinationen von neuer Gestalt und neuer Art. Er übernimmt die Stelle des Schöpfers und wird ein Demiurg. Man beachte, daß das Wort „hybrid" vom griechischen „Hybris" kommt, was „Übermut, Überhebung, Maßlosigkeit, Zügellosigkeit, Gewalttätigkeit, Freveltat" u. a. heißt.

Hybris war, wie wir wissen, für die Griechen die größte aller Sünden. „Und ihr werdet sein wie Gott", sagte die Schlange zu Eva. (Genesis 3,5)

Im Griechischen ist die ursprüngliche Bedeutung von „nómos" („Gesetz") „das, was zugeteilt ist". Daraus ersehen wir, daß das Prinzip der Teilung die Grundlage des Gesetzes ist. Von diesem Wort gibt es nun Ableitungen, die auf den ersten Blick nichts mit der Ursprungsbedeutung zu tun haben. So bedeutet „nómos" etwa auch „Tonart" und „Sangweise". Wir verstehen diesen Zusammenhang besser, wenn wir die Bedeutung von „anomos" („gesetzlos") betrachten, die uns zu „unrhythmisch" und „eine Melodie, die keine Melodie ist" führt. Eine weitere Bedeutung von nomós (jetzt die Betonung auf der zweiten Silbe) ist „zugeteiltes Land, Weide, -platz, Bezirk, Provinz", d. h. direkte Anwendungen des Prinzips der Teilung. Das Substantiv hat viel mit dem Gesetz gemeinsam, als Trennung, Teilung betrachtet. Es ist Teil der Sprache, die Personen, Orten oder Dingen je einen Namen gibt und sie so sozusagen aus dem Chaos herausführt und ihnen eine Bestimmung gibt. Tatsächlich wird in der Genesis die Schöpfungsgeschichte nicht nur als Zeit der Trennung und Aufteilung, sondern auch als eine der Namensgebung dargestellt – was nach meiner Auffassung auf dasselbe hinausläuft.

In Vers 5 heißt es: „Gott nannte das Licht Tag und die Finsternis nannte er Nacht." Als er das Firmament machte (Vers 7): „Gott nannte das Firmament Himmel." usw. Andererseits impliziert Anomie Unordnung und Mangel an Differenzierung der Werte.

Freud verglich Zwangsneurosen mit privater Religion (*Zwangshandlungen und Religionsübungen*, 1907). Ich möchte nun die Hypothese vertreten, daß Perversion die Entsprechung der Teufelsreligion ist. Ich entlehne Freuds Worte zu diesem Thema:

> „Ich bin einer Idee nahe, als hätte man in den Perversionen, deren Negativ die Hysterie ist, einen Rest eines uralten Sexualkults vor sich der einmal vielleicht noch im semitischen Orient (Moloch, Astarte) Religion war...

Die perversen Handlungen sind übrigens stets die nämlichen, sinnvoll und nach irgendeinem Muster gemacht, das sich wird erfassen lassen. Ich träume also von einer urältesten Teufelsreligion, deren Ritus sich im Geheimen fortsetzt und begreife die strenge Therapie der Hexenrichter." (Brief an Fliess, 24.1.1897, S. 201f)

Der Teufel hat offensichtlich anale Charakteristika, aber ich habe mich hinreichend mit dem analsadistischen Element in der Perversion auseinandergesetzt, um mich jetzt mit einem anderen Aspekt des Teufels befassen zu können: dem der Rivalität mit Gott. Der Teufel ist ein gefallener Engel, der sich gegen Gott erhoben hatte. Er wird auch Luzifer (Lichtträger) genannt, ein Name, der erst im 4. Jahrhundert auftaucht. Luzifer ist ein perfektes Beispiel für Hybris, des Wunsches der Menschen, die Macht des Schöpfergottes anzuzweifeln und sich selbst an seine Stelle zu setzen.

Nun ist es völlig klar, daß der Perverse im allgemeinen und Sade im besonderen bewußt oder unbewußt das Gesetz zum Gespött machen, indem sie es „auf den Kopf stellen". So werden aus Lehrern, die das Kind erziehen sollen, im Gegenteil die Initiatoren der Ausschweifung. Den Gipfelpunkt der Pervertierung der Rolle des Erziehers stellt *Philosophie im Boudoir* mit dem Untertitel *oder die Lehrer der Unmoral – Dialoge über die Erziehung junger Damen* dar. Der einzige Zweck dieses Werkes war die Einführung einer Jungfrau in Gruppensex, Homosexualität, Inzest und Verbrechen.

In *Die neue Justine* wird Gott selbst nach sexuellen Genüssen befragt. Aus dem Munde eines Gottesbildes fallen Papierrollen, auf denen Befehle geschrieben sind, diese oder jene Ausschweifung zu begehen. Schmähungen werden gegen Gott ausgestoßen: „Verächtliches Abbild der lächerlichsten Fiktion, du, der du nur in einem Bordell zu Hause bist und völlig nutzlos, außer die Freuden des Arsches zu regeln." In *Die 120 Tage von Sodom* legt „Das Gesetzbuch" die Regeln der Ausschweifungen fest. Dasselbe findet sich in den Statuten der *Gesellschaft der Freunde des Verbrechens*.

Die Umstürzung des Gesetzes, die Parodierung einer Religion der Gottesverehrung suchen den Schritt aus der Verschwommenheit zur Differenziertheit und Abgrenzung rückgängig zu machen. Hier sind wir bei den Satansverehrern und den Teufelsreligionen. Eine Schwarze Messe ist eine Parodie auf das Opfer Christi. Dabei wird das Kreuz auf dem Kopf oder der Wand zugewandt aufgestellt, die Messe wird rückwärts gelesen, das Tetragramm wird falsch herum ausgesprochen, und währenddessen finden Orgien statt. All das bedeutet eine Umkehrung der Werte, die zur Rückkehr zum Urchaos führt. Nach meiner Auffassung ist diese Umkehrung eines Wertesystems nur der erste Schritt eines Prozesses, an dessen Ende die Zerstörung aller Werte steht.

Durch alle Zeiten hindurch wurden Philosophien, Ideologien, Mythen und Riten auf die Überzeugung gegründet, daß wir von einem Urstoff abstammen, aus dem jede andere Materie geschaffen ist. Deshalb mußte die Verwandlung von einem Element in das andere möglich sein. Diese Theorie ist das Kernstück des alchimistischen Weltbildes. Ich zitiere hier zwei Beispiele, die den Glauben an die Möglichkeit, aus dem Urchaos eine neue Art von Realität zu schaffen, belegen. Dieser Glauben steht in enger Beziehung zur Perversion – machmal ganz offen –, wie im Fall der Dionysien, bei denen es zu intergeschlechtlichen Verkleidungen kam. Mircea Eliade schreibt in *Mephistopheles und der Androgyn* (1962, S. 141):

„Ihr Ziel ist die Rückkehr zur ursprünglichen Unordnung und die symbolische Restauration des Chaos', der Zustand der Einheit ohne Differenzierung, der der Schöpfung voranging. Diese Rückkehr zur Unordnung manifestiert sich in einem Großakt der Neuschöpfung und einem enormen Machtzuwachs." Das zweite Beipiel findet sich im apokryphen Thomasevangelium, das sich bei den frühen Gnostikern großer Beliebtheit erfreute. Danach sagte Christus:

„Wenn ihr machen werdet aus zweien eins, wenn ihr machen werdet das Innere wie das Äußere und das Äußere wie das Innere und das, was oben ist, wie das, was unten ist, und wenn ihr, der Mann mit der Frau, eins machen werdet, so daß der Mann nicht mehr Mann und die Frau nicht mehr Frau ist ... dann werdet ihr eintreten (in das Himmelreich)."

Meine Hypothese besagt, daß Perversion eine ähnliche

Rückkehr zum Chaos darstellt, aus dem dann eine neue Art von Realität erwächst, die der analen Welt. Diese nimmt die Stelle der psychosexuell genitalen Dimension ein, die des Vaters. Die Welt von Teilung und Trennung setzt eine dreidimensionale Psyche voraus: Zwischen Mutter und Sohn errichtet der Schöpfungsvater (tatsächlich die Realität selbst) eine Barriere, die des Inzestverbots. Jeremia beschreibt sie in der Bibel mit einer schönen Metapher: „Vor meinem Angesicht erbebt ihr nicht? Und ich habe doch dem Meer die Düne als Grenze gesetzt, als ewige Schranke, die es nicht überschreiten darf." (Jer 5,22) Diese Grenze oder Schranke ist der Prototyp aller Abgrenzungen und Barrieren, und damit aller Unterschiede.

Ich möchte deutlich machen, daß auf einem bestimmten Niveau die analsadistische Welt der Unordnung und Homogenisierung als eine Imitation oder Parodie der genitalen Welt des Vaters erscheint. Tatsächlich könnte man sagen, daß sie in der Entwicklungsgeschichte des Individuums als ein Vorspiel, als roher Entwurf der Genitalität erscheint. Erst im späteren Leben wird sie zur Imitation. Freuds Artikel *Über Triebumsetzungen, besonders der Analerotik* (1917) macht zu dem Gegenstand klare Aussagen. Hier erscheint die analsadistische Phase nicht als spezifische Form der prägenitalen Organisation, sondern als eine Art Proto- oder Pseudogenitalität, in der die Objekte, die erogenen Quellen und die Lust dem Potential des Kindes angepaßt sind – im Gegensatz zu Objekten, erogenen Zonen und Erfüllungen genitaler Art. Nach Freud ist der Kotballen oder die „Kotstange" sozusagen der erste Penis, der Stuhlgang wird zum Prototyp des Geburtsvorgangs (die kindliche Vorstellung der Geburt durch den Anus), die tägliche Trennung von den Fäkalien wird zum Vorboten der Kastration, und der Kot im Rektum nimmt den genitalen Verkehr vorweg. Wenn also die analsadistische Phase in der Entwicklung des Kindes zur erwachsenen Genitalität eine Art „Probelauf" darstellt, dann spricht der Versuch, die Genitalität durch ein Stadium, das normalerweise vor ihr liegt, zu ersetzen, der Realität Hohn. Es ist der Versuch, die Wirklichkeit durch eine Welt von Schwindel und

Täuschung zu verdrängen. *Der Planet der Affen* nimmt den Platz der menschlichen Welt ein.

Es liegt ebensowenig in meiner Absicht, die Perversion zu verdammen wie sie in den Himmel zu heben. Meine Absicht ist es einfach, sie in einem allgemeineren Kontext zu sehen als üblich: Als Versuch des Menschen, seiner Natur zu entkommen. Der Perverse sucht sich aus der väterlichen Welt und von den Zwängen des Gesetzes zu befreien. Er möchte eine neue Art von Wirklichkeit schaffen und den Vatergott entthronen: „Ja, wir sind Götter", sagt einer der Helden des Marquis de Sade (Saint-Fond). Ebenso habe ich implizit zu zeigen versucht, daß der Ethik und dem Wirklichkeitsbegriff ein gemeinsames Prinzip zugrunde liegt.

2. Kapitel

Drei luziferische Charaktere als Beispiele für Perversion

Vorangehend habe ich die Welt der Perversion – die der Vermischung – der Welt der Bibel entgegengestellt, die sowohl die Grundlage als auch der Ausdruck unserer Ethik ist. In der Perversion sah ich die universelle Versuchung, die wohldefinierten Grenzen sexueller Abnormität zu überschreiten. Gleichzeitig habe ich zu zeigen versucht, daß der Perverse versucht, sich die Rolle des Schöpfergottes anzueignen und ein neues Universum aus Chaos und Vermischung zu schaffen, ein Universum, in dem alles möglich wird und in das er sich zurückziehen kann. Alle Unterschiede sind aufgehoben, und das Gefühl der Hilflosigkeit, Kleinheit, Minderwertigkeit verschwindet ebenso wie Entbehrung, Kastration und Tod – das psychische Leiden an sich.

Das Urbild der demiurgischen Gestalt, die den Vater, den Schöpfergott, zu entthronen versucht, ist Luzifer. Ich will nun drei „luziferische" Gestalten vorstellen: eine historische, Caligula (in: Sueton), eine Gestalt aus einem Zukunftsroman von H. G. Wells, Doktor Moreau, und einen Künstler, Hans Bellmer.

Caligula

Als Kind erhielt Gaius Caesar von den Soldaten seines Vaters, Germanicus, den Spitznamen „Caligula" (Stiefelchen). Er war inmitten des Heeres aufgewachsen und pflegte sich wie ein Soldat zu kleiden. Nach Sueton konnte der Heranwachsende „seinen natürlichen Hang zur Grausamkeit und zum Laster schon damals nicht beherrschen. Er wohnte z.B. mit großem Interesse der Folterung und Hinrichtung der zum Tode Verurteilten bei, suchte, durch Perücke und lange Kleider unkenntlich gemacht, nachts übelberüchtigte Kneipen, sowie Stätten der Unzucht auf und hatte seine große Freude an Theatervorstellungen mit Ballett und Gesang." (S. 233)

Sueton berichtet, Caligula habe Tiberius zu vergiften versucht und, als dieser noch atmete, ihn mit den eigenen Händen erwürgt. Als er Kaiser wurde, begrüßten ihn die Volksmassen als ihren ersehnten Fürsten, und sie nannten ihn ihren „Stern", ihr „Hühnchen", „Püppchen" oder „Baby".

> „Außerdem ersann er eine ganz neue und unerhörte Art von Schauspiel. Er verband nämlich Bajä mit der Mole von Puteoli, indem er über den dazwischenliegenden, gegen dreitausendsechshundert Schritt breiten Meeresarm eine Brücke schlagen ließ. Zu dem Zweck wurden alle Lastschiffe aus der ganzen Gegend zusammengebracht, in doppelter Reihe aufgestellt, an ihren Ankern befestigt und über die Pontons ein Erddamm nach dem Muster der Appischen Heerstraße hinweggeführt. Über diese Brücke ritt Caligula zwei Tage hintereinander hin und zurück."(S. 241)

In Lugdunum (Lyon) veranstaltete er „einen Wettstreit in griechischer und römischer Beredsamkeit. Die darin Besiegten mußten, so heißt es, den Siegern Belohnungen zahlen und Lobreden auf sie verfassen." (S. 242)

Er plante alle Arten von Bauvorhaben, wollte eine Stadt auf den Gipfeln der Alpen bauen und den Isthmus von Korinth durchstechen. „Soviel vom *Fürsten* Caligula, nun muß ich von dem *Scheusal* erzählen," fährt Sueton fort.

Anzeichen von Caligulas monströsem Charakter, seiner Hybris, werden schon deutlich im Bau einer transportablen Brücke aus Schiffen (eine Umkehrung des beabsichtigten

Zwecks der Dinge) und im Aufstellen von Spielregeln, die – so willkürlich wie unbarmherzig – Sieger und Besiegten in eine monströse und empörende Beziehung setzten. Die Umkehrung der Werte wird in der folgenden Passage ganz deutlich:

> „Auch bei Theatervorstellungen pflegte er die Marken für die Freiplätze ganz früh auszuteilen. Natürlich drängte sich nun die Hefe des Volkes gerade auf die Ritterplätze, was zu Streitigkeiten zwischen den Ständen führte. Wenn der Kaiser ein Gladiatorenspiel gab, so ließ er mitunter gerade beim heißesten Sonnenbrand die Sonnensegel zurückziehen, während niemand das Theater verlassen durfte. Oder er ließ auch wohl von den üblichen Zurüstungen zu solchen Spielen Abstand nehmen und statt dessen halbverhungerte Bestien, erbärmliche, altersschwache Gladiatoren sowie als besonderen Spaß bekannte, ehrenwerte Familienväter, die aber irgendein körperliches Gebrechen hatten, auftreten." (S. 250)

Alles geschieht, als wolle Caligula die Realität verändern, sie nach seinem Geschmack umgestalten, und zwar nach der Methode des Verdauungstraktes und des Anus, die die differenzierten Partikel zerstören, um sie zum Fäkalbolus zu verschmelzen. Dies wird meiner Meinung nach durch andere Tatsachen, die Sueton berichtet, noch verdeutlicht: „Als er einmal ein Anzahl Gallier und Griechen (lat. Graeci) zu gleicher Zeit verurteilt hatte, rühmte er sich öfters: Ich habe Gallograzien unterworfen.'" (S. 253) Durch die Vermischung zweier völlig verschiedener Länder schuf er so allein durch sein Wort ein neues, schimärisches Land.

Seine einzige militärische Unternehmung ist ebenfalls gut bekannt (sein Vater, Germanicus, war ein berühmter Feldherr):

> Zugutertetzt ließ er, als wolle er den Krieg mit einem Schlage beenden, das Heer in Schlachtordnung am Ufer des Meeres aufmarschieren sowie die Wurf- und sonstigen Kriegsmaschinen auffahren, ohne daß einer wußte oder auch nur eine Ahnung davon hatte, was er eigentlich beginnen wollte. Plötzlich gab er den Befehl, sie sollten Muscheln auflesen und Helme und Kleider damit füllen. Denn das sei, wie er sich ausdrückte, die Beute aus dem Ozean, die ich dem Kapitol und Palatium schulde'. (S. 266f)

Keine Rolle für mein Thema spielt es, ob es wahr ist oder nicht, daß – wie Sueton berichtet – Caligula sein Pferd zum

Konsul ernennen wollte. Caligula ein solches Vorhaben zuzuschreiben enthüllt die intuitive Erkenntnis seines demiurgischen Charakters.

Die Großen versuchte er zu erniedrigen und zu demütigen.

„Senatoren, welche die höchsten Ehrenstellen bekleidet hatten, ließ er in der Toga mehrere tausend Schritt neben seinem Wagen herlaufen oder bei Tisch hinter seinem Polster oder zu seinen Füßen wie Sklaven im Leinenschurz aufwarten. Andere, die er heimlich hatte umbringen lassen, ließ er, als ob sie noch am Leben wären, weiter im Senat namentlich aufrufen. Nach einigen Tagen verbreitete er dann die Lüge, sie hätten durch Selbstmord geendet. (S. 249)
Ebenso neidisch und boshaft wie übermütig und grausam benahm sich Caligula gegen die Menschheit fast aller Zeiten. Die Statuen berühmter Männer, welche Augustus vom Kapitolplatz aus Raummangel auf das Marsfeld versetzt hatte, ließ er umstürzen und so verstümmeln, daß man später nicht imstande gewesen ist, sie auf die zu ihnen gehörigen Inschriftsockel wieder aufzustellen."(S. 256)

Der Geist von Hybris und Hybridisierung kann auch zum Rollentausch führen: „Einmal, als das Opfertier bereits am Altare stand, erschien er als Opferschlächter hoch geschürzt, schwang die Opferaxt hoch in die Luft und schlug – den Opferstecher tot." (S. 255) Am besten verdeutlicht jedoch folgende Bemerkung des Sueton den tatsächlich luziferischen Charakter Caligulas, seinen Wunsch, von Gott (von den Göttern?) die Schöpferkraft zu entleihen: „Beim Bau von Lustschlössern und Landhäusern war stets sein sehnlichster Wunsch, ohne Rücksicht auf den gesunden Menschenverstand vor allen Dingen das möglich zu machen, was man bisher für ganz unmöglich hielt. So wurden z.B. gerade an den bewegten und tiefen Stellen des Meeres Dämme angelegt, Felsen aus härtestem Stein ausgehauen, Ebenen zu Berge aufgeschüttet, Berge abgetragen und geebnet." (S. 259f)

Das zu tun, was gemeinhin als unmöglich gilt, sich eine neue Wirklichkeit zu schaffen, Unterschiede zu nivellieren, neue Beziehungen unter den Menschen zu etablieren, Dinge zu verschmelzen, die nicht dazu bestimmt sind, zusammenzugehören, den Zweck von Stoffen, Ideen und Dingen zu verfälschen: dies alles ist Ziel und Leidenschaft des Tyrannen. Caligulas Hybris zeigt sich am deutlichsten in seiner Beziehung zu den Göttern:

> „Als man ihn aber darauf aufmerksam machte, daß er ja bereits hoch über allen Fürsten und Königen stehe, fing er an, sich göttliche Majestät beizulegen. So gab er denn Auftrag, die Götterbilder, die ganz besondere religiöse Verehrung genossen und sich durch ihren Kunstwert auszeichneten, darunter auch das des Olympischen Jupiter, aus Griechenland nach Rom zu bringen, ihnen die Köpfe abzunehmen und dafür seinen eigenen daraufzusetzen. Ferner erweiterte er einen Teil des Kaiserpalastes bis zum Forum, machte so den Tempel des Castor und Pollux zur Eingangshalle seines Palastes und stellte sich oft in die Mitte zwischen die göttlichen Brüder hin, um sich von den Besuchern anbeten zu lassen. Und wirklich gab es auch Leute, die ihn als Jupiter Latiaris' begrüßten."(S. 243f)

Flavius Josephus schreibt in seiner Geschichte der Juden (*Antiquitates Judaeae*, 66–67 n.Chr.), daß Caligula den syrischen Prokurator Petronius mit einem Heer nach Jerusalem, das damals von Römern besetzt war, schickte, mit der strikten Anweisung versehen, seine eigene Statue im Tempel aufzustellen, die widersetzlichen Juden hinzurichten und den Rest des Volkes zu unterjochen. Caligula wurde vor Ausführung dieses Befehls ermordet.

Caligulas Ausschweifungen sind allgemein bekannt. Ich will jedoch einige Aspekte hervorheben, die denselben offensichtlichen Zweck des Vermischens und Verdrehens zeigen wie seine Handlungen im allgemeinen – nur anscheinend unabhängig von seiner Sexualität. „Mit allen seinen Schwestern trieb Caligula Unzucht und ließ sie öffentlich an der Tafel eine um die andere neben sich unterhalb (am Fußende) Platz nehmen, während seine Gattin oberhalb lag." (S. 246) Er entjungferte seine Schwester Drusilla, und als sie heiratete, entführte er sie und behandelte sie in der Öffentlichkeit als seine Ehefrau. Als sie starb, machte er sie zur Göttin. „Seine anderen (zwei) Schwestern liebte er nicht mit gleicher Leidenschaft; auch zollte er ihnen nicht dieselbe Verehrung, verkuppelte er sie doch mehrmals sogar an seine Buhlknaben." (S. 247) Er hatte eine Geliebte, Caesonia, die er nackt seinen

Freunden vorführte. Er verliebte sich wahnsinnig in einen Schauspieler und ebenso in mehrere Geiseln.

> „Kleidung, Schuhwerk und sonstige Tracht Caligulas war weder die landesübliche, noch entsprach sie der seiner Mitbürger. Er ging nicht einmal wie ein Mann und manchmal überhaupt nicht wie ein Mensch gekleidet. Oft zeigte er sich vor allem Volk in einer buntgestrickten, mit Edelsteinen besetzten Pänula, mit langen Ärmeln und Armbändern, oft auch in seidenen Gewändern und Frauenkleidern. Bald ging er in Sandalen und Kothurnen, bald in Militärstiefeln, wie sie die Leibgarde trug, bisweilen in Frauenschuhen. Sehr oft sah man ihn mit goldenem Bart, mit dem Blitz in der rechten Hand oder dem Dreizack oder dem Schlangenstab, lauter Abzeichen der Götter. Sogar als Venus kostümiert erschien er in der Öffentlichkeit." (S. 271f)

(Ein Gott zu werden und das Geschlecht zu wechseln ist hier offensichtlich ein und dieselbe Manifestation der Hybris.)

So bestimmten Grausamkeit, Ausbeutung, Verderbtheit, Inzest, Elternmord, abartige Sexualität, Transvestismus und Mord Caligulas kurze Regierungszeit (37–41 n. Chr.). Sie endete mit seiner Ermordung. Der Anführer des Anschlags war Chaerea, der Tribun einer Prätorianerkohorte. „Gajus hatte nämlich diesen schon im vorgerückten Alter stehenden Mann fortwährend durch allen möglichen Spott als weibischen Lüstling beschimpft... Wenn der Tribun ihm für irgend etwas zu danken hatte, bot er ihm in unzüchtiger Form und Bewegung die Hand zum Kuß." (S. 275)

Albert Camus widmete Caligula ein kleines Theaterstück, das er 1938 schrieb und das 1945 uraufgeführt wurde. In seinen *Carnets* (in Albert Camus, *Récits, Théâtre, Nouvelles*, 1967) beschreibt er die Szene zwischen dem Opferschlächter und dem Opferstecher und legt dabei Caligula folgende Worte in den Mund:

> „Einmal wollte ich den Lauf der Natur verändern, um mir zu bestätigen, was ich weiß: daß sich nämlich nichts ändern wird. Die Anwesenden waren ein wenig überrascht und erschrocken. Aber die Sonne ging wie gewöhnlich unter. Aber warum sollte die Sonne nicht einmal im Westen aufgehen?"

Camus Caligula träumt davon, den Mond zu fangen. Nach Camus ist Caligula vom Unmöglichen fasziniert:

„Caligula: Ich bin nicht verrückt, tatsächlich habe ich mich noch nie so klar gefühlt. Plötzlich verspürte ich einen Wunsch nach dem Unmöglichen. Das ist alles. (Pause) Meiner Meinung nach sind die Dinge, wie sie sind, alles andere als befriedigend... Darum möchte ich den Mond haben, oder das Glück, oder das ewige Leben – irgend etwas, auch wenn es sich tatsächlich verrückt anhören sollte, was nicht von dieser Welt ist ... Ich mache mir das Unmögliche dienstbar. Oder genauer gesagt: Es geht darum, das Unmögliche möglich zu machen ... Und was nutzt mir mein starker Arm, was nutzt mir all die bewunderungswürdige Macht, über die ich verfüge, wenn ich nicht die Sonne im Osten untergehen lassen kann, wenn ich nicht die Summe menschlicher Leiden verringern kann und den Tod nicht besiegen kann? Caesonia (eine langjährige Geliebte): Aber das ist Wahnsinn, reiner Wahnsinn. Es bedeutet, Gott auf Erden sein zu wollen. Caligula: Ich möchte den Himmel im Meer ersäufen, Häßlichkeit mit Schönheit erfüllen, dem Schmerz ein Lachen abpressen. Caesonia: Es gibt Gutes und Böses, Hohes und Niedriges, Gerechtigkeit und Ungerechtigkeit, und das – ich schwöre es dir – wird sich niemals ändern. Caligula: Und ich bin entschlossen, das zu ändern. Ich werde diesem Zeitalter ein königliches Geschenk machen – das Geschenk der Gleichheit. Und wenn alles gleichgemacht ist, wenn das Unmögliche auf die Erde gekommen ist und der Mond in meinen Händen ist – dann, vielleicht, werde ich verklärt und die Welt wird erneuert, und die Menchen werden nicht mehr sterben und sind schließlich doch glücklich geworden."

Um diese Gleichmacherei, die ihm das „Unmögliche" näherbringt, zu erreichen, vermischt und verwirrt er sowohl Dinge als auch Menschen. Er nennt alte Patrizier „Liebling" oder „Mädchen" und zwingt sie, ihr Testament zugunsten des Staates zu machen. Er beschließt, sie nach einer willkürlich aufgestellten Liste töten zu lassen. Er tötet Scipios Vater und macht den Sohn zu seinem Liebhaber usw.. Dem Cheraea, der zu ihm sagt: „Selbstverständlich glaube ich, daß bestimmte Taten – wie soll ich mich ausdrücken? – rühmenswerter sind als andere", antwortete er: „Und ich glaube, daß alle den gleichen Wert haben." Der Haß auf die Wirklichkeit, die Vehemenz, mit der er sie durch ein anderes Universum ersetzen möchte, bringen den Demiurgen zur Zerstörung der wirklichen Welt. „Ich lebe, ich töte, ich übe die mörderische Macht des Zerstörens aus, mit der verglichen die Macht des Schöpfers ein reines Kinderspiel ist." Und, kurz bevor er von Cheraea und den Patriziern getötet wird: „Das Unmögliche!

Ich habe danach gesucht an den Grenzen der Welt, an den geheimsten Orten meines Herzens."

Die Hybris des Caligula steht im Gegensatz zur Vernunft. Cheraea erklärt ihm, warum er ihn töten will: „Ich habe nicht teil an deiner Logik." Als Caligula Scipio erklärt, daß ein Krieg mehr Geld gekostet hätte als alle seine Eskapaden, antwortet letzterer: „Aber ein Krieg hätte immerhin *etwas* Sinn, er wäre verständlich – und zu verstehen entschädigt für vieles." Dies macht uns verständlich, daß es keine Perversion ohne Unordnung des Denkens gibt. Die Gesetze, die im undifferenzierten analsadistischen Universum herrschen, sind nicht dieselben, die in der genitalen Dimension der Psychosexualität herrschen, die eins ist mit dem väterlichen Universum, dem der Logik.

Doktor Moreau

> „Einer seltsamen Eidechse, welche der Winzer von Belvedere fand, machte er Flügel aus der abgezogenen Haut anderer Eidechsen, welche er mit Quecksilber füllte, so daß sie sich bewegten und zitterten, wenn sie ging; sodann machte er ihr Augen, Bart und Hörner ..."Vasari, zit. von Freud in *Eine Kindheitserinnerung des Leonardo da Vinci* (S. 199)

An anderem Ort habe ich gezeigt, daß sich die Sadesche Szenerie im Verdauungstrakt abspielte und im Rektum des Peinigers endete, das Opfer vom Schließmuskel festgehalten – bewegungsunfähig, manipuliert und schließlich vernichtet und ausgestoßen. H.G.Wells' Roman *„Die Insel des Doktor Moreau"* stellt eine solche Szene dar. Eine Insel ist solch ein abgeschlossener, auswegloser Ort, und die des bekannten Romans wird genauer so beschrieben:

> „Sie war vulkanischen Ursprungs und auf drei Seiten von Korallenriffen umsäumt. Einige Fumarolen im Norden und eine heiße Quelle waren die einzigen Spuren der Kräfte, die sie vor langer Zeit geschaffen hatten. Hin und wieder war das leichte Zittern eines Erdbebens zu merken, und zuweilen wurde die Rauchsäule durch Dampfstrahlen in drehende Bewegung versetzt. (S. 130)

Der Held des Romans beschreibt den Ort, wo die von Moreau geschaffenen Kreaturen zusammengepfercht sind und das Gesetz (das des Dr. Moreau) lernen, mit diesen Worten:

„Der Gang wirkte nach dem blendenden Sonnenlicht und dem Widerschein vom schwefligen Boden außerordentlich dunkel. Die Wände ragten steil empor, der Pfad wurde immer enger ... Ich stand auf dem Boden eines Schlundes, der mir erst absolut finster erschien ... Ich wurde mir eines üblen Geruchs bewußt, der an einen schlecht gereinigten Affenkäfig erinnerte ... Ich befand mich in einem Gang zwischen hohen Lavamauern; auf beiden Seiten bildeten geflochtene Seegrasmatten, Palmenfächer und Rohre, die gegen den Felsen lehnten, rohe und undurchdringlich dunkle, höhlenartige Verschläge. Der Weg, der sich dazwischen die Schlucht hinaufwand, war kaum drei Ellen breit und mit Haufen von faulendem Fruchtmark und anderem Abfall bestreut. Daher stammte also der unangenehme Gestank." (S. 89ff)

Was geht in dieser Umgebung vor? Man erinnert sich vielleicht Moreaus grauenhafter Aktivitäten. Er erläutert:

„Sie vergessen, was ein geschickter Vivisektor mit lebendigen Wesen alles vermag ... Die Chirurgie vermag Besseres als das. Es gibt sowohl ein Aufbauen wie ein Niederreißen und Verändern ... Man schneidet ein Stück Haut aus der Stirn, klappt es auf die Nase herunter, und es verheilt in der neuen Lage. Dabei handelt es sich um die Verpflanzung an ein und demselben Tier.

Transplantation frisch gewonnenen Materials von einem Tier ist gleichfalls möglich ... Hunters Hahnensporn – vielleicht haben Sie davon gehört – wuchs am Nacken eines Stieres an. Denken Sie auch an die Rhinozerosratten der Algierzuaven – Monstra, die man erzeugte, indem man ein Stück vom Schwanz einer gewöhnlichen Ratte auf ihre Schnauze verpflanzte und es dort anheilen ließ .... Diese Geschöpfe, die Sie gesehen haben, sind neu gestaltete und geformte Tiere ... dem Studium der Bildung lebendiger Formen ist mein Leben gewidmet gewesen.
Sie beginnen einzusehen, daß es möglich ist, Gewebe von einem Teil eines Tieres auf ein anderes zu übertragen, seine chemischen Reaktionen und Wachstumsmethoden zu ändern, die Gelenke seiner Gliedmaßen zu modifizieren und es sogar in seiner innersten Struktur zu verwandeln?" (S. 112ff)
Ich wollte – das war das einzige, was ich wollte – die äußerste Grenze der Gestaltungsmöglichkeit in einer lebenden Form finden. (S. 120)

Ich möchte diese Neuschöpfung von Formen, von hybriden Wesen, besonders hervorheben, die auf dieser Anus-Insel vor sich geht. Der Held fährt fort: „In jedem (Tier) hatte Moreau ein oder mehrere Tiere miteinander verschmolzen; eins war vielleicht hauptsächlich bärenartig, ein anderes katzenartig, ein drittes stierartig, aber jedes war mit anderen Geschöpfen vermischt – eine Art allgemeinen Tiertums drang aber durch die spezifischen Anlagen hindurch." (S. 199f) Auf dem Grunde der stinkenden Schlucht wird der Held Augenzeuge einer merkwürdigen Zeremonie:

> „Und dann begann eine wahnsinnige Zeremonie. Die Stimme im Dunkeln intonierte Zeile für Zeile einer tollen Litanei, und ich und die anderen mußten sie nachsagen ...
> Nicht auf allen vieren gehen; das ist das Gesetz. Sind wir nicht Menschen?
> Nicht das Wasser schlürfen; das ist das Gesetz. Sind wir nicht Menschen? ....
> Eine lange Liste von Verboten wurde vorgetragen, und dann änderte sich die Litanei:
> Sein ist das Haus des Schmerzes.
> Sein ist die Hand, die schafft.
> Sein ist die Hand, die verwundet.
> Sein ist die Hand, die heilt ...
> Mir kam der furchtbare Gedanke, Moreau könne, nachdem er diese Menschen in Tiere verwandelt hatte, in ihre verkümmerten Gehirne das Gebot der Vergötterung seiner Person eingepflanzt haben. (S. 93ff)"

Nach dem Tode Moreaus verkündet der Held, der eine Rebellion der Monster verhindern will, eine Rebellion des „Affenmenschen", des „Leopardenmenschen", des „Schweinemenschen", des „Rhinozerospferdes", des „Hundemenschen", des „Stiermenschen", des „Bärenmenschen", des „Hyänenschweins" und „einer besonders abscheulichen (und übelriechenden) Frau, die aus Füchsin und Bärin gemacht war: Kinder des Gesetzes, er ist *nicht* tot ... Er hat seine Gestalt gewechselt – er hat den Leib gewechselt ... Eine Zeitlang werdet ihr ihn nicht sehen. Er ist ... dort – ich zeigte nach oben – wo er euch beobachten kann.'" (S. 166f) Moreau sagt zum Helden: „Vielleicht bilde ich mir ein, mehr von den Wegen des Schöpfers dieser Welt gesehen zu haben als Sie – denn ich habe auf meine Weise mein ganzes Leben lang nach seinen Gesetzen gesucht." (S. 119) Wie Scipio und Cheraea gegenüber Caligula sucht der Held seine letzte Zuflucht in der Vernunft, einer zerbröckelnden Vernunft freilich, denn „ein blindes Schicksal schien dieses Dasein zu formen. Ich muß gestehen, daß ich den Glauben an die Gesundheit der Welt verlor, als ich sah, daß diese Welt die schmerzhafte Unordnung dieser Insel duldete." (S. 155)

Während Caligulas Hybris offen mit perverser Sexualität verbunden ist, ist die Moreaus nicht offensichtlich sexualisiert. Ohne auf dieses Problem erschöpfend eingehen zu können, läßt sich vermuten, daß dem Herrschaftsgefühl des Demiurgen eine sexuelle Erregung entspringt, die in Beziehung steht zu der Intensität, der Maßlosigkeit, der Abscheulichkeit der Hybris. (Ich spreche nicht vom Sadismus, weil das bedeuten würde, daß das Problem der Sexualisierung bereits gelöst wäre.) Das schließt die Notwendigkeit eines Phänomens sexueller Erregung mit ein, das das Herrschaftsgefühl in Sadismus verwandelt.

Hans Bellmer

„Hat nicht ein anderer anatomischer Satan mich einmal zu seiner Lust, wie eine Gliederpuppe, auseinandergenommen, und nun allerlei teuflische Versuche angestellt? – Z.B. wie es wohl aussehen würde, wenn mir aus dem Nacken ein Fuß wüchse, oder der rechte Arm sich zum linken Bein gesellte." (E.T.A. Hoffmann, *Der Magnetiseur*, S. 151)

Im Deutschland des Jahres 1933 schuf Hans Bellmer „Die Puppe". Konstantin Jelinski nennt sie in seiner Schrift zu diesem Thema einen „Fetisch, ein Idol" und ihren Schöpfer einen „Demiurgen": „Zergliedert, in einem Tor liegend, ihre Glieder über ein Bett verstreut, oder auf zwei Beine reduziert, mit Spitzen aufgeputzt, scheint die Puppe, Fleisch gewordene Phantasie, wie Olympia dem Willen ihres Demiurgen zu entfliehen." (*Les dessins de Hans Bellmer*)

Jean Brun hatte den Eindruck, die Puppe sei ein Werk, dessen Absicht es ist, seinen Vater und dessen (genitale) Begattungsfähigkeit zu entthronen. Brun schreibt:

„Das Technikerwerkzeug (Hans Bellmers Vater war ein Techniker), dem Sohn bis zum Überdruß vertraut, wird von ihm auf eine unwiderruflich kompromittierende Art benutzt. Der Vater ist überwältigt. Er sieht, wie sein Sohn mit einem Bohrer in der Hand seinem Bruder eine Puppe zwischen die Knie schiebt und zu diesem sagt: Halt sie mir gut fest! Ich muß ihre Nasenlöcher aufbohren.' Blaß verläßt der Vater den Raum, während der Sohn dieses Töchterchen betrachtet, das nun auf einmal atmet, was es ja eigentlich nicht dürfte."

Hans Bellmer schreibt:

„Gelenk an Gelenk fügen, den Kugeln ihren größten Drehbereich für kindliche Pose abprobieren, den Mulden sacht folgen, das Vergnügen der Wölbungen kosten, sich in die Muschel des Ohres verirren, Hübsches machen und ein wenig rachsüchtig auch das Salz der Deformationen verteilen. Obendrein vor dem Innern beiliebe nicht stehenbleiben, die verhaltenen Mädchengedanken entblättern, damit ihre Untergründe sichtbar werden, durch den Nabel am besten, tief im Bauch als Panorama bunt elektrisch beleuchtet. – Solte nicht das die Lösung sein?" (S. 13)

1937 baute Bellmer eine zweite Puppe, „widernatürlich: An eine Zentralsphäre konnten zwei Becken mit jeweils zwei Beinen angebracht werden, während das Becken selbst, die Oberschenkel oder die Brüste von einem Kopf gekrönt sein konnten." (Jelinski) 1957 schrieb Hans Bellmer *L'anatomie de l'image* („Die Anatomie des Bildes"). In einem Brief an einen Freund erklärt er, das Kombinieren der Puppenteile bereite ihm ein „so unübertreffliches Vergnügen, das höchstens mit dem eines Menschen verglichen werden könne, der nach 20 – 30jähriger fieberhafter Suche nach einem Schatz diesen endlich findet."(*Obliques*) In *Die Anatomie des Bildes* schreibt Bellmer den oft zitierten Satz:

„Nach der unverblaßten Erinnerung, die uns von einem gewissen photographischen Bild bleibt, hatte ein Mann, um sein Opfer umzuformen, Schenkel, Schulter, Brust, Rücken und Bauch mit einem stark angezogenen Eisendraht blindlings und überkreuz umschnürt und aufgequollene Fleischpolster, unregelmäßige, sphärische Dreiecke hervorgebracht, lange Falten und unreine Lippen eingeschnitten, hatte nie gesehene Brüste vervielfacht, an unsagbaren Stellen." (S. 92)

In *Post-scriptum à Oracles et spectacles* („Postskriptum der Orakel und Spektakel", 1965 von Unica Zürn) schreibt Hans Bellmer diesen berühmten Satz: „Der Körper, er gleicht einem Satz, der uns einzuladen scheint, ihn bis in seine Buchstaben zu zergliedern, damit sich in einer endlosen Reihe von Anagrammen aufs neue fügt, was er in Wahrheit enthält."

(S. 95) Zum Körper als Anagramm sagt Bellmer: „Die Verschiebungen, die Metamorphosen, die unmöglichen Permutationen. Mit bloßer Permutation den Satz ,O rire sous le couteau' (Unter dem Messer lachen) aus ,Roses au cur violet' (Rosen mit violetten Herzen) zu bilden ist ein Wunder!" (*Les dessins de Hans Bellmer*) Bellmer bildet folgendes Anagramm: Leib, Lieb, Beil. „Wir werden vom Wunder mitgerissen und auf einem Besenstiel fortgetragen."

Der Sadismus dieser Anagramme ist augenfällig.

Aber ebenso gehören Wunder und Hexerei dazu. Bellmers Entzücken ist das eines Menschen, dem es letztendlich gelungen ist, eine Zaubermethode zu finden, die widerspenstige Wirklichkeit zu vergewaltigen – und der die Lösung gefunden hat, wie er selbst von der Puppe sagt. Dieses Werk ist gleichzeitig erschreckend und faszinierend. Es befähigt uns, ein allgemeineres Problem zu verstehen, nämlich warum manche Menschen starr an der Ordnung festhalten und nach „Ordnung um jeden Preis" verlangen, eine Einstellung, die manchmal zur Rückkehr von Repression, Terror und Chaos führt.

Das Mißtrauen gegenüber Technik, Wissenschaft und allem Neuen ist oft auf eine Verwechslung von *Magie*, die die Realität zu umgehen versucht und eine neue schaffen will, und *Wissen* zurückzuführen, das den Menschen tatsächlich in die Lage versetzt, die „Schöpfung" zu erforschen, ohne ihre Ordnung verletzen zu wollen. Gesellschaftliche Intoleranz gegen sexuelle Abirrungen hat dieselbe Ursache, obwohl wir wissen, daß ein perverses Symptom nicht ausreicht, eine ganze perverse Struktur abzugrenzen. Selbstverständlich kann perverse Sexualität, solange sie anderen keinen Schaden zufügt, frei ausgelebt werden; das gehört zu den Persönlichkeitsrechten. Die Affekte, die von Perversion ausgelöst werden, können uns auch helfen zu verstehen, warum manche Leute alles Neue in den Himmel heben, ohne sich darum zu kümmern, ob es schön, gut oder wahr ist, warum sie sich nach „Unordnung an sich" und nach Gesetzlosigkeit sehnen, die, wie sie meinen, eine neue Realität heraufbeschwören.

Ich finde es wichtig, daß einer unserer „luziferischen"

Charaktere ein Wissenschaftler im Konflikt mit einem anderen Wissenschaftler ist, nämlich die Titelgestalt und Wells Sprecher, wobei Wells selbst ein Wissenschaftler war. Wenn Freud in *Formulierungen über die zwei Prinzipien des psychischen Geschehens* (1911) die Substitution des Lustprinzips durch das Realitätsprinzip untersucht, betrachtet er diesen Vorgang innerhalb des Rahmens von Religion, Wissenschaft, Pädagogik und Kunst. Seiner Auffassung nach ist die Wissenschaft dem Triumph des Realitätsprinzips über das Lustprinzip am nächsten gekommen. Das höchste Ziel des an Hybris leidenden Wissenschaftlers wäre es nicht, die Wahrheit herauszufinden (wie es dem Realitätsprinzip entspräche), sondern seine Entdeckungen (und deshalb die Realität und die Wahrheit) in den Dienst des Lustprinzips zu stellen. Für Moreau geht es nicht darum, die Geheimnisse der Natur, wie sie ist, zu lüften und dadurch möglicherweise die Fähigkeit zu erlangen, ihre Ordnung wiederherzustellen („Reparaturen" würden z.B. die Vivisektion rechtfertigen). Moreau geht es darum, die Ordnung der Natur zu unterlaufen und eine neue Realität zu schaffen. Auch hier geht die Ausübung des Machttriebes mit einer Sexualisierung der Reize einher (Moreau spricht von „merkwürdigen Freuden"). Man kann die Frage stellen, ob eine solche Verfälschung des wissenschaftlichen Prozesses ergebnisträchtig ist, was in der Tat zweifelhaft ist. Die fehlerhafte Identifizierung mit dem Vater – das Subjekt, das Gott werden will – führt zu fehlerhafter Sublimierung. Dies ist ganz offensichtlich bei den Experimenten der Naziärzte, die in den Konzentrationslagern mit den Häftlingen durchgeführt wurden: Sie haben nicht zu dem geringsten wissenschaftlich relevanten Ergebnis geführt.

Heute werden die Genmanipulationen mit Mißtrauen verfolgt, weil sie dem Menschen *tatsächlich* die Macht des Schöpfers geben können. Ich möchte die Hypothese aufstellen, daß das, was davon Angst hervorruft, neben den unleugbaren Gefahren dieses neuen Experimentiergebietes vor allem der Gedanke ist, daß der Mensch fähig wird, die Ordnung der Natur (und der göttlichen Ordnung?) zu verändern. Die Überprüfung, was bei einem bestimmten wissenschaftlichen

Prozeß auf dem Spiel steht, versetzt uns in die Lage, zwischen Hybris und dem Drang nach Wahrheit, zwischen einer Verwirrung des Denkens und schöpferischer Kühnheit zu unterscheiden.

Der Held aus *Die Insel des Doktor Moreau* empfand auch nach seiner Rückkehr in die Zivilisation seine Vernunft als nicht sehr stabil. Er versuchte, sich an die „erhabenen und ewigen Gesetze der Materie", an die Gesetze der Schöpfung, wie wir sagen würden, und an die Wissenschaft zu klammern, die uns befähigt, des Vaters Macht in unserer Sehnsucht, uns mit ihm zu identifizieren, zu begreifen, so langwierig dieser Prozeß auch sein mag, und nicht seine Vorrechte zu umgehen, indem wir eine neue Wirklichkeit an die Stelle der seinen setzen. Die letzten Worte des Wellsschen Helden nach seinem Aufenthalt im Reich der Hybris sind: „Ich widme meine Tage dem Lesen und der Chemie, und ich verbringe viele klare Nächte mit dem Studium der Astronomie. Obwohl ich nicht weiß, wie und wo, geht ein Eindruck von ewigem Frieden und von Geborgenheit von dem glitzernden Himmelsheer aus." (S. 156) Ein solcher Satz erinnert stark an Kants „gestirnten Himmel über mir" als Entsprechung zum inneren moralischen Gesetz. Diese Verbindung zwischen Ethik und Realität habe ich bereits im 1. Kapitel betont.

3. Kapitel

Narzißmus und Perversion

Zu meiner Betrachtungsweise der Perversion gehört das allgemeine Problem ihrer Beziehung zur Realität und damit zur Wahrheit. In diesem Kapitel werde ich nicht in allen Einzelheiten den Realitätsverlust in der Perversion behandeln. Das wird das Thema eines anderen Kapitels sein. Jetzt will ich mich auf die Methode konzentrieren, mit der der Perverse die unausweichliche Natur der menschlichen Bestimmung umgeht. Zu diesem Zweck werde ich die Beziehung von Perversion und Narzißmus untersuchen.

Ich glaube, daß es wichtig ist, die Prozesse, die der Perverse in seiner Beziehung zur Wirklichkeit benutzt, deutlich und verständlich zu machen. Wie ich bereits festgestellt habe, sind wir alle für die perverse Lösung anfällig, weil sie Balsam für unseren verwundeten Narzißmus ist und ein Mittel, unser Gefühl der Kleinheit und Unzulänglichkeit zu verscheuchen. Diese Versuchung kann dazu führen, daß wir unsere Wahrheitsliebe verlieren und sie durch eine Neigung zur Lüge ersetzen.

Wir wissen, daß Freud in seinen früheren Arbeiten die Beziehung des Psychotischen zur Wirklichkeit studiert hat. In seinem Aufsatz *Formulierungen über die zwei Prinzipien des psychischen Geschehens* interessierte ihn jedoch die Beziehung des Menschen zur Wirklichkeit allgemein. Es „erwächst uns nun die Aufgabe, die Beziehung des Neurotikers und des Menschen überhaupt zur Realität auf ihre Entwicklung zu untersuchen." (S. 231)

In diesem Text erweitert er den in *Die Traumdeutung* (1900) geäußerten Gedanken, es könne ein erstes Stadium der Befriedigung geben, während dem

> „das Gedachte (Gewünschte) einfach halluzinatorisch gesetzt (wurde) ... Erst das Ausbleiben der erwarteten Befriedigung, die Enttäuschung, hatte zur Folge, daß dieser Versuch der Befriedigung auf halluzinatorischem Wege aufgegeben wurde ...
> Damit war ein neues Prinzip der seelischen Tätigkeit eingeführt; es wurde nicht mehr vorgestellt, was angenehm, sondern was real war, auch wenn es unangenehm sein sollte. Diese Einsetzung des *Realitätsprinzips* erwies sich als ein folgenschwerer Schritt." (S. 231)

Weiter sagt Freud über die Aufstellung des Realitätsprinzips, daß „an Stelle der Verdrängung, welche einen Teil der auftauchenden Vorstellungen als unlusterzeugend von der Besetzung ausschloß, die unparteiische *Urteilsfällung* trat, welche entscheiden sollte, ob eine bestimmte Vorstellung wahr oder falsch, das heißt im Einklang mit der Realität sei oder nicht ..." (S. 233) Hiermit bestätigt er die Äquivalenz von Wahrheit und Realität. Ich mache nun einen Sprung von vielen Jahren und komme zu den Ausführungen Freuds, die sich mit der spezifischen Beziehung des Perversen und der Realität beschäftigen. (Nochmals, ich behandle diese Fragen im Moment nicht in allen Einzelheiten.) Ich beziehe mich auf seinen unvollständigen Aufsatz *Die Ichspaltung im Abwehrvorgang* (1938). Ich will eine längere Passage zitieren, in der, wie ich glaube, jedes Wort für mein Thema von Bedeutung ist:

> „Das Ich des Kindes befinde sich also im Dienste eines mächtigen Triebanspruchs, den zu befriedigen es gewohnt ist, und wird plötzlich durch ein Erlebnis geschreckt, das ihn lehrt, die Fortsetzung dieser Befriedigung werde eine schwererträgliche reale Gefahr zur Folge haben. Es soll sich nun entscheiden: entweder die reale Gefahr anerkennen, sich vor ihr beugen und auf die Triebbefriedigung verzichten, oder die Realität verleugnen, sich glauben machen, daß kein Grund zum Fürchten besteht, damit es an der Befriedigung festhalten kann. Es ist also ein Konflikt zwischen dem Anspruch des Triebes und dem Einspruch der

Realität. Das Kind tut aber keines von beiden, oder vielmehr, es tut gleichzeitig beides, was auf dasselbe hinauskommt. Es antwortet auf den Konflikt mit zwei entgegengesetzten Reaktionen, beide gültig und wirksam. Einerseits weist es mit Hilfe bestimmter Mechanismen die Realität ab und läßt sich nichts verbieten, andererseits anerkennt es im gleichen Atem die Gefahr der Realität, nimmt die Angst vor ihr als Leidenssymptom auf sich und sucht sich später ihrer zu erwehren. Man muß zugeben, das ist eine sehr geschickte Lösung der Schwierigkeiten. Beide streitende Parteien haben ihr Teil bekommen; der Trieb darf seine Befriedigung behalten, der Realität ist der gebührende Respekt gezollt worden. Aber umsonst ist bekanntlich nur der Tod. Der Erfolg wurde erreicht auf Kosten eines Einrisses im Ich, der nie wieder verheilen, aber sich mit der Zeit vergrößern wird. Die beiden entgegengesetzten Reaktionen auf den Konflikt bleiben als Kern einer Ichspaltung bestehen. Der ganze Vorgang erscheint uns so sonderbar, weil wir die Synthese der Ichvorgänge für etwas Selbstverständliches halten. Aber wir haben offenbar darin Unrecht. Die so außerordentlich wichtige synthetische Funktion des Ichs hat ihre besonderen Bedingungen und unterliegt einer ganzen Reihe von Störungen." (S. 59f)

Freuds Beispiel dieser „geschickten Lösung" ist exakt ein Fall von Perversion. Es handelt sich um einen 3- bis 4jährigen Jungen, der von einem älteren Mädchen verführt worden war und so das weibliche Geschlecht kennengelernt hatte. Nach Abbruch dieser Beziehung setzte er die so empfangene Anregung in eifriger Onanie fort. Dann folgte eine Kastrationsdrohung von einer Kinderpflegerin, deren Ausführung „wie üblich", wie Freud sagt, dem Vater zugeschoben wurde. Die Wirkung auf den Jungen ist natürlich ein ungeheurer Schreck. Die Wahrnehmung des Geschlechtsorgans des kleinen Mädchens – seinerzeit harmlos – bekommt nun eine ganz neue Bedeutung: Die Kastrationsdrohung könnte in Wirklichkeit umgesetzt werden, weil es Menschen ohne Penis, d.h. kastrierte, gibt. Ich will hier nicht bei diesem Modell des Kastrationskomplexes verweilen, bei dem zwei aufeinander folgende Ereignisse nötig sind, um zu seiner vollen Bedeutung zu kommen.

Was vielmehr zur Entwicklung meiner eigenen Hypothese von Bedeutung ist, ist der nächste Teil von Freuds klinischem Bericht. Hier wird gesagt, daß normalerweise in einem solchen Fall die masturbatorische Aktivität, die mit unbewußten inzestuösen Phantasien mit der Mutter als Objekt einhergeht, eingestellt wird. Das Kind verzichtet auf die Triebbefriedigung, um seinen Penis zu schützen, verinnerlicht das Inzestverbot und Verbote im allgemeinen und errichtet in sich einen Sitz der Moral, nämlich das Über-Ich. Der Junge in Freuds Beispiel fand einen anderen Ausweg. Er schuf sich einen Fetisch, der nach Freud ein Ersatz für den fehlenden Penis der Mutter ist. Dies erlaubt ihm, die Realität der Kastration zu leugnen. So schützt er seinen Penis *und* erhält sich gleichzeitig seine Triebbefriedigung. Die masturbatorische Aktivität wird nicht aufgegeben.

Abgesehen von der Bedeutung, die Freud dem Fetisch zuschreibt, lege ich Wert auf die Feststellung, daß Perversion – in diesem Falle Fetischismus – ein Mittel ist, dem unheilvollen Charakter des Ödipuskomplexes zu entgehen. Die Alternative, entweder seinen Penis zu verlieren oder auf den inzestuösen Wunsch zu verzichten, ist umgangen, ist sozusagen gebannt durch die „geschickte Lösung", die die Perversion ist. Zugegebenerweise um den Preis der Abkehr von der Realität und der Spaltung des eigenen Ich gelingt es dem Perversen, der menschlichen Bestimmung zu entgehen und sein Genital und gleichzeitig seine Sexualfunktion zu erhalten. In *Die Ichspaltung im Abwehrvorgang* (1938–40) erscheint Perversion als Rebellion gegen das universelle Gesetz des Ödipuskomplexes. Freud spricht in demselben Artikel von diesem Vorgang als „kniffige Behandlung der Realität."

Die Bedeutung des Narzißmus für unser Thema kann gar nicht überschätzt werden. (Hier fasse ich einige Gedanken aus meinem Buch *Das Ich-Ideal* (1973) zusammen.) In seinem Artikel *Zur Einführung des Narzißmus* (1914) führt Freud diesen Begriff ein, obwohl er ihn vorher schon öfter in Zusammenhang mit Perversionen benutzt hatte.

1914 führt er das Ich-Ideal in Verbindung mit Narzißmus ein und entwickelt einen Gedanken weiter, den er 1908 in *Der Dichter und das Phantasieren* formuliert hat: „... Aber wer das Seelenleben des Menschen kennt, der weiß, daß ihm kaum etwas anderes so schwer wird wie der Verzicht auf einmal gekannte Lust. Eigentlich können wir auf nichts verzichten, wir vertauschen nur eines mit dem anderen." (S. 215) 1914 erscheint das Ich-Ideal als eines der notwendigen Ergebnisse des Narzißmus.

> „Der Mensch hat sich hier, wie jedesmal auf dem Gebiete der Libido, unfähig erwiesen, auf die einmal genossene Befriedigung zu verzichten. Er will die narzißtische Vollkommenheit seiner Kindheit nicht entbehren, und sucht sie in der neuen Form des Ichideals wieder zu gewinnen." (S. 161)

Infolge ihrer ursprünglichen Hilflosigkeit bricht die narzißtische Monade aus, die das menschliche Wesen anfänglich wahrscheinlich gewesen ist, und öffnet sich der Außenwelt (*Entwurf einer Psychologie*, 1895 – 1950). Ihr Zustand macht sie von der Sorge eines anderen abhängig (*Triebe und Triebschicksale*, 1915, *Hemmung, Symptom und Angst*, 1926).

So macht der Narzißmus, der eine Entwicklungsstufe ist, auf der sich das Ich mit seinem eigenen Ideal begnügt, der Objektbeziehung Platz. Das Ich bricht mit einem Teil seines Narzißmus, indem es diese Struktur auf ein Ich-Ideal projiziert. Von diesem Punkt an existiert eine Lücke, ein Riß zwischen dem Ich und seinem Ideal. Das Ziel des Ich wird es nun sein, die beiden klaffenden Ränder der Wunde zu vernähen. Vereinigung mit dem ersten Objekt, in das die verlorene narzißtische Perfektion investiert wurde, ist ein Weg, den ursprünglichen Narzißmus wiederzugewinnen. Man kann vermuten – und klinische Erfahrungen bestätigen das bis zu einem gewissen Grade –, daß in Phantasien der narzißtische Zustand sich in seinem Wesen als identisch mit der Einheit von Mutter und Kind in der intrauterinären Situation vorgestellt wird (was Freud für eine Urphantasie hält).

Ferenczi ist der Meinung, daß der elementare menschliche Wunsch die Rückkehr in den Mutterleib ist (in *Thalassa – Eine Theorie der Genitalität*, 1924). Der genitale Koitus, der Gipfel der sexuellen Entwicklung, ist ein Ausdruck des Wunsches, in den Mutterleib zurückzukehren, wo, wie Ferenczi sagt, die Spaltung zwischen Ich und Umwelt noch nicht stattgefunden hat. In seinen Augen würde das das anlagenmäßige Vorhandensein und die Rolle des ödipalen Wunsches – nämlich mit seiner Mutter Geschlechtsverkehr zu haben – erklären und seine biologische Basis fundieren. Ich ziehe es vor, von der narzißtischen Basis des Ödipuskomplexes zu sprechen.

Wenn der Inzestwunsch nicht nur auf einem sexuellen Antrieb, sondern auch auf dem Verlangen beruht, die verlorene narzißtische Einheit wiederherzustellen, ist es verständlich, daß der Junge im Laufe seiner Entwicklung einen Punkt erreicht, wo er sein Vaterbild mit seinem Ich-Ideal besetzt. Er überträgt seinen Narzißmus auf den Vater, der so sein Modell wird, sein Identifikationsobjekt.

Die inzestuöse Fixierung, die sich im Ödipuskomplex ausdrückt, könnte zweifellos leicht überwunden werden, wenn sie nur vom Sexualtrieb verursacht würde. Tatsächlich gibt es keinen „Ödipustrieb". Nach der Libidotheorie gibt es nur Sexualtriebe. Die Widerstandsfähigkeit des Bandes, das den (Sexual-)Trieb mit seinem Objekt im Ödipuskomplex verschweißt, entspringt den tiefen narzißtischen Wurzeln der inzestuösen Liebe. Was den Jungen treibt – in Richtung Ödipuskomplex und Genitalität –, ist die sehnsüchtige Erinnerung an seine glorreiche Vergangenheit, als er noch selbst sein Ideal war.

Das Ich-Ideal, wie es Freud in *Zur Einführung des Narzißmus* (1914) auffaßt, dient als Berührungspunkt zwischen kindlicher Omnipotenz und der Objektbeziehung, zwischen Lustprinzip und Realitätsprinzip. Tatsächlich ist das Ich-Ideal eine Stufe in der Entwicklung des Ich. „Die Entwicklung des Ichs besteht in einer Entfernung vom primären Narzißmus und erzeugt ein intensives Streben, diesen wieder zu gewinnen. Diese Entfernung geschieht vermittels der Libidoverschiebung auf ein von außen aufgenötigtes Ichideal, die Befriedigung durch die Erfüllung dieses Ideals." (S. 167f)

Die Projektion des kindlichen Narzißmus auf die Eltern, die zur Bildung des Ich-Ideals führt, ist ein Schritt in Richtung von Realitätsbewältigung und Objektliebe, da die ursprüngliche Megalomanie zugunsten des Objekts abgelegt wird. Die Entstehung des Ich-Ideals steht auch im Einklang mit dem Realitätsprinzip, da es nicht den Weg des geringsten Widerstandes zur Erlangung von Befriedigung wählt (was typisch für das Lustprinzip ist). Das Ich-Ideal impliziert das Vorhandensein von „Planung", „Hoffnung" und „Versprechen".

„Versprechen", „Hoffnung" und „Planung" zwingen zu Aufschub, Umwegen und Einfügung in eine zeitliche Ordnung, was für geistiges Funktionieren in Übereinstimmung mit dem Realitätsprinzip charakteristisch ist, während für das Lustprinzip die Augenblicklichkeit der Befriedigung typisch ist. Außerdem gehören die Begriffe „Entwicklung" und „Evolution" dazu. Im Grunde ist es nämlich die Aufgabe der Mutter – zumindest in den frühesten Lebensphasen –, das Kind dazu zu bringen, sein Ich-Ideal nach und nach auf immer höher entwickelte Modelle zu projizieren. Frustrationen und Belohnungen sollten – richtig dosiert – das Kind ermutigen, auf bestimmte Befriedigungen, die mit der Erlangung bestimmter Funktionen und einem bestimmten Seinszustand einhergehen, zu verzichten, um neue erreichen zu können. Jede Entwicklungsphase muß genug Belohnungen mit sich bringen, um dem Wunsch, zurückzugehen, entgegenzuwirken, und ebenso genug Frustrationen, um das Kind vorwärts zu drängen, statt seine Entwicklung durch Fixierung zu stoppen. Kurz, die Erwartungen, die ihm in seiner Entwicklung vorwärtshelfen, müssen gepflegt werden. So leitet die Mutter das Kind an, sein Ich-Ideal immer nach vorne zu projizieren, indem sie die Initiativfunktion des Ich-Ideals unterstützt und auf diese Weise seinen Aspekt des „Versprechens" pflegt.

Nun kann es geschehen, daß die Mutter statt dessen entweder durch Unzulänglichkeit der narzißtischen und Objektbelohnungen oder durch ein Übermaß an Befriedigungen das Ich-Ideal des Kindes in die Irre führt. Für meine Zwecke untersuche ich nur die zweite Hypothese.

Freud betont in seinem Werk mehr als einmal die Tatsache, daß das Kind vor allem und über allem erwachsen sein möchte. Zum Beispiel schreibt er in *Der Dichter und das Phantasieren* (1908): „Das Spielen des Kindes wurde von Wünschen dirigiert, eigentlich von dem einen Wunsche, der das Kind erziehen hilft, vom Wunsche: groß und erwachsen zu sein. Es spielt immer ,groß sein', imitiert im Spiele, was ihm vom Leben der Großen bekannt geworden ist." (S. 216) Wir können den Wunsch, „groß zu sein", als einen grundlegenden Inhalt des Ich.

Ideals betrachten. In der Tat drängen alle Gefühle der Bewunderung zur Identifikation. Jedoch kann verführerisches Verhalten der Mutter in ihrem Kind diesen Wunsch, groß und erwachsen zu sein, zerstören und es von der Erfahrung, seinen Vater als Identifikationsmodell und als Träger des Ich-Ideals des Kindes zu bewundern, abhalten.

Das ist dann so, als habe die Mutter das Kind in eine Falle gelockt, indem sie es glauben macht, mit seiner kindlichen Sexualität und seinem vorpubertären Penis wäre es ein perfekter Partner für sie und es gäbe folglich nichts, um das es seinen Vater beneiden müßte. Auf diese Weise wird die Entwicklung des Kindes gestoppt. Das Ich-Ideal des Kindes bleibt auf ein prägenitales Modell fixiert, statt auf den genitalen Vater und seine Attribute übertragen zu werden. In der Tat lebt der Perverse, dem von seiner Mutter zuviel geholfen wurde, in der Illusion, daß Prägenitalität der Genitalität gleichwertig oder gar überlegen sei. Der Vater und seine Attribute werden abgewertet.

Ich glaube, daß der Inzestwunsch auf narzißtischen Motivationen beruht, auf dem Wunsch, die Zeit, als das Ich und das Nicht-Ich vereint waren, wiederzuerleben. Wenn das so ist, dann gibt sich der zukünftige Perverse der Illusion hin, daß es nicht nötig ist, bis zum Abschluß der sexuellen Entwicklung zu warten, um die Vereinigung mit der Mutter wiederherzustellen. Normalerweise aber drängt, wie wir gesehen haben, die Sehnsucht nach dem primären Narzißmus, als das Kind selbst sein eigenes Ich-Ideal war, das Subjekt dazu, seinen Narzißmus nach vorne auf den ödipalen Vater zu projizieren. Er projiziert seinen Penis in eine Phantasie genitaler Erfüllung, die das Versprechen enthält, zu dem ursprünglichen gesegneten Zustand zurückzukehren. Sehnsucht nach dem ursprünglichen Narzißmus kann den zukünftigen Perversen dazu bringen, den ganzen Prozeß zu vermeiden. Nach vorne gerichtete Projektion des Narzißmus durch das Subjekt auf das Ich-Ideal steht, wie zuvor gesagt, im Einklang mit dem Realitätsprinzip und führt zu Reife und Entwicklung. Im Gegensatz dazu bemüht sich die perverse Illusion, den kürzesten Weg zu finden: Die Vereinigung mit der Mutter geschieht hier und jetzt und verlangt keine Entwicklung und kein Erwachsenwerden. So muß der lange Weg, der das Subjekt zum Ödipuskomplex und zur Genitalität führt, im Gegensatz gesehen werden zu dem kurzen Weg, der das Subjekt in der Prägenitalität fixiert hält. Diese beiden Wege definieren die beiden verschiedenen Formen des Ich-Ideals.

Um diese beiden Formen des Ich-Ideals besser zu verstehen, will ich jetzt Prüfungsträume, „typische Träume" nach Freud, untersuchen. Ich werde meine persönliche Interpretation dieser Träume darlegen und die Prüfungsträume des Neurotikers mit denen des Perversen vergleichen.

Freud widmet den Prüfungsträumen in seiner *Traumdeutung* (1900) zwei Seiten.

> „Jeder, der mit der Maturitätsprüfung seine Gymnasialstudien abgeschlossen hat, klagt über die Hartnäckigkeit, mit welcher der Angsttraum, daß er durchgefallen sei, die Klasse wiederholen müsse u. dgl. ihn verfolgt. Für den Besitzer eines akademischen Grades ersetzt sich dieser typische Traum durch einen anderen, der ihm vorhält, daß er beim Rigorosum nicht bestanden habe, und gegen den er vergeblich noch im Schlaf einwendet, daß er ja schon seit Jahren praktiziere, Privatdozent sei oder Kanzleileiter …
> Nachdem wir aufgehört haben, Schüler zu sein, sind es nicht mehr wie zuerst die Eltern und Erzieher oder später die Lehrer, die unsere Bestrafung besorgen; die unerbittliche Kausalverkettung des Lebens hat unsere weitere Erziehung übernommen, und nun träumen wir von der Matura oder von dem Rigorosum, – und wer hat damals nicht selbst als Gerechter gezagt? – so oft wir erwarten, daß der Erfolg uns bestrafen werde, weil wir etwas nicht recht gemacht, nicht ordentlich zustande gebracht haben …" (S. 280f)

Freud definiert Abitur und Examen, die die häufigsten Themen von Prüfungsträumen sind, als die „beiden Knotenpunkte unserer Studien". Freuds Interpretation dieser typischen Träume wurde durch die Bemerkung „eines kundigen Kollegen" angeregt, der feststellte, daß seines Wissens der Abiturtraum nur von Leuten geträumt wird, die die Prüfung bereits bestanden haben (obwohl es nach meiner Erfahrung Ausnahmen von dieser Regel gibt). Freud schließt daraus:

„Der ängstliche Prüfungstraum, der, wie sich immer mehr bestätigt, dann auftritt, wenn man vom nächsten Tage eine verantwortliche Leistung und die Möglichkeit einer Blamage erwartet, würde also eine Gelegenheit aus der Vergangenheit herausgesucht haben, bei welcher sich die große Angst als unberechtigt erwies und durch den Ausgang widerlegt wurde ...
Die als Empörung gegen den Traum aufgefaßte Einrede: Aber ich bin ja schon Doktor u. dgl. wäre in Wirklichkeit der Trost, den der Traum spendet, und der also lauten würde: Fürchte dich doch nicht vor morgen; denke daran, welche Angst du vor der Maturitätsprüfung gehabt hast, und es ist dir doch nichts geschehen. Heute bist du ja schon Doktor usw. Die Angst aber, die wir dem Traume anrechnen, stammte aus den Tagesresten." (S. 281)

Das könnte so sein, aber wäre es dann nicht einfacher und mehr im Sinne der Wünsche des Träumers, von einer erfolgreichen Prüfung zu träumen? Warum braucht er diese komplizierte Verrenkung? Prüfungsträume stellen ein Problem innerhalb der Traumtheorie dar, nach der ein Traum die Erfüllung eines Wunsches ist. Hier wird die Angst weder durch die immanente Befriedigung eines Triebes hervorgerufen, noch handelt es sich um einen Bestrafungstraum im strengen Sinne des Wortes. (Welchen infantilen Wunsch sollte er bestrafen?)

Nach meiner Auffassung ist es das Ich-Ideal, das sich hier manifestiert. Es stellt hohe Anforderungen an unser Ich; es weist Kurzschlüsse und Illusionen über seine Reife zurück. Prüfungen stecken das Leben des Kindes, des Jugendlichen und oft des jungen Erwachsenen ab. Sie ratifizieren sozusagen die aufeinander folgenden Abschnitte des Reifeprozesses und sind die Symbole ihrer Integration. Der Wunsch, der in den Prüfungsträumen erfüllt wird, wird meiner Meinung nach vom Ich-Ideal beherrscht – die Nicht-Vermeidung von Schwierigkeiten, die Integration von Konflikten, die verschiedenen Entwicklungsstadien, die das Ich mit jener Geschlossenheit ausstatten, die nötig ist, um das Stadium zu erreichen, in dem Genitalität und Narzißmus gemeinsam herrschen.

Ich glaube, man kann etwas von meiner Hypothese in folgendem Bruchstück aus Freuds Interpretation der Prüfungsträume wiederfinden:

„Die Prüfungsträume setzen der Deutung bereits jene Schwierigkeit entgegen, die ich vorhin als charakteristisch für die meisten der typischen Träume angegeben habe. Das Material an Assoziationen, welches uns der Träumer zur Verfügung stellt, reicht für die Deutung nur selten aus ...
Vor kurzem gewann ich den sicheren Eindruck, daß die Einrede: Du bist ja schon Doktor u. dgl., nicht nur den Trost verdeckt, sondern auch einen Vorwurf andeutet. Derselbe hätte gelautet: Du bist jetzt schon so alt, schon so weit im Leben, und machst noch immer solche Dummheiten, Kindereien." (S. 282)

Hier wird die Betonung auf die Kluft zwischen dem wahren Alter (das bereits bestandene Examen) und dem infantilen Charakter des Ich (die „Kindereien") gelegt. Ich glaube deshalb, daß die Prüfungsträume den Wunsch des Ich-Ideals ausdrücken, diese beiden Elemente in Übereinstimmung zu bringen, nämlich die Prüfung, die Reife vorauszusetzen scheint, und die „Kindereien", die in der Tat vorhanden sind, so daß das wahre Ich und das Schein-Ich zur Deckung gebracht werden.

Die Motivation des Prüfungstraums ist nach meiner Auffassung ein vom Ich-Ideal beherrschter Wunsch (das Ich wieder dem Ideal anzunähern). Dieser Wunsch zielt darauf ab, die Lücken im Reifeprozeß auszufüllen. Dieser Wunsch, der einen oder mehrere Triebe mobilisiert, stößt wieder gegen Barrieren, die noch nicht niedergerissen sind, und erzeugt Angst.

Es ist bemerkenswert, daß der Erfolg der Prüfung, von der Freud in *Die Traumdeutung* als die in seinen eigenen Träumen als die am häufigsten vorkommende berichtete, mit der Erinnerung an einen kleinen Betrug (d.h. die Kaschierung einer Wissenslücke) verbunden ist.

„Im Gymnasialprüfungstraume werde ich regelmäßig aus Geschichte geprüft, wo ich damals glänzend bestanden habe, aber allerdings nur, weil mein liebenswürdiger Professor ... – nicht übersehen hatte, daß auf dem Prüfungszettel, den ich ihm zurückgab, die mittlere von drei Fragen mit dem Fingernagel durchgestrichen war, zur Mahnung, daß er auf dieser Frage nicht bestehen solle." (S. 282)

Dieser kleine Betrug, der zum Bestehen der Prüfung beigetragen hat, wird vom Ich-Ideal nicht akzeptiert, nicht aus einem Schuldgefühl heraus, sondern weil er eine Reife symbolisiert, die nur vorgetäuscht ist.

In einem kurzen Einakter von Ionesco (1965) wird ein Mitglied der Académie Française dargestellt, dessen „Brust bis zum Gürtel mit Orden dekoriert" ist, der Inhaber zahlreicher Diplome ist, der der Prüfungskommission für die Professorenzulassung und dem Abiturprüfungsamt präsidiert und der von sich sagen kann: „... Ich bin Doktor honoris causa der Universität von Amsterdam, der geheimen Fakultäten des Erzherzogtums Luxemburg, dreimal habe ich den Nobelpreis erhalten." Ihm wird mitgeteilt, daß er in der (nachgeholten) Abiturprüfung durchgefallen ist. Seine Frau sagt zu ihm:

„Du hättest dich der Prüfung nicht unterziehen sollen."
Und das Akademiemitglied antwortet: „Es war eine Lücke da."
Sie: Das ahnte kein Mensch.
Er: Aber ich wußte es ... Und andere hätten es erfahren können."

Das Stück trägt den Titel *Die Lücke* (*La lacune*).

Eine meiner Patientinnen träumt, daß sie im Abitur durchfällt. Sie assoziiert folgendermaßen:

„Immer, wenn ich mich gestreßt fühle, träume ich denselben Traum. Ich falle im Abitur durch und sage zu mir selbst: „Aber ich habe die Kunstakademie abgeschlossen, und deshalb ist das eine Bagatelle." Im selben Moment kommt mir der Gedanke, daß mein Studium an der Kunstakademie ungültig ist, weil ich das Abitur nicht habe, weil etwas fehlt.
Ich bin tatsächlich im Abitur durchgefallen, obwohl ich eine sehr gute Schülerin war. Die Nonnen haben mir immer erzählt, ein wie großes Opfer meine Eltern zu bringen hätten, damit ich studieren könnte. Ich wurde erst zehn Jahre später zur Universität zugelassen, als eine neue Verordnung den Zugang zur Universität nach einer Sonderprüfung ermöglichte."

Der Streß, den sie als die Ursache ihres Traumes bezeichnet, ist durch Übertragung in ihrer Beziehung zu ihrer Mutter begründet. Hier haben wir es mit einem Traum zu tun, der im Gegensatz zu denen, von denen Freud spricht, sich um eine Prüfung dreht, in der die Träumerin tatsächlich versagte. Die Patientin scheint sich mit einigen ungelösten Rivalitätsproblemen herumgeschlagen zu haben (ihre älteren Schwestern haben ihre Studien nicht sehr weit geführt). Später bekam sie die Möglichkeit einer „Sonderprüfung", die sie bestand und die offensichtlich (objektiv) das frühere Versagen wettmachte, die aber keineswegs die tatsächliche Lücke verdeckte, die durch das nicht bestandene Abitur symbolisiert wird. Diese Lücke hat mit ihrem eigenen Ich zu tun, d.h. mit der mangelnden Integration ihrer Rivalität in bezug auf ihre älteren Schwestern. Der Wunsch der Träumerin scheint darin zu bestehen, sich nicht mit einem Notbehelf zum Verbergen der Lücke zufriedengeben zu wollen. Tatsächlich will sie die Lücke schließen und sich ihren Konflikten stellen. Wenn sie unter Streß steht, hat sie deshalb immer denselben Traum, weil sie jedesmal vor demselben Dilemma steht, nämlich entweder zu den Wurzeln ihres Problems zurückzugehen oder es durch eine „Sonderprüfung" zu umgehen. Das Ich-Ideal zieht die absolute Lösung vor

Ich will jetzt den Hang eines perversen Patienten betrachten, die entgegengesetzte Lösungen zu suchen; sein Ich-Ideal geht den kurzen Weg und nimmt den damit verbundenen Betrug hin. Der Kernpunkt des folgenden klinischen Materials ist ebenfalls ein Prüfungstraum.

Jean-Jacques, 28 Jahre alt, ist der jüngste Sohn und das fünfte Kind einer streng katholischen Familie. Er kam mit einem Geburtsfehler zur Welt, der bald nach seiner Geburt korrigiert wurde. Als kleines Kind nahm seine Mutter ihn, wegen seiner Behinderung und den erlittenen Operationen, mit sich ins Bett. Wiederholt verheimlichte sie bestimmte „Dummheiten" des Jungen vor dem Vater. Dieser junge Mann, der nun verheiratet und Vater ist, masturbiert im Nachthemd seiner Schwiegermutter, begleitet von überwiegend sadomasochistischen Phantasien. Er hat sexuelle Beziehungen mit seiner Frau, die er mit Stricken fesselt. Als Heranwachsender hatte er eine homosexuelle Beziehung zu einem einbeinigen Mann (der älter als er war), in den sein Vater „volles Vertrauen" setzte. Dieser Mann, der bei den städtischen Autoritäten, besonders der Polizei, großes Ansehen genoß, bewahrte ihn vor Strafverfolgung, als er ohne Führerschein einen Autounfall verursache, bei dem der Mann anwesend war.

Im Verlauf seiner Analyse träumte mein Patient, er wäre im Abitur durchgefallen. Der Mißerfolg verwirrte und ärgerte ihn. Einer seiner Lehrer nahm ihn beiseite und sagte zu ihm: „Das (die Prüfungskommission) ist ein Haufen Narren. Ich bring' das schon in Ordnung!" In diesem Moment dachte er an seine Mutter, die ihn als kleines Kind zu sich ins Bett nahm und seine „Dummheiten" vor dem Vater verheimlichte, und dann an den Einbeinigen. Der Lehrer, der ihn im Traum beiseite genommen hatte, schien ihm sexuelle Avancen zu machen. Der Lehrer spielt so die Rolle der Mutter, die ihn als Komplizin vor dem ödipalen Konflikt (mit der Prüfungskommission) und vor brüderlicher Rivalität (mit den anderen Kandidaten) bewahrt. Durch den Lehrer besteht er sein Abitur, ohne seine Konflikte zu integrieren oder zu lösen, weil ihn seine Mutter, indem sie ihn ihr Bett teilen ließ, glauben machte, er hätte es nicht nötig, reif zu werden, um seines Vaters Platz einzunehmen. Ähnlich hilft ihm der Einbeinige, die Autoritäten zu täuschen (sowohl seinen Vater, „der volles Vertrauen in ihn setzte" als auch die Polizei). Dank der Komplizenschaft dieses Freundes als Mutterersatz kann er ohne Führerschein fahren (braucht er keine Prüfung), ohne den entsprechenden Qualifikations(Reife)nachweis zu erbringen. (Ich lasse bewußt andere Aspekte dieser Beziehung zu dem einbeinigen Mann beiseite.)

Ganz am Anfang seiner Analyse fand er auf folgende Art eine Arbeitsstelle. Ein ehemaliger Klassenkamerad hatte ihm erzählt, er wolle sich um eine freie Stelle bei einer Gesellschaft bewerben, die von einer Frau geleitet wurde. Ohne seinem Freund ein Wort zu sagen, suchte er die Frau auf und bekam die Stelle. Dieser Ablauf war ein deutlicher Hinweis darauf, wie sich die Behandlung in Zukunft gestalten sollte. Als er später eine Sitzung versäumt hatte, erzählte er, daß er die Zeit, die er bei mir hätte sein sollen, bei seiner Geliebten verbracht und seine Frau betrogen hätte, die im Glauben war, er wäre bei seiner Analytikerin. Allerdings, solange er für die verlorene Sitzung bezahlte, konnte er seine Zeit verbringen, wie es ihm gefiel.

Es war offensichtlich sein Wunsch, daß ich die Rolle des

Lehrers in seinem Traum bzw. die des Einbeinigen übernehmen sollte, d.h. die Rolle seiner Mutter. Er wünschte, daß ich ihm beim Betrug an den Prüfern helfen sollte, d. h. beim Betrug am Vater und während der Affäre mit seiner Geliebten ebenso an seiner Frau. Sowohl der Vater als auch seine Frau verkörpern das diskreditierte Über-Ich und das entwertete Ich-Ideal. (Der kastrierte Vater, unwürdig, sein Ich-Ideal zu werden, sagt: „Sie sind ein Haufen Narren.")

Meiner Ansicht nach zeigt dieses Material, wie der Perverse das Abitur zu erlangen sucht, ohne eine Prüfung bestehen zu müssen, im Gegensatz zum Neurotiker, der nach meiner Erfahrung die Prüfung zu wiederholen versucht, weil er fürchtet, das Zeugnis unverdient ausgehändigt zu bekommen. Der Neurotiker versucht, sein Sein mit seinem Schein in Übereinstimmung zu bringen, während sich der Perverse mit dem Schein zufriedengibt.

Der Perverse lehnt die Zeit als Dimension des Lebens ab. Freuds Schrift *Die endliche und die unendliche Analyse* (1937) beginnt mit einer Kritik an allen Versuchen, die psychoanalytische Behandlung zu verkürzen. In diesem Artikel stellt Freud dar, wie die Analyse auf Hindernisse stößt, deren Ursprung er zu erklären versucht, und zwar in dem Bewußtsein, daß es fruchtlos ist, ständig damit zu rechnen, daß sie kurzschlüssig sein könnten. Ebenfalls in diesem Aufsatz macht Freud folgende Feststellung: „Und endlich ist nicht zu vergessen, daß die analytische Beziehung auf Wahrheitsliebe, d.h. auf die Anerkennung der Realität gegründet ist und jeden Schein und Trug ausschließt." (S. 94)

Erkenntnis von Hindernissen, Zeitlichkeit und Wirklichkeit sind ein und dasselbe.

> „Wie arm sind die, die nicht Geduld besitzen!
> Wie heilten Wunden, als nur nach und nach?
> Du weißt, man wirkt durch Witz und nicht durch Zauber;
> Und Witz beruht auf Stund' und günst'ger Zeit."
> (Shakespeare, *Othello*, Akt 2, Szene 3)

Der Perverse lehnt die günst'ge Zeit, dieses Fehlen von Zauber, ab. Jedoch ist der Unterschied zwischen ihm und dem Neurotiker, zwischen ihm und uns nicht immer deutlich auszumachen. Wir sind alle in verschiedenem Maße in der Versuchung, in einer Welt von Lüge und Illusion zu leben.

4. Kapitel

Erneute Lektüre des „Kleinen Hans"

Meine Behandlung der Perversion macht es notwendig, die kindliche Sexualtheorie des phalllischen Monismus radikal neu zu überdenken. Ich möchte nun diese Theorie an Hand einer erneuten Lektüre des „Kleinen Hans" überprüfen. Gleichzeitig möchte ich dahin kommen, den Wunsch des Jungen, seinen Vater zu kastrieren, zu verdeutlichen, während, wie wir uns erinnern, Freud die Kastrationsangst des Jungen betont, ohne in Betracht zu ziehen, daß diese Angst zumindest teilweise Folge der Angst vor Vergeltung sein könnte. Und gleichzeitig gibt uns diese erneute Lektüre die Möglichkeit, den „Kleinen Hans" – ein charmanter kleiner Neurotiker – mit dem Perversen zu vergleichen.

Es ist notwendig, sich zunächst einige Äußerungen Freuds in Erinnerung zu rufen, die zu der Auffassung tendieren, daß das männliche Kind nicht den Wunsch hegt, seine Mutter zu penetrieren. In *Drei Abhandlungen zur Sexualtheorie* (1905) beginnt Freud das fünfte und letzte Kapitel der dritten Abhandlung, *Die Umgestaltungen der Pubertät*, mit folgendem zumindest höchst merkwürdigem Satz:

> „Während durch die Pubertätsvorgänge das Primat der Genitalzonen festgelegt wird und das Vordrängen des erigiert gewordenen Gliedes beim Manne gebieterisch auf das neue Sexualziel hinweist, auf das Eindringen in eine die Genitalzone erregende Körperhöhle, vollzieht sich von psychischer Seite her die Objektfindung, für welche von der frühe-

sten Kindheit an vorgearbeitet worden ist." (S. 123)

Nun ist es banal, darauf hinzuweisen, daß auch Kinder Erektionen haben. Genau ihre Vorzeitigkeit war es, die Jones in *Die phallische Phase* (1933) dazu gebracht hat, die Verbindung zwischen Erektion und Vorwärtsdrängen und daraus folgend die Suche nach einer Körperhöhle zu betonen. Daraus folgert er, daß es unmöglich ist, an der Existenz von kindlichen Penetrationswünschen lange vor der Pubertät und der Suche nach einem Komplementärorgan zu zweifeln. Das Wissen über die Vagina würde dabei durch die Wirkung psychischer Konflikte unterdrückt. Auch für Freud ist der Penis in die Inzestphantasien mit einbezogen. Die Kastrationsdrohung trifft exakt den Herd der Erregung. Aber das Ziel des mit dem Ödipuskomplex verbundenen sexuellen Impulses bleibt unzureichend definiert, vage, „dunkel", „unpräzise", „irgend etwas". So schreibt Freud, wenn er die dritte typische Sexualtheorie – die sadistische Auffassung des Koitus (in *Über infantile Sexualtheorien* (1908)) – untersucht:

> „Öfter hatte es den Anschein, als würde diese Beziehung von den Kindern gerade darum verkannt, weil sie dem Liebesakte solche Deutung ins Gewalttätige gegeben haben. Aber diese Auffassung macht selbst den Eindruck einer Wiederkehr jenes dunkeln Impulses zur grausamen Betätigung, der sich beim ersten Nachdenken über das Rätsel, woher die Kinder kommen, an die Peniserregung knüpfte. Es ist auch die Möglichkeit nicht abzuleugnen, daß jener frühzeitige sadistische Impuls, der den Koitus beinahe hätte erraten lassen, selbst unter dem Einflusse dunkelster Erinnerungen an den Verkehr der Eltern aufgetreten ist, für die das Kind, als es noch in den ersten Lebensjahren das Schlafzimmer der Eltern teilte, das Material aufgenommen hatte, ohne es damals zu verwerten." (S. 182f)

Freud bezieht sich auf kurz vorher Gesagtes:

> „Wenn das Kind den Andeutungen folgen könnte, die von der Erregung des Penis ausgehen, so würde es der Lösung seines Problems um ein Stück näher rücken. Daß das Kind im Leibe der Mutter wächst, ist offenbar nicht genug Erklärung. Wie kommt es hinein? Was gibt den Anstoß zu seiner Entwicklung? Daß der Vater etwas damit zu tun hat, ist wahrscheinlich; er erklärt ja, das Kind sei auch sein Kind. Andererseits hat der Penis gewiß auch seinen Anteil an diesen nicht zu erratenden Vorgängen, er bezeugt es durch seine Miterregung bei all dieser Gedan-

kenarbeit. Mit dieser Erregung sind Antriebe verbunden, die das Kind sich nicht zu deuten weiß, dunkle Impulse zu gewaltsamem Tun, zum Eindringen, Zerschlagen, irgendwo ein Loch aufreißen. Aber wenn das Kind so auf dem besten Wege scheint, die Existenz der Scheide zu postulieren und dem Penis des Vaters ein solches Eindringen bei der Mutter zuzuschreiben als jenen Akt, durch den das Kind im Leibe der Mutter entsteht, so bricht an dieser Stelle doch die Forschung ratlos ab, denn ihr steht die Theorie im Wege, daß die Mutter einen Penis besitzt wie ein Mann, und die Existenz des Hohlraumes, der den Penis aufnimmt, bleibt für das Kind unentdeckt." (S. 180)

Wir können die kindliche Unkenntnis dieses Hohlraumes bezweifeln und uns fragen, was primär war: die Idee der Universalität des Penisbesitzes (was die Kenntnis des Hohlraumes verhindern würde) oder die Kenntnis des Hohlraumes (d.h. der Vagina), für die die Theorie aus bestimmten Gründen, die zu erforschen wären, ein Ersatz ist? Und ist nicht darüber hinaus die Leidenschaft des Kindes, ein Geheimnis zu durchdringen, ein Rätsel zu durchschauen, auf der Ebene geistiger Arbeit ein Äquivalent zur geschlechtlichen Penetration (aus Mangel an etwas Besserem)? Freud aber besteht beharrlich auf dem unsinnlichen Charakter der kindlichen Neugier.

Der Wissenstrieb und der dahinterstehende Schautrieb sind ebenso wie der Machttrieb ohne Zweifel mit dem Wunsch zur Penetration verwandt. Ein Blick kann sowohl „durchdringend" als auch „penetrierend" sein. Ein Patient sagte einmal – in bezug auf seine Neugier auf weibliche Genitalien während seiner Kindheit – zu mir: „Meine Augen durchbohrten den Schoß der Frauen." In *Der Untergang des Ödipuskomplexes* (1924) schreibt Freud erneut: „Worin der befriedigende Liebesverkehr bestehe, darüber mochte das Kind nur sehr unbestimmte Vorstellungen haben; gewiß spielte aber der Penis dabei eine Rolle, denn dies bezeugten seine Organgefühle." (S. 398) Und noch einmal in *Ein Abriß der Psychoanalyse* (1938 – 1940): „Der Knabe tritt in die Ödipusphase ein, er beginnt die manuelle Betätigung am Penis mit gleichzeitigen Phantasien von irgendeiner sexuellen Betätigung desselben an der Mutter ..." (S. 77)

Wir wollen uns jetzt dem „Kleinen Hans", *Analyse der Phobie eines fünfjährigen Knaben* (1909), zuwenden, um zu prüfen, ob das klinische Material die Theorie des phallischen Monismus stützt. Wir erinnern uns, daß Hans' Vater, der Freud in einem Brief über den Ausbruch einer Phobie bei seinem kleinen Jungen informierte, geschrieben hatte: „Die Furcht, *daß ihn auf der Gasse ein Pferd beißen werde*, scheint irgendwie damit zusammenzuhängen, daß er durch einen großen Penis geschreckt ist …" (S. 258) Dieser große Penis wird in der ganzen Schilderung als der dargestellt, den Hans seiner Mutter zuschrieb. Jedoch deuten – zumindest nach meiner Meinung – trotz möglicher Überinterpretationen eine ganze Reihe von Hinweise darauf hin, daß der fragliche Penis *dem Vater gehört*.

Bei seinen Nachforschungen nach der Ursache von Hans' Phobie kommt der Vater auf die Episode mit Fritzl, dem Spielkameraden des Jungen in Gmunden. Als Fritzl „Pferd spielte", „ist er auf einen Stein getreten und hat geblutet" (S. 293). Hans glaubt, „da hab' ich die Dummheit gekriegt" (S. 292). Hans hat bereits gesagt: „… in Gmunden ist ein weißes Pferd, das beißt. Wenn man die Finger hinhält, beißt es." (S. 265) Seinem Vater fiel auf, daß er „Finger" sagte, und nicht „Hand".

Die Episode mit Fritzl stellt sich so dar:

> „Nachmittag vor dem Haus. Hans läuft plötzlich ins Haus, als ein Wagen mit zwei Pferden kommt, an dem ich nichts Außergewöhnliches bemerken kann. Ich frage ihn, was er hat. Er sagt: Ich fürchte mich, weil die Pferde so stolz sind, daß sie umfallen.' (Die Pferde wurden vom Kutscher scharf am Zügel gehalten, so daß sie in kurzem Schritte gingen, die Köpfe hochhaltend – sie hatten wirklich einen stolzen Gang.) Ich frage ihn, wer denn eigentlich so stolz sei.'
> Er: Du, wenn ich ins Bett zur Mammi komm'.'
> Ich: Du wünschest also, ich soll umfallen?'
> Er: Ja, du sollst als Nackter (er meint: barfüßig wie seinerzeit Fritzl) auf einen Stein anstoßen und da soll Blut fließen und wenigstens kann ich mit der Mammi ein bißchen allein sein …'
> Ich: Kannst du dich erinnern, wer sich am Steine angestoßen hat?'
> Er: Ja, der Fritzl.'
> Ich: Wie der Fritzl hingefallen ist, was hast du dir gedacht?'
> Er: Daß *du* am Steine hinfliegen sollst.'" (S. 317f)

Die umgefallenen Pferde, die Objekte von Hans' Phobie,

können als Symbol für den Vater aufgefaßt werden (seines Penis); „umgefallen" ist das Äquivalent für kastriert und das Gegenteil von „erigiert". Dies gilt offensichtlich für die „stolzen" Pferde, die „ihre Köpfe hochhalten". Dieser Stolz (der Pferde) wird von Hans direkt mit dem „Stolz" seines Vaters assoziiert, wenn Hans bei der Mutter im Bett ist. Das muß meiner Meinung nach als Hinweis auf des Vaters genitale Kapazitäten verstanden werden, auf die Erektion seines großen Penis, der fähig ist, seine Mutter zu befriedigen. Vaters stolzes Roß muß weniger anmaßend werden! Seinem Stolz muß ein Dämpfer aufgesetzt werden, er muß sich im Staub wälzen und bluten!

Was Hans betrifft, so fehlt ihm dies höchst wünschenswerte Organ. Kurz vor dem Ausbruch seiner Phobie „kam er früh zur Mama ins Bett und sagte bei diesem Anlasse: Weißt du, was Tante M. gesagt hat: Er hat aber ein liebes Pischl!'" (S. 259)

Ja, in der Tat, ein liebes Pischl, aber ein *kleines*. Kein großes wie die Pferde, vor denen er besondere Angst hat. Davon ausgehend begann er, Vergleiche anzustellen zwischen seinem kleinen Penis und dem großen des Tieres, den er ihm neidet. Es ist dieser Neid, der meiner Meinung nach seine Angst verursacht, die Pferde könnten ihn in den Finger beißen. Er verursacht ebenso eine mehr diffuse Angst vor anderen Tieren mit offensichtlichen phallischen Charakteristika: der Giraffe (wegen ihres Halses), dem Elefanten (wegen seines Rüssels), dem Pelikan (wegen seines Schnabels).

„Aus seiner Tröstung: Der Wiwimacher wächst mit mir, wenn ich größer werde, läßt sich schließen, daß er bei seinen Beobachtungen beständig verglichen hat und von der Größe seines eigenen Wiwimachers sehr unbefriedigt geblieben ist." (S. 270) In der Tat sind wir zu der Annahme berechtigt, daß diese Phobie teilweise aus dem Wunsch entspringt, den Pferden und anderen phallischen Tieren ihre großen Wiwimacher auszureißen, die ihn ihrerseits bedrohen. Wir können feststellen, daß Hans nicht den „kurzen Weg" gewählt hat. Er ist wirklich ein Neurotiker, kein Perverser. Er glaubt, daß sein Wunsch – einen großen Wiwimacher zu bekommen – in der

Zukunft erfüllt werden wird. Sein Vater und Freud selbst kommen zu dem Schluß, daß Hans Angst hat, „daß ihn die Mama nicht mag, weil sich sein Wiwimacher mit dem des Vaters nicht messen kann." (S. 275) Die Erfüllung seines Wunsches nach einem großen Penis geschieht in seiner Phantasie dadurch, daß ein Klempner kommt, um ihm einen großen Wiwimacher zu geben. Er hat diese Phantasie, als seine Phobie praktisch kuriert ist:

> „*Es ist der Installateur gekommen und hat mir mit einer Zange zuerst den Podl weggenommen und hat mir dann einen anderen gegeben und dann den Wiwimacher.* Er hat gesagt: Laß den Podl sehen und ich hab'mich umdrehen müssen, und er hat ihn weggenommen und dann hat er gesagt: Laß'den Wiwimacher sehen.'
> (Der Vater erfaßt den Charakter der Wunschphantasie und zweifelt keinen Moment an der einzig gestatteten Deutung.)
> Ich: Er hat dir einen *größeren* Wiwimacher und einen *größeren* Podl gegeben.'
> Hans: Ja.'
> Ich: Wie der Vatti sie hat, weil du gerne der Vatti sein möchtest?'
> Hans: Ja, und so einen Schnurrbart wie du möcht' ich auch haben und solche Haare.'(Deutet auf die Haare an meiner Brust.)(S. 333)

Hier erkennen wir Hans' offensichtlichen Wunsch, wie sein Vater zu sein und seine männlichen Attribute zu haben.

Freud vergleicht die Phantasie über den Installateur mit einer früheren, die sich um dieselbe Person dreht: „Ich bin in der Badewanne, da kommt der Schlosser und schraubt sie los. Da nimmt er einen großen Bohrer und stößt mich in den Bauch." (S. 300) Während Freud diese zweite Phantasie nachträglich als Vorwegnahme der ersten interpretiert, glaube ich, daß diese beiden Phantasien komplementär sind. Für Freud repräsentiert die Badewanne Hans' Hinterteil und der Bohrer den großen Penis, der ihm so gegeben wird. Für mich zeigt die erste Phantasie, *wie* Hans seines Vaters – des Klempners – großen Penis bekommt.

Es ist in der Tat überraschend, daß diese sadomasochistischen Phantasien keine Angst in Hans erzeugen. Im Gegenteil, sie scheinen ihm Spaß zu machen. Es scheint mir, daß diese Erlangung des väterlichen Penis unter der Tarnung eines Scheinangriffs geschieht, von dem Hans annimmt, daß er von seinem Vater oder seinem Ersatz, dem Installateur, inszeniert wurde. Der in seinen Bauch gestoßene Bohrer ist die symbolische Darstellung eines passiven homosexuellen Koitus. Diese Passivität erscheint ebenso in der zweiten Phantasie, wo der Installateur mit einer Zange hantiert, um sein Hinterteil und sein Glied zu kastrieren. Dank dieser Ergebenheit gelingt es Hans schließlich, sich in den Besitz der väterlichen Attribute zu setzen – ohne Schuldgefühle und deshalb ohne Angst vor Vergeltung.

Wir können hier sehen, welche bestimmende Rolle die Homosexualität im Identifikationsprozeß mit dem Vater und der Introjektion seiner Männlichkeit spielt. Wir können von „analer Introjektion" sprechen, wobei die Analität nicht nur durch Hans' Hinterteil offenkundig wird, sondern auch dadurch, daß die Person des Installateurs und die sadomasochistische Beziehung beide Phantasien beherrschen. Wir können annehmen, daß sich Hans so weit durch die seinen Vater betreffenden Ängste hindurchgearbeitet hat, daß er in der Lage ist, sich unter dem Deckmantel einer masochistischen Verkleidung seinen Wunsch, sich in den Besitz des väterlichen Penis zu setzen, zu erfüllen. Béla Grunberger beschreibt in seinem Aufsatz *Ein Essay über eine psychodynamische Theorie des Masochismus* (1954) einen entscheidenden masochistischen Mechanismus, der notwendig ist, die Identifikation mit dem Vater zu erreichen. Dieser Mechanismus ist gleichzeitig eine Methode, das Über-Ich zu besänftigen. Das Subjekt versucht zu beweisen, daß es selbst es ist, das kastriert worden ist. So von jeder Verantwortung befreit, kann er straflos die Introjektion des väterlichen Penis vornehmen.

Der Wunsch, den Vater zu kastrieren, läßt sich in dem Material über Hans leicht verfolgen. Er sucht des väterlichen Penis habhaft zu werden, um ihn dessen zu berauben, was ihn zum Objekt der Wünsche der Mutter macht, um das Band zwischen den Eltern anzugreifen und so die Urszene zu zerstören und die Mutter dadurch zu verführen, daß er der Besitzer des großen und „stolzen" väterlichen Penis geworden ist. Das sind die Ziele, die Hans anstrebt. Aber warum die dringende Notwendigkeit eines großen Penis, wie der des Vaters ist, um der Mutter eine Freude zu machen, wenn Hans nicht weiß, daß seine Mutter ein Organ besitzt, das sein „lieber kleiner Pischl" nicht aus- und erfüllen kann? Dieses Wissen von der Vagina erscheint völlig klar in zwei anderen Phantasien, die er seinem Vater mitteilt: „Ich bin mit dir in Schönbrunn gewesen bei den Schafen, und dann sind wir unter den Stricken durchgekrochen, und das haben wir dann dem Wachmann beim Eingang des Gartens gesagt, und der hat uns zusammengepackt." (S. 275)

Die zweite Phantasie ist die folgende: „Ich bin mit dir in der Eisenbahn gefahren und wir haben ein Fenster zerschlagen und der Wachmann hat uns mitgenommen." (S. 276) Der Gedanke, daß sein Penis für die Vagina seiner Mutter zu klein ist, erscheint, wir wir schließen können, noch einmal in seiner Angst, seine Mutter könne ihn in die große Badewanne fallen lassen. Daß diese Angst noch übertroffen werden mag von dem Wunsch, seine Mutter möge Hanna in die große Badewanne fallen lassen, entwertet die Hypothese nicht. Bei ihm ist es wie bei dem von Freud erwähnten Kind, das bezüglich seiner kleinen Schwester sagt: „Der Storch soll sie zurückholen." Hans möchte Hanna möglicherweise dahin zurückschicken, wo sie herkommt, ins Vagina-Bad. Später spricht Hans von der großen Kiste (dem Mutterleib): „Wirklich, Vatti. Glaub' mir. Wir haben eine große Kiste gekriegt und da sind lauter Kinder drin, in der Badewanne sitzen sie drin." (S. 304) Als sie kurz davor über die Straße gingen, schlug er mit einem Stock auf das Pflaster und fragte seinen Vater, ob darunter nicht ein Mann wäre, d.h. der Vater oder sein Penis in der Mutter (S. 304). Wir können in Hans' Phantasien und in seiner Phobie einen ödipalen Wunsch erkennen, der den genitalen Besitz der Mutter und das Geschenk eines Babys umfaßt, und das dank des dem Vater gestohlenen Penis. Nun ist es verblüffend, daß Freud dies sieht; tatsächlich kann das Material nicht anders verstanden werden. Trotzdem bleibt er bei der Theorie des phallischen Monismus und der damit verbundenen Unkenntnis der Vagina. Er schreibt:

„In dem Kinde ringt es wie eine Ahnung von etwas, was er mit der Mutter machen könnte, womit die Besitzergreifung vollzogen wäre, und er findet für das Unfaßbare gewisse bildliche Vertretungen, denen das Gewalttätige, Verbotene gemeinsam ist, deren Inhalt uns so merkwürdig gut zur verborgenen Wirklichkeit zu stimmen scheint. Wir können nur sagen, es sind symbolische Koitusphantasien ..." (S. 355)

Und später:

„Daß er nun diesen selben Vater, den er als Konkurrenten hassen mußte, seit jeher geliebt hatte und weiter lieben mußte, daß er ihm Vorbild war ..."(S. 365)

Wir haben hier den Hauptunterschied zwischen dem Neurotiker und dem Perversen.

„Der Vater wußte aber nicht nur, woher die Kinder kommen, er übte es auch wirklich aus, das, was Hans nur dunkel ahnen konnte. Der Wiwimacher mußte etwas damit zu tun haben, dessen Erregung all diese Gedanken begleitete, und zwar ein großer, größer als Hans seinen fand. Folgte man den Empfindungsandeutungen, die sich da ergaben, so mußte es sich um eine Gewalttätigkeit handeln, die man an der Mama verübte, um ein Zerschlagen, ein Öffnungschaffen, ein Eindringen in einen abgeschlossenen Raum, den Impuls konnte das Kind in sich verspüren." (S. 366)

Hier ist Freud sehr nahe daran, die Existenz der Vagina in Hans' Geist – zumindest auf vorbewußter Ebene – einzuräumen. Dann kommt diese seltsame Schlußfolgerung:

„... aber obwohl es auf dem Wege war, von seine Penissensationen aus, die Vagina zu postulieren, so konnte es doch das Rätsel nicht lösen, denn so etwas, wie der Wiwimacher es brauchte, bestand ja in seiner Kenntnis nicht; vielmehr stand der Lösung die Überzeugung im Wege, daß die Mama einen Wiwimacher wie er besitze." (S. 366)

Freud macht hier eine Reihe von spekulativen und sogar widersprüchlichen Aussagen: Erstens existiert im Gegensatz zu dem, was er in *Drei Abhandlungen zur Sexualtheorie* (1905) gesagt und was er in den folgenden Studien beständig verteidigt hat, der Wunsch des Jungen, zu penetrieren, lange vor der Pubertät genauso wie die „dunkle" und „angedeutete" Vorstellung der Vagina. Sogar wenn Hans sich vorstellte, seine Mutter hätte Genitalien wie seine eigenen, könnte diese Vorstellung leicht von der der Vagina überlagert werden. Wir müßten uns dann fragen, ob diese „Überzeugung, die der

Lösung im Wege steht", wie Freud sagt, dann nicht einfach eine defensive Rolle spielen würde. Tatsächlich können wir uns Freuds Antwort darauf vorstellen. Die Kastrationsangst bringt den Jungen dazu, dort einen Penis sehen zu wollen, wo keiner ist. Aber wir wissen, daß nach Freud die Kastrationsangst um so stärker ist, wenn das Kind die Vagina ignoriert. Was es sich dann vorstellt, ist nicht Verschiedenartigkeit der Genitalien, sondern – zu seinem Schrecken – das Fehlen von Genitalien.

Die Methode, die Freud Hans' Vater für die sexuelle Aufklärung des Jungen empfiehlt, steht exakt in einer Linie mit der Beschreibung der weiblichen Genitalien als etwas Fehlendem, als Mangel, d.h. einfach als Bestätigung der Phantasterei der sogenannten weiblichen Kastration:

> „Ferner schlug ich dem Vater vor, den Weg der sexuellen Aufklärung zu betreten. Da wir nach der Vorgeschichte des Kleinen annehmen durften, seine Libido hafte am Wunsch, den Wiwimacher der Mama zu sehen, so solle er ihm dieses Ziel durch die Mitteilung entziehen, daß die Mama und alle anderen weiblichen Wesen, wie er ja von der Hanna wissen könne – einen Wiwimacher überhaupt nicht besitzen." (S. 264)

Was die Frage „Wo kommen die Kinder her?" betrifft, scheint Hans viel besser für eine Antwort gerüstet zu sein, als Freud annimmt, wie das klinische Material selbst zeigt. Insbesondere wird Geburt richtig mit den Genitalien in Verbindung gebracht: Als Hans 3 1/2 Jahre alt ist, wird seine kleine Schwester, Hanna, geboren. An diesem Tag schrieb sein Vater in sein Tagebuch:

> „Früh um 5 Uhr, mit dem Beginne der Wehen, wird Hans' Bett ins Nebenzimmer gebracht; hier erwacht er um 7 Uhr und hört das Stöhnen der Gebärenden, worauf er fragt: Was hustet denn die Mama?' – Nach einer Pause: Heut' kommt gewiß der Storch.'... Später wird er in die Küche gebracht; im Vorzimmer sieht er die Tasche des Arztes und fragt: Was ist das?', worauf man ihm sagt: Eine Tasche.' Er dann überzeugt: Heut' kommt der Storch.' Nach der Entbindung ... wird er dann ins Zimmer gerufen, schaut aber nicht auf die Mama, sondern auf die Gefäße mit blutigem Wasser, die noch im Zimmer stehen, und bemerkt, auf die blutige Leibschüssel deutend, befremdet: Aber aus meinem Wiwimacher kommt kein Blut.'" (S. 247f)

Diese Passage zeigt sehr schön, daß Hans weiß, daß eine

Niederkunft schmerzhaft ist, daß er das Stöhnen der Mutter mit dem Kommen des Storchs assoziiert. Aus bestimmten Gründen aber, z.B. weil er von aggressiven Gefühlen gegen seine untreue Mutter und daraus resultierenden Schuldgefühlen überwältigt wird, zieht er es vor, das Stöhnen in Husten umzudeuten, der weniger irritierend ist. Gleichzeitig bringt er die Arzttasche mit dem Kommen des Storchs in Verbindung. Er weiß sehr gut, daß alles im Körper der Mutter vor sich geht. Darüber hinaus weiß er, daß das Kind aus den Genitalien der Mutter gekommen ist, da er das Blut mit seinem Glied assoziiert.

Darum bin ich der Meinung, daß die Interpretation von Hans' Phobie den Kastrationswunsch, dessen Objekt der Vater ist, berücksichtigen muß. Diese Wünsche können nur verstanden werden, wenn sie im Zusammenhang mit dem – wenn nicht bewußten, so doch mindestens unterdrückten – Wissen um die elterliche genitale Komplementarität und daraus folgend die Vagina gesehen wird. Das Pferd als Vaterersatz (oder als Ersatz des väterlichen Penis) ist nicht nur das Objekt, auf das Hans seine Kastrationsängste übertragen hat, sondern auch das Objekt, auf das er seine Wünsche, den Vater zu kastrieren, projiziert hat. Durch diese beiden Mechanismen – Übertragung und Projektion – ist das Pferd zu einer Quelle der Angst geworden.

Feindschaft gegen den Vater wird in der Tat von Freud als notwendig für die Symptombildung gedeutet, aber als Todeswunsch. Zum Beispiel sagt er: „Es ist wirklich ein kleiner Ödipus, der den Vater weg', beseitigt haben möchte, um mit der schönen Mutter allein zu sein, bei ihr zu schlafen ... Der Wunsch ... erhob sich später ... zum Inhalte, der Vater solle dauernd weg, solle tot'sein." (S. 345f) Und in Zusammenhang mit den umgefallenen Pferden, ein Motiv, das ich als Ausdruck eines starken Wunsches nach Kastration verstanden habe, schreibt Freud: „Der Vater weist ihn darauf hin, daß er bei dem fallenden Pferde an ihn, den Vater gedacht und gewünscht haben muß, er solle so fallen und tot sein."(S. 358) Wie wir sehen, findet der Wunsch, den Vater zu kastrieren, keine Erwähnung. Sogar wenn Freud 1926 in *Hemmung*,

Symptom und Angst die Studie des „Kleinen Hans" resümiert, erwähnt er nur den Todeswunsch. Indem ich die Zusammenhänge zwischen der Kenntnis der Vagina, der genitalen Urszene und dem Wunsch, sich mit seinem Vater zu identifizieren und seine Attribute zu introjizieren, deutlich gemacht habe, habe ich versucht, einen Beitrag zur Differenzierung zwischen dem normalen oder neurotischen Entwicklungsprozeß und dem perversen zu leisten.

Bevor ich diese Darstellung abschließe, möchte ich eine Fußnote im „Kleinen Hans" zitieren, die Freud 1923 hinzugefügt hat. Sie ist für dieses Kapitel nicht von Belang, aber sie wird für das über den Fetischismus wichtig sein:

„Die Lehre vom Kastrationskomplex hat seither durch die Beiträge von Lou Andreas, A. Stärke, F. Alexander u.a. einen weiteren Ausbau erfahren. Man hat geltend gemacht, daß der Säugling schon das jedesmalige Zurückziehen der Mutterbrust als Kastration d.h. als Verlust eines bedeutsamen, zu seinem Besitz gerechneten Körperteils empfinden mußte, daß er die regelmäßige Abgabe des Stuhlgangs nicht anders werten kann, ja daß der Geburtsakt als Trennung von der Mutter, mit der man bis dahin eins war, das Urbild jeder Kastration ist. Unter Anerkennung all dieser Wurzeln des Komplexes habe ich doch die Forderung aufgestellt, daß der Name Kastrationskomplex auf die Erregungen und Wirkungen zu beschränken sei, die mit dem Verlust des Penis verknüpft sind. Wer sich in den Analysen Erwachsener von der Unausbleiblichkeit des Kastrationskomplexes überzeugt hat, wird es natürlich schwierig finden, ihn auf eine zufällige und doch nicht so allgemein vorkommende Androhung zurückzuführen, und wird annehmen müssen, daß das Kind sich diese Gefahr auf die leisesten Andeutungen hin, an denen es ja niemals fehlt, konstruiert." (S. 246)

Für das Kapitel über den Fetischismus sollte man sich den ersten Teil dieser Fußnote, der sich mit Urbildern der Kastration beschäftigt, merken.

5. Kapitel

Erneute Lektüre des „Wolfsmannes"

Ich will nun mit der Lektüre des „Wolfsmannes", *Aus der Geschichte einer infantilen Neurose* (1918), meinen Versuch fortsetzen, die kindliche Sexualtheorie des phallischen Monismus in Freuds klinischen Berichten in Frage zu stellen. Zugleich möchte ich eine *ökonomische* Theorie für das Entstehen des Bildes der phallischen Mutter vorstellen. Der Zweck dieser Theorie ist es nicht, die bereits bestehenden (Freud, Klein) zu verdrängen, sondern sie zu ergänzen.

Wenn die Phobie des „Kleinen Hans" sich auf die positive Seite des Ödipuskomplexes richtete, so richtete sich die infantile Neurose des „Wolfsmannes" auf die negative Seite, auf den Wunsch, „mit seinem Vater kopuliert zu werden", um in der Urszene die Stelle der Mutter einzunehmen. Wir wissen, daß der Junge im Alter von 1 1/2 Jahren Zeuge eines Koitus *a tergo* (von hinten) seiner Eltern war und daß er den Wolfstraum träumte, als er vier war. Nach Freuds Auffassung „führte ihn die Aktivierung der Urszene im Traum zur genitalen Organisation zurück. Er entdeckte die Vagina und die biologische Bedeutung von männlich und weiblich" (S. 74). Hier besteht ein Widerspruch zur Theorie, daß die Vagina erst in der Pubertät entdeckt wird. Auf eine sehr merkwürdige Weise verficht Freud die Auffassung, daß die Beobachtung des Koitus *a tergo* den Wolfsmann zu der Überzeugung gebracht hat, daß Kastration real ist.

Nun ist nicht nur die Vorderseite des weiblichen Körpers bei dieser Stellung völlig verborgen (man ist versucht, auf Freuds „realistische" Argumente genauso „realistisch" zu antworten), sondern wir erkennen hier auch eine Zweideutigkeit in bezug auf die Rolle, die die Kenntnis der Vagina im maskulinen Kastrationskomplex spielt. Hier wird diese Kenntnis als hauptverantwortlich für die Kastrationsängste des Wolfsmannes angesehen. Die Vagina wäre genau gesagt die von der Kastration durch den Vater herrührende Wunde. Um seine alte Theorie des Analverkehrs zu retten, unterdrückt – nach Freud – das Kind sein Wissen um das weibliche Organ:

> „Aber nun kam das, was sich mit vier Jahren neu ereignete. Seine seitherigen Erfahrungen, die vernommenen Andeutungen der Kastration, wachten auf und warfen einen Zweifel auf die Kloakentheorie', legten ihm die Erkenntnis des Geschlechtsunterschiedes und der sexuellen Rolle des Weibes nahe. Er benahm sich dabei, wie sich überhaupt Kinder benehmen, denen man eine unerwünschte Aufklärung – eine sexuelle oder andersartige – gibt. Er verwarf das Neue – in unserem Falle aus Motiven der Kastrationsangst – und hielt am Alten fest. Er entschied sich für den Darm gegen die Vagina ... Die neue Aufklärung wurde abgewiesen, die alte Theorie festgehalten." (S. 110f)

Hier finden wir wieder eine Behauptung, die sich mit anderen Formulierungen Freuds nicht vereinbaren läßt. In *Die endliche und die unendliche Analyse* (1937) legt er dar, daß Passivität welcher Art auch immer gegenüber einem Mann als Kastration empfunden werden kann und daß tatsächliche Penetration nicht Voraussetzung für die Entstehung der Angst, seinen Penis zu verlieren, ist. Anale Penetration würde *a fortiori* einen Mann nicht davor bewahren, die Kastration zu befürchten. Die Angst vor Passivität bildet das Fundament der Analyse männlicher Patienten.

„Zu keiner Zeit der analytischen Arbeit leidet man mehr unter dem bedrückenden Gefühl erfolglos wiederholter Anstrengung, unter dem Verdacht, daß man ‚Fischpredigten' abhält, als wenn man ... die Männer überzeugen möchte, daß eine passive Einstellung zum Mann nicht immer die Bedeutung einer Kastration hat und in vielen Lebensbeziehungen unerläßlich ist."

Das führt zu der Vorstellung, daß in jedem Mann sozusagen ein normaler „paranoider Kern" existiere, verbunden mit einer sehr weitgehenden Sexualisierung seines Sozialverhaltens. Darüber hinaus ist es erstaunlich, daß der Wunsch nach Penetration durch den väterlichen Penis beim Wolfsmann im Alter von 1 1/2 Jahren aufkam, als er den Koitus der Eltern beobachtete, und in dem Traum im Alter von 4 Jahren wiederbelebt wurde, während dieser Wunsch nach Penetration bei Mädchen erst in der Pubertät auftritt! Der Wolfsmann will wie Präsident Schreber ein Kind von seinem Vater, ein instinktiver Wunsch, der mit seiner femininen Identifizierung zusammenhängt, während der entsprechende Wunsch bei einem Mädchen lediglich ein Ersatz für ihren Penisneid ist. Die weiblichen Wünsche des Mannes, penetriert zu werden, wären deshalb direkter als die der Frauen. Und mehr noch, wie können wir glauben, daß der Junge auf der negativen (oder inversen) Seite seines Ödipuskomplexes den Wunsch verspürt, penetriert zu werden (wie seine Mutter), und nicht den *aktiven* Wunsch, seine Mutter zu penetrieren, wie er mit der positiven Seite des Ödipuskomplexes verbunden ist?

Das Material über den „Wolfsmann" ist in der Tat ein wenig verwirrend. Unsere Verblüffung hat möglicherweise gerade etwas mit der Natur der Probleme zu tun, an denen der Patient laboriert. Denn zu behaupten, daß sie auf die inverse Form des Ödipuskomplexes, auf die feminine, passive Beziehung zum Vater und auf die so entstehenden Kastrationsängste gerichtet seien, ist sicher eine unzulässige Vereinfachung. Wenn Freud in seiner Studie *Hemmung, Symptom und Angst* (1926) den Fall resümiert, ist er natürlich über den weiteren Verlauf der sogenannten Neurose des Wolfsmannes informiert – was deutlich wird, wenn Freud die Möglichkeit einer libidinösen Triebregression bei dem „Russen", der fürchtet, vom Wolf *verschlungen* zu werden, erörtert. Er meint: „Die Krankengeschichte des russischen Wolfsmannes' spricht ganz entschieden für die letztere ernstere Möglichkeit..." (S. 134)

Jedoch benutzt er den Fall „des Russen" und auch den des „Kleinen Hans", deren Symptome auf furchtauslösende

Tiere zentriert sind, als Modelle für ausschließlich durch Kastrationsangst ausgelöste Phobien. Diese Auffassung ist um so erstaunlicher, als in diesem Werk der Kastrationskomplex eindeutig Teil eines Spektrums ist, dessen Abschluß er nicht ist (das ist die Angst vor dem Über-Ich). Wenn er Hans mit dem Wolfsmann vergleicht, stellt er fest:

„Er ist in beiden Fällen der nämliche, die Angst vor einer drohenden Kastration ... Aus Kastrationsangst verzichtet ... der kleine Russe auf den Wunsch, vom Vater als Sexualobjekt geliebt zu werden, denn er hat verstanden, eine solche Beziehung hätte zur Voraussetzung, daß er sein Genitale aufopfert, das, was ihn vom Weib unterscheidet." (S. 136f)

Obwohl er im Fall des Wolfsmannes seine Überlegungen auf die Kastrationsangst konzentriert, kommt Freud in der Absicht, die Adlersche Theorie zurückzuweisen, zu einer sehr fruchtbaren Hypothese:

„Eine gerechtere Würdigung des Verdrängungsvorganges in unserem Falle würde übrigens der narzißtischen Männlichkeit die Bedeutung des einzigen Motivs bestreiten. Die homosexuelle Einstellung, die während des Traumes zustande kommt, ist eine so intensive, daß das Ich des kleinen Menschen an ihrer Bewältigung versagt und sich durch den Verdrängungsvorgang ihrer erwehrt. Als Helfer bei dieser Absicht wird die ihr gegensätzliche narzißtische Männlichkeit des Genitales herangezogen." (S. 145f)

Wir können diese Beschreibung als die einer traumatischen Situation erkennen; für Freud stellt sich der Urszenentraum als Trauma dar. Entsprechend der Beschreibung der traumatischen Situation, die Freud später in *Hemmung, Symptom und Angst* (1926) gibt, befindet sich das Ich dann wegen seiner Unreife und seiner Unfähigkeit, die es überwältigenden Reize zu beherrschen, in einem Zustand der Hilflosigkeit. Es ist dann der Sitz automatischer Angst. Die Repression ist dann von primärer Art. Kastration ist vielleicht nicht die äußerste Bedrohung. Dies können wir in bezug auf die aktuellen Grundlagen des Ichs annehmen. Das Subjekt versucht auf diese Weise, *von der Sphäre der Katastrophe zu der der Kastration* zu gelangen. Es stellt sich aber die folgende Frage:

Warum ist die homosexuelle Einstellung eine „so intensive"?
Es gibt sicher viele Kinder, die ihre Eltern beim Geschlechtsverkehr beobachtet haben, ohne von dem Wunsch nach femininer, passiver Identifikation überwältigt zu werden.

Ich maße mir nicht an, das Problem zu lösen, und ich werde mich nur mit den Aspekten befassen, die augenscheinlich mit meiner Absicht in Zusammenhang stehen, nämlich die Gültigkeit der Theorie des phallischen Monismus zu überprüfen. Diese Theorie postuliert, daß der Junge allen Menschen, auch den Frauen, einen Penis zuschreibt. Das würde wenigstens bis zur Auflösung des Ödipuskomplexes dem Wunsch, Frauen zu kastrieren, fundamental widersprechen. In Zusammenhang mit Freuds *Leonardo da Vinci* habe ich an anderem Ort einen anderen Gedanken skizziert. Ich vermute, daß die auf das Kind wirkende Verführung durch die Mutter und letztendlich jede Situation, in der das Ich von Reizen überwältigt wird (und deshalb jede traumatische Situation) zur Bildung eines mütterlichen Phallusimagos führt. Nun scheint es, daß der Wolfsmann an verschiedenen Arten von Traumen litt: Zunächst einmal war er in seiner Kindheit ernsthaft krank gewesen, dann wurde er verführt, und schließlich war er Zeuge des elterlichen Geschlechtsverkehrs. Diese Traumen schienen mir die Entwicklung eines solchen, ausgesprochen gefährlichen Imagos zu begünstigen.

Freud glaubt, „daß die Sexualentwicklung des Falles, den wir hier verfolgen, für unsere Forschung den großen Nachteil hat, daß sie keine ungestörte ist. Sie wird zuerst durch die Verführung entscheidend beeinflußt und nun durch die Szene der Koitusbeobachtung abgelenkt, die nachträglich wie eine zweite Verführung wirkt." (S. 74f)

Wenn wir bei meiner Hypothese bleiben, daß sich im Falle von kumulativen Traumen ein mütterliches Phallusimago entwickelt, könnte ich mir denken, daß der so der Mutter zugeschriebene Penis mit der unzureichenden Verarbeitung der Erfahrungen des Subjekts zu tun hat, die in ihn einbrachen und als Fremdkörper in ihm blieben. Wie die Gefahr, überwältigt zu werden, schwer auf ihm und seiner ganzen Existenz lastet, kann das Ich versucht sein, die Natur der Gefahr zu verändern. Anfänglich war das nur ökonomischer Art, änderte sich aber bald, der Anziehungskraft narzißtischer Männlichkeit folgend, und wurde dynamischer Art und mit einem Konflikt verbunden.

Die verfrühte Mobilisierung des Konflikts, um die Überwältigung des Ichs zu verhindern, verstärkte effektiv die Wirkung des ersten Traumas. Die Impulse und Abwehrmechanismen werden aktiviert und brechen in das Ich ein. Wenn die nachfolgende Projektion, die den „Fremdkörper" in Form eines Penis auf das Mutterimago überträgt, dem Konstanzprinzip folgt, gewinnt sie einen Folgewert, weil die Befriedigung der Triebreize und die Verarbeitung des Konfliktes durch das Ich nicht stattgefunden haben. Dieser Teil des Ich, der auf die Mutter projiziert wurde, wird versuchen, zum Ich des Subjekts zurückzukehren; aus diesem Grund verfolgt er es. Nach meiner Meinung ist es die Mutter, die das Objekt dieser Projektion ist; denn zu der Zeit dieser traumatischen Erfahrungen, als das Ich unreif war, wurden sie unausweichlich der Mutter zugeschrieben. (Ich denke hier sowohl an die frühe Krankheit des Wolfsmannes als auch an die beiden Verführungen. Wir sollten beachten, daß wir keine Informationen über die Beziehung des Wolfsmannes zu seiner Mutter besitzen.)

Nach der Lektüre des „Kleinen Hans" fragte Abraham Freud, ob er glaube, daß immer der Vater dominant sei, und fügte hinzu, daß in seinen eigenen Fällen dies oft die Mutter gewesen sei (Brief vom 7.4.1910). Während im „Kleinen Hans" die Mutter noch bis zu einem gewissen Grad anwesend ist, fehlt sie im „Wolfsmann" fast völlig.

Der Zustrom interner Reize, der im Traum oder während der Beobachtung des elterlichen Geschlechtsverkehrs, als das Kind 18 Monate alt war, entsteht, zwingt uns dazu, das Wesen der so aktivierten Triebe und ihr Objekt in Frage zu stellen. Für Freud sind zweifelsfrei homosexuelle Triebe beteiligt. Ihr Objekt ist der Vater, gemäß dem umgekehrten Ödipuskomplex. Meiner Meinung nach jedoch bleibt die Frage bestehen. Was diesen Triebimpuls seine überwältigende Stärke verleiht und sein passives und unterwürfiges Wesen so verlockend und gleichzeitig gefährlich macht, ist das erschreckende Bild der gepeinigten Mutter, die dem Vater unterliegt, und dessen Eindringen in das Ich gleichzeitig gefürchtet und unerbittlich ist. Aus eng mit der Projektion verknüpften ökonomischen Gründen kann das Ich sich niemals von sich selbst befreien, obwohl es nie aufhört, es zu versuchen. Das bringt uns zurück zu dem Problem des Wunsches, Frauen als Verführerinnen zu kastrieren.

Freud schreibt der (aktiven) Verführung durch die Schwester entscheidende Bedeutung zu. Doch haben kindliche Sexspiele nicht immer eine so bedeutende negative Wirkung. Was in dem Bericht aber deutlich wird, ist die stickige, hermetisch abgeschlossene und repressive Atmosphäre seiner Kindheit und ebenso der möglicherweise psychotische Charakter seiner Schwester, einem frühreifen, empfindsamen und begabten Kind, das später als Heranwachsende Selbstmord beging.

Das dritte Kapitel beginnt mit zwei Deckerinnerungen, die mit der englischen Gouvernante in Zusammenhang stehen. Einmal soll sie gesagt haben: „Schauen Sie doch auf mein Schwänzchen!" Bei einer anderen Gelegenheit war „der Hut weggeflogen zur großen Befriedigung der Geschwister" (S. 42). Erneut verbindet Freud diese Erinnerungen mit einer von der Gouvernante ausgesprochenen Kastrationsdrohung. (Man beachte, daß dies eine Konstruktion ist.)

Der Wolfsmann hat dann Aggressionsträume gegen seine Schwester und die Gouvernante: „Als hätte er ... nach dem Bad ... die Schwester entblößen ... ihr die Hüllen ... oder Schleier abreißen wollen oder ähnliches." Tatsächlich wird uns mitgeteilt, daß diese Schwester ihn verführt hat. Diese aggressiven Phantasien wären ein Versuch gewesen, in der Verführung die aktive Rolle zu spielen. Weil er verführt worden ist, hätte er eine Abneigung gegen seine Schwester entwickelt.

Dieses Motiv – der wegfliegende Hut, die abgerissenen Schleier – besteht aber nicht nur aus einer Serie von aggressiven Phantasien, sondern ebenso von Kastrationsphantasien.

„Er empfand die schonungslos gezeigte Überlegenheit der Schwester sehr drückend ... Die Mädchen, in die er sich dann später ... verliebte, waren ... Personen, deren Bildung und Intelligenz weit hinter der seinigen zurückstehen mußten. Waren alle diese Liebesobjekte Ersatzpersonen für die ihm versagte Schwester, so ist nicht abzuweisen, daß eine Tendenz zur Erniedrigung der Schwester, zur Aufhebung ihrer intellektuellen Überlegenheit, die ihn einst so bedrückt hatte, dabei die Entscheidung über seine Objektwahl bekam." (S. 46)

Wie ist es möglich, hier einen offensichtlichen Kastrationswunsch zu verleugnen? Wenn er anfängt, Fliegen zu fangen und ihnen die Flügel auszureißen, Käfer zu zerquetschen und sich vorzustellen, er würde Pferde schlagen, dürfen wir der Meinung sein, daß alle diese Aktivitäten der Kastration eines Frauenpenis äquivalent sind. Später, in Zusammenhang mit Gruscha, wird er träumen, daß ein Mann einer Espe die Flügel ausreißt. Freud befragt ihn und entdeckt, daß er tatsächlich von einer Wespe spricht. „Die Espe ist natürlich eine verstümmelte Wespe", sagt Freud und kommentiert: „Der Traum sagt klar, er räche sich an Gruscha für ihre Kastrationsdrohung." (S. 128) Wenn wir unterstellen, daß Gruscha ihn tatsächlich bedroht hat (eine weitere Konstruktion), dann ist die Strafe Verstümmelung, d.h. Kastration eines Insekts, das einen Stachel besitzt.

Wir könnten natürlich fragen, warum das Trauma – ein Fremdkörper – in die Form eines Geschlechtsteils (eines Penis) projiziert wird. Meiner Meinung nach stellt das Trauma eine Situation dar, die dazu neigt, sexuelle Erregung zu erzeugen. Man erinnere sich daran, daß Freud in *Drei Abhandlungen zur Sexualtheorie* (1905) sagt, daß im Organismus nichts Wichtiges geschieht, ohne augenblicklich eine sexuelle Erregung hervorzurufen. Wir können deshalb annehmen, daß der projizierte Fremdkörper sofort sexualisiert sein wird.

Wir müssen nun auf die Hypothese zurückkommen, nach der der homosexuelle Trieb und die daraus entstehende Kastrationsangst ihre Intensität aus dem Imago der phallischen Mutter als Grundlage beziehen. Es wäre das quälerische Wesen dieses Imagos, das die Beziehung zum Vater bestimmen und ihr ihren bedrohlichen Charakter geben würde. Man kann sogar annehmen, daß die homosexuelle Unterwerfung unter den Vater einen Versuch darstellt, der Unterwerfung unter das Mutterimago zu entgehen. Dieser Versuch ist natürlich zwecklos, da die primäre Beziehung zur Mutter auf die Beziehung zum Vater abfärbt, aber um so verzweifelter wird dieser Versuch unternommen.

Der umgekehrte Ödipus ist Teil des „normalen" Ödipus. Normalerweise gelingt Jungen seine Integration sozusagen in aller Stille, wie im Falle des „Kleinen Hans". Tatsächlich läßt sich seine Installateursphantasie als einen der Aspekte seines umgekehrten Ödipuskomplexes auffassen, der ihn befähigt, sich mit seinem Vater zu identifizieren, ohne seinen Penis zu verlieren, sondern ihn im Gegenteil zu bekommen und auf diese Weise eine zukünftige männliche Identität wie die seines Vaters zu sichern. („Sein Vater war sein Vorbild.") Wenn der Fall des kleinen Russen nicht ebenso liegt, wenn er vor der Schwierigkeit seiner Aufgabe resignieren muß, wenn seine Kastrationsängste so stark sind, hat das nicht mit diesem phallischen Mutterimago zu tun, das ihn gleichzeitig zum Vater drängt und sein Siegel auf die Beziehung zu ihm drückt? Die Kastrationsangst wäre dann das Erbe der vorherigen Verfolgungsbeziehung, eine Zuflucht vor dem zersetzenden Zustrom von Erregungen. (Hier folge ich Freuds Vorstellungen.) Das Angst erzeugende Tier würde durch die Zweideutigkeit der väterlichen Gestalt, die die mütterliche verdeckt, gekennzeichnet bleiben. Dies wäre für die Tatsache verantwortlich, daß, wenn das Beißen des Pferdes nur eine Methode ist, in mündlicher Sprache die Kastrationsangst auszudrücken, der Wolf, der den kleinen Russen verschlingen wollte, eine instinktive (libidinöse) Regression auf die orale Stufe bedeuten würde, auf die „Stufe, die bei Hans durch das Gebissenwerden angedeutet, beim Russen aber im Gefressenwerden grell ausgeführt ist" (*Hemmung, Symptom und Angst*, 1926, S. 135).

Diese Hypothesen würden es uns ermöglichen, den Wunsch, Frauen zu kastrieren, wie am Beispiel des Wolfsmannes gezeigt, zu verstehen. Seine Kastrationsängste müßten nicht länger der (hypothetischen) Wahrnehmung der Genitalien seiner Mutter zugeschrieben werden, eine Wahrnehmung, die, wie wir gesehen haben, Freud zu widersprüchlichen Aussagen geführt hat – die Kenntnis der Vagina wird ein zusätzliches Motiv der Angst, die anale Beziehung zu seinem Vater wird als für ihn beruhigend eingeschätzt und so weiter...

Wenn wir uns auf die Auffassung einigen könnten, daß es ein angeborenes Wissen über die Vagina und die Sexualität als ganzer einschließlich der Genitalität gibt, würde uns das aus all diesen Schwierigkeiten befreien. Tatsächlich oszilliert die Freudsche Sexualitätstheorie zwischen zwei Polen. Der eine ist der ontogenetische, der andere der phylogenetische Pol. Wie wir wissen, ist es der Wolfsmann, an dessen Beispiel Freud den zweiten Aspekt seiner Vorstellungen entwickelt.

So verteidigt er die These, daß die Kastrationsdrohung, auch wenn sie von einer Frau ausgesprochen wird, letztlich immer dem Vater zugeschrieben wird:

> „Es ist ganz unzweifelhaft, daß ihm um diese Zeit der Vater zu jener Schreckensperson wurde, von der die Kastration droht. Der grausame Gott, mit dem er damals rang, der die Menschen schuldig werden läßt, um sie dann zu bestrafen, der seinen Sohn und die Söhne der Menschen opfert, warf seinen Charakter auf den Vater zurück, den er anderseits gegen diesen Gott zu verteidigen suchte. Der Knabe hat hier ein phylogenetisches Schema zu erfüllen und bringt es zu stande, wenngleich seine persönlichen Erlebnisse nicht dazu stimmen mögen. Die Kastrationsdrohungen oder Andeutungen, die er erfahren hatte, waren vielmehr von Frauen ausgegangen, aber das konnte das Endergebnis nicht für lange aufhalten. Am Ende wurde es doch der Vater, von dem er die Kastration befürchtete. In diesem Punkte siegte die Heredität über das akzidentelle Erleben; in der Vorgeschichte der Menschheit ist es gewiß der Vater gewesen, der die Kastration als Strafe übte ..." (S. 119)

Freud bezieht sich hier auf den „wissenschaftlichen Mythos" der Urhorde (*Totem und Tabu*, 1912 – 1913).

Am Ende seiner Studie über den Wolfsmann kommt Freud auf seine Theorie der mitgebrachten phylogenetischen Schemata zurück und entwickelt sie:

> „Ich habe nun zu Ende gebracht, was ich über diesen Krankheitsfall

mitteilen wollte. Nur noch zwei der zahlreichen Probleme, die er anregt, scheinen mir einer besonderen Hervorhebung würdig. Das erste betrifft die phylogenetisch mitgebrachten Schemata, die wie philosophische Kategorien' die Unterbringung der Lebenseindrücke besorgen. Ich möchte die Auffassung vertreten, sie seien Niederschläge der menschlichen Kulturgeschichte. Der Ödipuskomplex, der die Beziehung des Kindes zu den Eltern umfaßt, gehört zu ihnen, ist vielmehr das bestgekannte Beispiel dieser Art. Wo die Erlebnisse sich dem hereditären Schema nicht fügen, kommt es zu einer Umarbeitung derselben in der Phantasie, deren Werk im einzelnen zu verfolgen, gewiß nutzbringend wäre. Gerade diese Fälle sind geeignet, uns die selbständige Existenz des Schemas zu erweisen. Wir können oft bemerken, daß das Schema über das individuelle Erleben siegt, so wenn in unserem Fall der Vater zum Kastrator und Bedroher der kindlichen Sexualität wird, trotz eines sonst umgekehrten Ödipuskomplexes. Eine andere Wirkung ist es, wenn die Amme an die Stelle der Mutter tritt oder mit ihr verschmolzen wird. Die Widersprüche des Erlebens gegen das Schema schienen den infantilen Konflikten reichlichen Stoff zuzuführen." (S. 155)

Deshalb hat Freud eine Auffassung von der psychosexuellen Entwicklung, die man als „orthogenetisch" bezeichnen könnte, eine Orthogenese, die möglicherweise durch verschiedene Ereignisse im persönlichen Lebenslauf gestört wird. Ein Beispiel wäre Verführung; nach Freud unterbricht sie die Folge der verschiedenen libidinösen Stufen, wie z.B. im Falle des Wolfsmannes. Die Notwendigkeit, die Eindrücke zu klassifizieren und sie in ein Schema zu zwingen, ist sicherlich elementar; es ermöglicht dem Subjekt, der Verwirrung und dem Chaos zu entgehen.

Wenn wir die Frage der Phylogenese beiseite lassen und uns mit der Existenz von Schemata und der Klassifikation einverstanden erklären, dann erlaubt uns das bzw. zwingt uns das zu verstehen, daß der Wolfsmann in der Tat verzweifelt versucht hat, den Konflikt mit seinem Primärimago auf seinen Vater zu übertragen. Er hatte ebenfalls die Notwendigkeit empfunden, um die Differenzierung seiner Imagos zu kämpfen, hatte aber letztendlich keinen Erfolg gehabt und sich einer Neurose ergeben. Aber Freud fährt fort:

„Das zweite Problem liegt von diesem nicht fernab, es ist aber ungleich bedeutsamer. Wenn man das Verhalten des vierjährigen Kindes gegen die reaktivierte Urszene in Betracht zieht, ja wenn man nur an die weit

einfacheren Reaktionen des 1 1/2 jährigen Kindes beim Erleben dieser Szene denkt, kann man die Auffassung schwer von sich weisen, daß eine Art von schwer bestimmbarem Wissen, etwas wie eine Vorbereitung zum Verständnis, beim Kinde dabei mitwirkt. Worin dies bestehen mag, entzieht sich jeder Vorstellung; wir haben nur die eine ausgezeichnete Analogie mit dem weitgehenden *instinktiven* Wissen der Tiere zur Verfügung.
Gäbe es einen solchen instinktiven Besitz auch beim Menschen, so wäre es nicht zu verwundern, wenn er die Vorgänge des Sexuallebens ganz besonders beträfe, wenngleich er auf sie keineswegs beschränkt sein kann. Dieses Instinktive wäre der Kern des Unbewußten, eine primitive Geistestätigkeit, die später durch die zu erwerbende Menschheitsvernunft entthront und überlagert wird, aber so oft, vielleicht bei allen, die Kraft behält, höhere seelische Vorgänge zu sich herabzuziehen." (S. 155f)

Es ist verblüffend zu sehen, wie sehr die Idee eines *instinktiven* Wissens – der Nukleus des Unbewußten – auf den ersten Blick im Widerspruch steht zur Idee der progressiven libidinösen Entwicklung, zum Fehlen eines vorgeformten Sexualinstinkts mit festgelegtem Ziel und Objekt, letzteres eine fundamentale Vorstellung in Freuds Theorie. Im gleichen Atemzug versichert er, daß es so etwas wie eine instinktive Anziehung zwischen den Geschlechtern nicht gibt. (Die infantile Theorie des phallischen Monismus beruht darauf.) Wir können jedoch sehen, daß der Eros in der letzten Instinkttheorie dieser Vorstellung zuwiderläuft, da er als Bindungsprinzip auf dem Modell der Verschmelzung der Keimzellen beruht.

Vielleicht könnten wir versuchen, diese Widersprüche zwischen „angeborenem Wissen" und „Unkenntnis der Vagina", zwischen einem Reproduktionsinstinkt und der phallischen Phase loszuwerden, indem wir uns Freuds Schriften zuwenden, in denen er die Auflösung des Ödipuskomplexes als mit der Lücke zwischen den Wünschen des Kindes und seiner Fähigkeit, sie zu befriedigen, in Zusammenhang stehend beschreibt. Zunächst wollen wir uns an das düstere Bild erinnern, das Freud in *Jenseits des Lustprinzips* (1920) von dem ödipalen Kind entworfen hat:

„Die Frühblüte des infantilen Sexuallebens war infolge der Unverträglichkeit ihrer Wünsche mit der Realität und der Unzulänglichkeit der kindlichen Entwicklungsstufe zum Untergang bestimmt. Sie ging bei den peinlichsten Anlässen unter tief schmerzlichen Empfindungen zugrunde. Der Liebesverlust und das Mißlingen hinterließen eine dauernde Beeinträchtigung des Selbstgefühls als narzißtische Narbe, nach meinen Erfahrungen wie nach den Ausführungen Marcinowskis den stärksten Beitrag zu dem häufigen Minderwertigkeitsgefühl'der Neurotiker. Die Sexualforschung, der durch die körperliche Entwicklung des Kindes Schranken gesetzt werden, brachte es zu keinem befriedigenden Abschluß; daher die spätere Klage: Ich kann nichts fertig bringen, mir kann nichts gelingen. Die zärtliche Bindung, meist an den gegengeschlechtlichen Elternteil, erlag der Enttäuschung, dem vergeblichen Warten auf Befriedigung, der Eifersucht bei der Geburt eines neuen Kindes, die unzweideutig die Untreue des oder der Geliebten erwies; der eigene mit tragischem Ernst unternommene Versuch, selbst ein solches Kind zu schaffen, mißlang in beschämender Weise; die Abnahme der dem Kleinen gespendeten Zärtlichkeit, der gesteigerte Anspruch der Erziehung, ernste Worte und eine gelegentliche Bestrafung hatten endlich den ganzen Umfang der ihm zugefallenen *Verschmähung* enthüllt." (S. 19)

Das Aufgeben des ödipalen Objekts scheint in diesem Zusammenhang mit der schmerzlichen Erkenntnis des Kindes verknüpft zu sein, wie klein und unzulänglich es ist. Das ist die Tragödie verlorener Illusionen. Am Anfang des Aufsatzes *Der Untergang des Ödipuskomplexes* (1924) untersucht Freud die Gründe für den Untergang des Ödipuskomplexes, der zuvor bestimmend gewesen war. Er kommt wieder zu den gleichen Schlüssen: „Der Ödipuskomplex ginge so zugrunde an seinem Mißerfolg, dem Ergebnis seiner inneren Unmöglichkeit." (S. 395) (Für Freud ist dieser „Mißerfolg" natürlich einer der Gründe für den Untergang des Ödipuskomplexes. Außerdem gibt es für ihn noch ein angeborenes „Programm": „… die Zeit für seine Auflösung (ist) gekommen …", und vor allem den Kastrationskomplex.)

Béla Grunberger betont in *Narzißmus und der Ödipuskomplex* die narzißtische Verletzung des ödipalen Kindes, das durch seine (physiologische) Unfähigkeit gehindert wird, seinen inzestuösen Wunsch zu erfüllen. Er beschreibt die Konsequenzen der chronologischen Lücke, die zwischen der Manifestierung der ödipalen Wünsche in dem Kind und der Fähigkeit, sie zu befriedigen, klafft. Die Errichtung der Inzestbarriere hat das Ziel, den Narzißmus des Kindes zu schützen: Es setzt ein Verbot an die Stelle einer Unfähigkeit. Der Autor schreibt diese chronologische Lücke zwischen dem Wunsch und der Fähigkeit, ihn zu befriedigen, der vorzeitigen Geburt menschlicher Wesen zu.

Wie man weiß, spielt diese Vorstellung des Unfertigseins und der sich daraus ergebenden Hilflosigkeit eine wichtige Rolle in Freuds Werk. Ich will nur die folgenden Arbeiten zitieren: In *Entwurf einer Psychologie* (1895) bezieht er die Moral auf die Abhängigkeit des Kindes von Erwachsenen: „... Die ursprüngliche Hilflosigkeit des menschlichen Wesens ist die Urquelle aller moralischen Motive."

Erinnern wir uns, daß die lange Abhängigkeit des Kindes und der Kastrationskomplex in *Das Ich und das Es* (1923) als Motive der Errichtung des Über-Ich Seite an Seite stehen. In *Hemmung, Symptom und Angst* (1926) schreibt er der ursprünglichen Hilflosigkeit – die er „den biologischen Faktor" nennt – einen großen Anteil an der Verursachung von Neurosen zu:

> „Der biologische (Faktor) ist die lang hingezogene Hilflosigkeit und Abhängigkeit des kleinen Menschenkindes. Die Intrauterinexistenz des Menschen erscheint gegen die der meisten Tiere relativ verkürzt; es wird unfertiger als diese in die Welt geschickt. Dadurch wird der Einfluß der realen Außenwelt verstärkt, die Differenzierung des Ichs vom Es frühzeitig gefördert, die Gefahren der Außenwelt in ihrer Bedeutung erhöht und der Welt des Objekts, das allein gegen diese Gefahren schützen und das verlorene Intrauterinleben ersetzen kann, enorm gesteigert. Dies biologische Moment stellt also die ersten Gefahrsituationen her und schafft das Bedürfnis, geliebt zu werden, das den Menschen nicht mehr verlassen wird." (S. 186f)

Wie ich oft betont habe, ist die Theorie des phallischen Monismus ein Mittel, den Teil der narzißtischen Verletzung zu heilen, der allen Menschen gemeinsam ist und aus der Hilflosigkeit des Kindes resultiert. Wir können annehmen, daß es genau diese ursprüngliche Hilflosigkeit ist, die das angeborene, tierähnliche Wissen des Menschen zugunsten einer langsamen und schmerzvollen Reifung in Vergessenheit geraten läßt. Es ist die Unvereinbarkeit des Inzestwunsches mit der Unfähigkeit, ihn zu befriedigen, die der kindlichen Sexualität, der Prägenitalität, dem Phantasieleben, der Symbolbildung und kindlichen Sexualtheorien ihre Bedeutung gibt; letztere sind kindliche Schöpfungen, die nicht nur den Zweck haben, die Geheimnisse des Erwachsenenlebens zu ergründen, sondern auch die sexuelle Wahrheit zu verdrehen, um sie erträglicher zu machen.

Wir können hier eine Metapher benutzen: Die Totalität des menschlichen sexuellen Potentials wäre von Geburt an wie auf einem aufgerollten Band vorhanden, von dem Entwicklung und Reifung immer weiter abgespult würden. Wegen der menschlichen Hifllosigkeit verwandelt sich Sexualität in Psychosexualität, und die Unmöglichkeit für den Menschen, seinen Inzestwunsch sofort zu erfüllen, ihn „ungebändigt immer vorwärts dringt' (Mephisto in Faust I, Studierzimmer)." (*Jenseits des Lustprinzips*, 1920, S. 45)

6. Kapitel

Narzißmus und Gruppenpsychologie

Zunächst möchte ich über einen Film berichten, der in Paris in den frühen 70er Jahren zu sehen war, allerdings nicht lange. Meiner Meinung nach jedoch ist er das Werk eines Genies. Sein Titel ist „Der Leichenverbrenner", sein Regisseur ein Tschechoslowake namens J. Herz. Die Titelfigur wird von einem hervorragenden Schauspieler mit Namen Hrusinsky gespielt. Es handelt sich um die Geschichte eines kriminellen Perversen, eines Nekrophilen, der den analsadistischen Charakter seines Berufes (er arbeitet in einem Krematorium) dadurch bemäntelt, daß er ihn idealisiert. Er erklärt einem Anfänger, daß Verbrennung der Seele hilft, sich vom Körper zu befreien (der deutlich als Ballast verstanden wird, von dem sich zu trennen er behilflich ist), eine wie schöne und nützliche Sache der Tod ist, daß er das Leiden verkürzt usw. Er selbst wird der Mörder seiner Frau und seiner Kinder, weil sie „unreines" Blut in sich haben.

Er liebt „schöne" Musik und kauft „schöne" Bilder – objektiv Kitsch, dessen Analität zu verbergen ihm nicht vollständig gelingt. Er hat die Gewohnheit, Spaziergänge auf „hübschen" Friedhöfen zu machen, deren Statuen er bewundert. Seine Frau hält er für einen „Engel", seine Ehe ermöglicht ihm ein „engelhaftes Leben". Er pflegt die Gesichter junger toter Frauen zu streicheln, ihr Haar zu kämmen und dann sein eigenes Haar zu kämmen; den Kamm kann man hier als Fetisch betrachten. Gleichzeitig ist er ein Mystiker, fasziniert vom Buddhismus. (Man vergleiche hier die Idee der Seelenwanderung mit Sades Vorstellungen, daß es keine Vernichtung gibt, sondern daß alle Wesen und Dinge nur ihre Form ändern.) Er stellt sich ein riesiges Kollektivkrematorium vor, in dem die Seelen endlich schnell erlöst werden, schneller jedenfalls als in einem normalen Krematorium. Er wird seine Dienste den Nazis anbieten und wird schließlich in dem Glauben enden, er sei der Dalai-Lama.

Wir erkennen deutlich, daß er hier den Mystizismus benutzt, um seine analsadistischen Aktivitäten zu verherrlichen, um ihren „fäkalen" Charakter zu beseitigen, um Scheiße in Gold zu verwandeln und um Verdauung – die wie Kremierung Verbrennung ist – in eine wunderbare Alchimie zu transformieren, indem er die Seele vom Körper befreit, der nichts als bloßer Abfall ist. Béla Grunberger (1959) spricht von der Verdauung als einer „Zerkleinerung der aufgenommenen Nahrung und ihrer Herabminderung in immer weniger differenzierte Elemente, die fortschreitend ihre früheren Eigenheiten verliert und schließlich eine homogene Masse bildet, den Fäkalbolus"; eine Tatsache, die er (unter anderem) mit den Worten des Gauleiters von Auschwitz assoziiert, sein Lager wäre „der Arsch der Welt". Dier Filmheld jedenfalls stellt fest, daß die bei dem Kremierungsprozeß übrigbleibende Asche vollständig homogen ist, „sie ist völlig gleich", sagt er.

In diesem Film können wir erleben, wie ein Perverser in einer kollektiven Bewegung die Möglichkeit finden kann, seine Phantasien durch Verbrechen bis in die extremsten Konsequenzen auszuleben. Der Beruf erlaubte es ihm nicht, so weit zu gehen, und die Befriedigungen, die er daraus gewann, blieben unvollständig. Dank des Auftauchens der Nazis wird seine Perversion in den Dienst des Guten gestellt. Denn wir dürfen nie vergessen, daß sich alle Ideologien immer als mit dem Guten im Bunde darstellen. Auch wenn wir den Nazismus als eine widerwärtige Lehre betrachten, dürfen wir nicht vergessen, daß er sich damit brüstete, einen neuen und reinen Menschen zu schaffen. Wer schätzte nicht Reinheit? Sie ist ein Wert, der auf den ersten Blick ausgesprochen positiv besetzt ist. Ich werde später auf Ideologien eingehen, insoweit sie für das Thema relevant sind.

Aber ich möchte die entgegengesetzte Richtung zu der des Films, den ich gerade geschildert habe, einschlagen. Die Menschen, mit denen ich mich beschäftigen werde, sind keine Perversen, sondern gewöhnliche Leute, vielleicht du und ich – und können unter Umständen dazu verführt werden, alles, aber auch alles zu tun. Ich meine nicht, daß jeder unter bestimmten Umständen ein Angehöriger von SS-Sturmtruppen oder ein Terrorist werden kann. Dafür ist etwas mehr nötig als der uns allen gemeinsame perverse Kern, von dem ich gesprochen habe. Aber ich brauche mir nur die Zeitgeschichte anzuschauen, um die sofortige Bestätigung meiner Meinung zu erhalten, daß jeder – oder fast jeder – ein Nazi oder ein Mitglied einer extremistischen Bewegung werden kann.

Ich möchte nun mit Hilfe der Psychoanalyse den Versuch unternehmen, eine Erklärung für dieses Phänomen zu finden, das zweifellos eines der verwirrendsten unserer Tage ist, obwohl es nicht auf unsere Zeit beschränkt ist. Ich hoffe, daß – ist dieser Versuch zum Abschluß gebracht – es für uns *schwieriger* sein wird zu verstehen, wie und warum bestimmte Menschen großen Massenbewegungen Widerstand entgegensetzen – warum sie keine *Nashörner* werden (Ionescos Metapher für die totalitäre Versuchung, die er in seinem gleichnamigen Stück benutzt) –, als zu verstehen, wie und warum die große Mehrheit gegen ihr besseres Wissen daran teilnimmt.

Wir müssen zunächst beachten, daß auf einer bestimmten Ebene ein fundamentaler Gegensatz besteht zwischen dem Ich-Ideal als dem Erben des Narzißmus und dem Über-Ich als dem Erben sowohl des Ödipuskomplexes als auch des Kastrationskomplexes, die nach Freud eigentlich miteinander verbunden sind. Das erstere (das Ich-Ideal) ist – zumindest am Anfang – ein Versuch, die verlorene Allmacht wiederzugewinnen. Das letztere (das Über-Ich) resultiert nach Freud aus der Internalisierung der Inzestschranke, ein Prozeß, der von der Kastrationsangst beherrscht wird. Das erstere hat die Wiedereinführung der Illusion zum Ziel, das letztere die Aufrechterhaltung der Realität. Das Über-Ich zerreißt die Bande zwischen Mutter und Kind, das Ich-Ideal drängt das Kind, wie ich gezeigt habe, mit der Mutter zu verschmelzen.

Der Wunsch, wie am Lebensanfang sein eigenes Ideal zu sein, scheint von den meisten Menschen nie aufgegeben zu werden. Er bleibt in verschiedenem Grade unverändert erhalten – trotz der Wechselfälle, die er erlebt, auf der anderen Ebene, parallel zur Entwicklung des Ichs. Das Freudsche Über-Ich ist die jüngste Triebkraft des psychischen Apparates. Wenn Freud das Über-Ich in die Strukturtheorie einführt, identifiziert er es, wie wir wissen, mit dem Ich-Ideal. So sagt er (in *Das Ich und das Es*, 1923):

> „Das Über-Ich ist aber nicht einfach ein Residuum der ersten Objektwahlen des Es, sondern es hat auch die Bedeutung einer energischen Reaktionsbildung gegen dieselben. Seine Beziehung zum Ich erschöpft sich nicht in der Mahnung: So (wie der Vater) *sollst* du sein, sie umfaßt auch das Verbot: So (wie der Vater) *darfst du nicht* sein, das heißt nicht alles tun, was er tut; manches bleibt ihm vorbehalten." (S. 262)

Aus unserer Perspektive, da wir das Ich-Ideal vom Über-Ich differenzieren wollen, können wir sagen, daß das positive Gebot dem Erben des Narzißmus (d.h. dem Ich-Ideal) und das negative dem des Ödipuskomplexes (d.h. dem Über-Ich) entstammt. Man bedenke auch, daß nach Freud viele Erwachsene auf Grund internalisierter Verbote niemals ein echtes „moralisches Gewissen" erlangen. Sie empfinden kein echtes „Schuldgefühl", sondern lediglich „soziale Angst", kurz gesagt, sie haben kein wirkliches Über-Ich und tun nur aus Furcht vor Entdeckung nichts Böses (*Das Unbehagen in der Kultur*, 1929). Diesem Gedanken gab Freud auch schon früher mit ähnlichen Formulierungen Ausdruck, vor allem in *Zur Einführung des Narzißmus* (1914) und in dem Kapitel über Identifizierung in *Massenpsychologie und Ich-Analyse* (1921); zu dem Zeitpunkt hatte Freud noch nicht die Strukturtheorie eingeführt. 1933 war er bei einer Untersuchung der verschiedenen Triebkräfte des psychischen Apparates noch radikaler (in *Neue Folge der Vorlesungen zur Einführung in die Psychoanalyse*):

> „In Anlehnung an einen bekannten Ausspruch *Kants*, der das Gewissen in uns mit dem gestirnten Himmel zusammenbringt, könnte ein Frommer wohl versucht sein, diese beiden als die Meisterstücke der Schöpfung zu verehren. Die Gestirne sind gewiß großartig, aber was das Gewissen betrifft, so hat Gott hierin ungleichmäßige und nachlässige Arbeit geleistet, denn eine große Überzahl von Menschen hat davon nur ein bescheidenes Maß oder kaum so viel, als noch der Rede wert ist, mitbekommen." (S. 67)

Wenn ich die psychoanalytische Literatur durchgehe, will es mir scheinen, daß diese Freudsche Behauptung nicht sehr ernst genommen worden ist. Im Gegenteil, die Betonung liegt auf der universellen Härte des Über-Ich. Es fehlt manchmal an einer Differenzierung verschiedener Faktoren, die vage dem Erben des Ödipuskomplexes zugeschrieben werden. In Wahrheit begünstigen bestimmte Umstände sogar die Beseitigung dieser noch neuen, manchmal fast nicht-existenten und auf jeden Fall brüchigen Institution. Diese Beseitigung erfolgt, wenn der alte Wunsch nach der Vereinigung des Ich mit dem Ich-Ideal wieder auflebt. Zum Beispiel erzählte einer von Alexanders Patienten, daß das Über-Ich in Alkohol löslich sei. Tatsächlich ist es ein Zustand narzißtischer Hochstimmung – die Begegnung des Ich mit dem Ich-Ideal –, der das Über-Ich auflöst.

Kollektive Phänomene scheinen besonders geeignet zu sein, die Auflösung des Über-Ich auszulösen. Freud hat das bereits in *Massenpsychologie und Ich-Analyse* (1921) festgestellt:

> „Es genügte uns zu sagen, das Individuum komme in der Masse unter Bedingungen, die ihm gestatten, die Verdrängungen seiner unbewußten Triebregungen abzuwerfen. Die anscheinend neuen Eigenschaften, die es dann zeigt, sind eben die Äußerungen dieses Unbewußten, in dem ja alles Böse der Menschenseele in der Anlage enthalten ist; das Schwinden des Gewissens oder Verantwortlichkeitsgefühls unter diesen Umstän-

> den macht unserem Verständnis keine Schwierigkeit. Wir hatten längst behauptet, der Kern des sogenannten Gewissens sei soziale Angst'." (S. 79)
>
> „Im Gehorsam gegen die neue Autorität die der Gruppe darf man sein früheres Gewissen'außer Tätigkeit setzen und dabei der Lockung des Lustgewinnes nachgeben, den man sicherlich durch die Aufhebung seiner Hemmungen erzielt. Es ist also im ganzen nicht so merkwürdig, wenn wir den Einzelnen in der Masse Dinge tun oder gutheißen sehen, von denen er sich unter seinen gewohnten Lebensbedingungen abgewendet hätte ..." (S. 92)

Nochmals sagt Freud: „Man hätte aber das Zugeständnis zu machen, daß in einer beliebigen Menschenmenge sehr leicht die Tendenz zur Bildung einer psychologischen Masse hervortritt." (S. 109) Wie wir wissen, betrachtet Freud die Masse „als ein Wiederaufleben der Urhorde" (S. 137), die von einem „überstarken Einzelnen inmitten einer Schar von gleichen Genossen" (S. 136) vervollständigt wurde. „Der Urvater ist das Massenideal, das an Stelle des Ichideals das Ich beherrscht" (S. 142), während die Mitglieder der Masse, nachdem sie ein und dasselbe Objekt an die Stelle ihres Ich-Ideals gesetzt haben, sich in ihrem Ich miteinander identifizieren. Der Zusammenhalt der Masse hängt in erster Linie von ihrer Beziehung zum Führer ab, die wiederum die Einzelglieder ihre Individualität verlieren läßt.

So ähnelt ein Massenmensch dem anderen: „... wenn der Einzelne in der Masse seine Eigenart aufgibt und sich von den Anderen suggerieren läßt, so tut er es, weil ein Bedürfnis bei ihm besteht, eher im Einvernehmen mit ihnen als im Gegensatz zu ihnen zu sein, also vielleicht doch Ihnen zuliebe'." (S. 100) „Solange die Massenbildung anhält oder soweit sie reicht, benehmen sich die Individuen, als wären sie gleichförmig ..." (S. 112) Und auch:

> „Wir erhalten so den Eindruck eines Zustandes, in dem die vereinzelte Gefühlsregung und der persönliche intellektuelle Akt des Individuums zu schwach sind, um sich allein zur Geltung zu bringen, und durchaus auf Bekräftigung durch gleichartige Wiederholung von seiten der anderen warten müssen. Wir werden daran erinnert, wieviel von diesen Phänomenen der Abhängigkeit zur normalen Konstitution der menschlichen Gesellschaft gehört, wie wenig Originalität und persönlicher Mut

sich in ihr findet, wie sehr jeder Einzelne durch die Einstellung einer Massenseele beherrscht wird, die sich als Rasseneigentümlichkeiten, Standesvorurteile, öffentliche Meinung und dergleichen kundgeben." (S. 130)

Dieser Verfall der individuellen Eigenheiten rührt daher, daß sich die Mitglieder der Masse miteinander identifizieren, nachdem sie sich ein gemeinsames Ich-Ideal aufgebaut haben, und dies auf dasselbe Objekt projizieren – den Führer. Dieser Verfall scheint deshalb um so absoluter zu sein, je größer die innere Schwäche der Individuen ist.

„In der Urhorde war der Wille des Einzelnen zu schwach, er getraute sich nicht der Tat. Es kamen gar keine anderen Impulse zustande als kollektive, es gab nur einen Gemeinwillen, keinen singulären. Die Vorstellung wagte es nicht, sich in Willen umzusetzen, wenn sie sich nicht durch die Wahrnehmung ihrer allgemeinen Verbreitung gestärkt fand." (Anm. S. 137)

Darüber hinaus würde es einen Willen geben, der die Mitglieder der Gruppe uniform machen wolle. Dieser Wille entspringe geschwisterlicher Rivalität:

„Wenn man schon selbst nicht der Bevorzugte sein kann, so soll doch wenigstens keiner von allen bevorzugt werden ...
Was man dann später in der Gesellschaft als Gemeingeist, *esprit de corps* usw. wirksam findet, verleugnet nicht seine Abkunft vom ursprünglichen Neid. Keiner soll sich hervortun wollen, jeder das gleiche sein und haben. Soziale Gerechtigkeit will bedeuten, daß man sich selbst vieles versagt, damit auch die andren darauf verzichten müssen, oder was dasselbe ist, es nicht fordern können." (S. 133f)

Wenn Freud den Herdentrieb behandelt, formuliert er die Forderung der Individuen der Masse so: „Alle Einzelnen sollen einander gleich sein, aber alle wollen sie von einem beherrscht werden." Folglich zieht es Freud vor, den Menschen nicht als Herdentier, sondern als Hordentier zu bezeichnen, das heißt „ein Einzelwesen einer von einem Oberhaupt angeführten Horde" (S. 135).

Wenn wir diese Aussagen zusammenfassen, werden wir von Freud auf eine Situation hingewiesen, die mit dem Vaterkomplex zu tun hat (eine von Freuds Bezeichnungen des Ödipuskomplexes, die die Beziehung zum Vater hervorhebt), in der

der Führer ein Vaterersatz ist und die die Gruppe bildenden Individuen mit einer Bruderschaft vergleichbar sind. Mir scheint aber, daß nicht alle Menschenansammlungen, und besonders nicht Gruppen, in dieses Schema passen, das sich auf eine schon relativ hochentwickelte Situation bezieht.

Ein informativer Aufsatz von Didier Anzieu, *L'illusion groupale* (1971), bestätigt die These, die ich hier darstellen will. Der Autor stellt eine Analogie zwischen der Gruppe und dem Traum her. Alle Gruppensituationen würden als eingebildete Erfüllung eines Wunsches empfunden. Er legt dar, daß „im Laufe der Geschichte die Gruppe in Tausenden von Verkleidungen als jenes Fabelreich, in dem alle Wünsche erfüllt werden, erträumt wurde ... Thomas Morus' Utopia, Rabelais' Abtei Thélème, Fouriers Genossenschaften, Jules Romains' Gruppen ..."

Dem Autor zufolge unterliegt der mentale Apparat in der Gruppe wie im Traum einer dreifachen Regression. In der temporalen tendiert die Gruppe zur Regression in den ursprünglichen Narzißmus. In der topographischen müssen das Ich und das Über-Ich ihre Kontrolle aufgeben. Das Es ergreift zusammen mit dem Ich-Ideal vom mentalen Apparat Besitz, und das Ich-Ideal „drängt danach, die Vereinigung mit der allmächtigen Mutter zu vollziehen und so durch Introjektion das verlorene erste Liebesobjekt wieder in seine Rolle einzusetzen. Die Gruppe wird für ihre Mitglieder der Ersatz für dieses verlorene Objekt." Und die formale Regression schließlich enthüllt sich durch den Rückgriff auf Ausdrucksmittel, die aus Primärprozessen eingedrungen sind, ähnlich der ersten verbalen Kommunikation zwischen Mutter und Kind. Didier Anzieu zeigt so, daß eine Gruppe, die von selbst funktioniert – ohne ein Kontrollorgan zur Überprüfung des Realitätsbezugs –, „von Natur aus im Bereich der Illusion funktioniert."

Anzieu beschreibt drei aufeinanderfolgende Beobachtungen von Gruppen, die bestimmte Themen, die die „Gruppenillusion" ausmachen, in den Vordergrund treten lassen. Es ist eine Frage der Entwicklung einer egalitären Theorie: „Erhebungen und Vertiefungen müssen geglättet werden, alle

Köpfe müssen gleich gemacht werden, jeder einzelne muß auf den gemeinsamen Nenner reduziert werden." Diese Aussage wird von dem Verfasser als Leugnung des Unterschieds zwischen den Geschlechtern oder allgemeiner als die des Unterschieds zwischen den Urphantasien gedeutet. Die egalitäre Ideologie ist ein Verteidigungsmittel gegen die Kastrationsangst. Auch die Leugnung der Urszene tritt auf. Es wird angenommen, daß die Gruppe aus sich selbst heraus entstanden ist. Sie ist die allmächtige Mutter. Nicht die Formierung einer Gruppe um eine zentrale Figur (den Führer) ist die Hauptsache, sondern die Gruppe selbst. Die „Gruppenillusion" wäre demnach die Erfüllung des Wunsches nach „Heilung der narzißtischen Wunden".

Nach meiner Auffassung ist Didier Anzieus Studie eine große Hilfe bei der Erklärung bestimmter Gruppenphänomene. Tatsächlich ist das, was er beschreibt, haargenau die Erfüllung des Wunsches nach Vereinigung von Ich und Ich-Ideal mit den regressivsten Mitteln. Diese vom Lustprinzip charakterisierten Mittel nehmen den kurzen Weg und verdrängen alles, was durch Entwicklung erworben wurde.

Und so ist auch die Gestalt des Vaters aus der Gruppe verbannt und ausgeschlossen, ebenso wie das Über-Ich. All dies erweckt den Eindruck, daß die Gruppe selbst die eingebildete Befriedigung des Wunsches nach der Urverschmelzung mit der Mutter erreichen kann. Aber es kann einen Führer geben (wir brauchen nur an die Nazi-Horden zu denken). Ich glaube aber, daß er nicht mit dem Vater verwechselt werden darf: Der Führer ist derjenige, der den alten Wunsch nach Vereinigung des Ichs mit dem Ich-Ideal aktiviert. Er ist der, der die Illusion fördert, der sie in den wundergläubigen Augen der Menschen verklärt, der, durch den sie schließlich erlangt werden kann.

Die Zeit wird erfüllt sein, der D-Day oder der Tag der großen Weltrevolution wird angebrochen sein, sternenäugig werden wir das himmlische Jerusalem erblicken, alle unsere Wünsche werden erfüllt sein, die Arier werden die Welt erobern, die Sonne wird aufgehen, die folgenden Tage werden von Freudengesang widerhallen usw. Gruppen dürsten weniger nach einem Führer als nach Illusionen. Und sie wählen sich den zu ihrem Herrn, der ihnen die Vereinigung des Ichs mit dem Ich-Ideal verspricht. Der Führer ist Cagliostro. Es gibt keinen uneingeschränkten Herrscher ohne Ideologie. Letztlich ist er der Mittler zwischen der Gruppe und der ideologischen Illusion, und hinter jeder Ideologie steht die narzißtische Allmachtsphantasie.

Wir wollen festhalten, daß Freud – Gustave Le Bon folgend – selbst sagt, daß der Führer „selbst durch einen starken Glauben an eine Idee fasziniert sein muß, um Glauben in der Masse zu erwecken" (S. 86), aber damit läßt er das Thema „Idee" fallen. Freud sagt ebenso, daß „für das Individuum in der Masse der Begriff des Unmöglichen schwindet"(S. 82); dieser Punkt steht in engstem Zusammenhang mit Ideologien selbst. Sie machen uns glauben, daß das Unmögliche möglich ist. Von diesem Standpunkt aus kann der Führer – als der, der die Vereinigung von Ich und Ich-Ideal verspricht – mit der Mutter eines Perversen verglichen werden, die ihren Sohn glauben macht, daß es nicht nötig sei, zu warten und erwachsen zu werden, um die Rolle des Vaters zu übernehmen und die Mutter zu besitzen. Wie Freud sagt, verträgt die Masse keinen Aufschub zwischen ihrem Begehren und der Verwirklichung des Begehrten." (S. 82)

Ich habe früher bereits die chronologische Lücke beschrieben, die zwischen der Entstehung des ödipalen Wunsches und der Fähigkeit seiner Befriedigung klafft. Ich setze sie zu der Theorie des phallischen Monismus und ihrer Rolle in Perversionen in Beziehung und komme zu dem Ergebnis, daß diese Theorie der Prototyp einer Ideologie ist. Wir wollen uns daran erinnern, daß alle Ideologien auf dem Versprechen einer möglichen Beseitigung von Mühe und Plage beruhen, kurz, auf der Beseitigung von Evolution und Entwicklung. So betrachtet ist der Führer nicht der Vaterersatz; im Gegenteil, er ist der Mann, der implizit das Kommen einer Welt ohne jeden Vater und damit verbunden die Vereinigung mit der allmächtigen Mutter und damit die Wiederherstellung des Zustandes, wie er vor dem Zerbrechen der Urverschmelzung oder gar vor der Geburt bestand, verspricht. Nicht lange nach dem Mai 1968 (die sogenannte Studentenrevolution in Frankreich) wurde ein Lied populär, das den Titel hatte: „Wir kommen alle in den Himmel."

Das Weltbild der Nazis ist oft mit einer Religion verglichen worden, die Nürnberger Parteitage mit einer katholischen Messe und Hitler mit einem Hohenpriester. Aber der so zelebrierte Kult hat eher eine Muttergottheit – Blut und Boden – als eine väterliche zum Objekt. Was in solchen Gruppen geschieht, ist die endgültige Beseitigung des Vaters und des väterlichen Universums sowie aller Konsequenzen des Ödipuskomplexes. Im Falle der Nazis beweist die Rückkehr zur Natur, zur alten germanischen Mythologie die Sehnsucht nach der Vereinigung mit der Urmutter.

Von diesem Standpunkt aus ist es eher verständlich, daß das Über-Ich und ebenso das Ich-Ideal in seiner entwickelten Gestalt so vehement und entgültig hinweggefegt werden können, sobald in einer Ansammlung von Menschen die Illusion aktiviert wird. Wenn Ich und Ich-Ideal wiedervereint werden können, ist alles, was durch Entwicklung erworben wurde, nutzlos oder gar störend, weil es gerade wegen der Kluft zwischen Ich und Ich-Ideal im Laufe der Zeit erworben wurde. In seiner Schrift *Über den Begriff des Über-Ich* (1960) zeigt Joseph Sandler, daß es

> „Situationen gibt, in denen das Ich die Normen und die Werte des Über-Ich gänzlich mißachten kann und wird, wenn es dafür an anderer Stelle eine hinreichende narzißtische Unterstützung findet. Wir können diese eindrucksvollen Phänomene an den eklatanten Veränderungen von Idealen, Charakter und Moralvorstellungen beobachten, die aus dem Anziehen einer Uniform und dem Identitätsgefühl mit einer Gruppe resultieren können. Wenn narzißtische Unterstützung in ausreichendem Maße vorhanden ist, sei es durch Identifikation mit den Idealen einer Gruppe, oder sei es durch die mit den Idealen eines Führers, dann kann das Über-Ich völlig außer acht gelassen werden und seine Funktionen können von den Gruppenidealen, Werten und Verhaltensweisen übernommen werden. Wenn diese Gruppenideale die direkte Befriedigung der Triebwünsche gestatten, kannn es zu einer völligen Charakterveränderung kommen ... und das Ausmaß, bis zu dem das Über-Ich aufgegeben werden kann, beweisen die verabscheuungswürdigen Ungeheuerlichkeiten, die von den Nazis vor und während des letzten Kriegs verübt wurden."(S. 156f)

Ich kann J. Sandler nur insoweit zustimmen, wie es die narzißtische Rückeroberung betrifft, die auf Ideologie gegründete Gruppen zum Ziel haben. Darüber hinaus aber scheint mir, daß die Fähigkeit, Greueltaten zu begehen (als Triebbefriedigung), nicht nur von der Übernahme der moralischen Wertmaßstäbe der Gruppe abhängt (Übernahme des persönlichen Über-Ich), sondern daß sie eine zwingende Konsequenz der Gruppenideologie ist. Alles, was den Erfolg der Illusion beeinträchtigen könnte, muß verschwinden.

Da das Ziel der Illusion die Idealisierung des Ich ist (die Verschmelzung des Ideals mit dem Ich) und es keine Idealisierung ohne Projektion gibt, müssen diejenigen, die der Projektion im Wege stehen, verfolgt und rücksichtslos vernichtet werden. Es genügt meiner Meinung nach nicht zu sagen, daß der Mord dann im Namen des Über-Ich begangen wird und somit legal wird, sondern er wird in erster Linie im Namen des Ideals begangen – wie die Kreuzritter auf ihrem Weg nach Jerusalem die Ungläubigen ermordet haben. So hat jede Reaktivierung der Illusion unausweichlich ein Blutbad zur Folge, wenn die Gruppe im Besitz der äußeren Machtmittel ist, die ihrem inneren Gewaltpotential entsprechen.

Es ist wichtig zu unterstreichen, daß die Gruppenmitglieder, von denen ich spreche, nicht notwendigerweise an einem Ort versammelt sein müssen. Es geht nicht nur um gegenwärtige Gruppen oder Massen, sondern ebenso um Individuen (potentielle Gruppenmitglieder), die durch dieselbe politische, mystische, mystisch-politische oder philosophisch-mystische Überzeugung verbunden sind: eine Religion im etymologischen Sinne des Wortes. Dies trifft auch dann zu, wenn sie nicht zusammenkommen. Die Regression, die in diesen Gruppen herrscht, wird nicht von präzisen, greifbaren Bedingungen (Zusammensein an abgeschlossenem Ort, Isolation von der externen Welt wie von D. Anzieu beschrieben) verursacht, obwohl diese sie begünstigen. Im Gegenteil, die Regression scheint entscheidend von der Illusion, deren Erfüllung der Führer verspricht, abzuhängen. Dieses Versprechen aktiviert den Wunsch nach Vereinigung des Ich mit dem Ich-Ideal durch Regression und veranlaßt das Ich, im allmächtigen Urobjekt aufzugehen und so das ganze Universum zu absorbieren (Federns „egokosmisches" Ich).

So wird verständlich, daß im allgemeinen die Neigung, die Ich-Grenzen zu verlieren, das Individuum dazu befähigt, sich nicht nur mit jedem Mitglied der Gruppe, sondern mit ihrer Gesamtheit als Körperschaft zu identifizieren. Indem das Ich jedes Individuums die ganze Gruppe umfaßt, wird sein Größenwahn befriedigt. Die Gruppenmitglieder verlieren ihre Individualität und beginnen, Ameisen und Termiten zu ähneln. Dieser Verlust der persönlichen Charakteristika ist um so notwendiger, da er zur Homogenisierung der ganzen Gruppe beiträgt. So muß sich der einzelne nicht als kleines, ununterscheidbares Rädchen im Getriebe sehen, sondern kann sich im Gegenteil als das Getriebe selbst betrachten.

Ein solches Verfahren gibt jedem ein allmächtiges Ich, einen riesigen Körper. Die Demonstrationen der Sportjugend in totalitären Ländern, wo eine Masse riesige Parolen oder Kolossalgemälde mit Fähnchen oder bunten Tafeln darstellt, veranschaulicht dieses Aufgehen der individuellen Ichs in einer Gruppe. Während nun ein außenstehender Beobachter meinen könnte, dieses Reduziertsein auf einen winzigen Farbtupfer in einem riesigen Gemälde müßte mit einer narzißtischen Schwächung verbunden sein, zeigt jedoch die Begeisterung der Beteiligten (zusammen mit der der Masse der Zuschauer, die an derselben Illusion teilhaben), daß sich die ganze Masse ausgeweitet hat. Das Ich, das nun die ganze Gruppe umfaßt, versetzt seine Einzelglieder in die Lage, die Freuden der Vereinigung des Ich mit dem Ich-Ideal vorauszuempfinden – oder besser, diesen Wunsch auf eine quasi-halluzinatorische Weise zu befriedigen. Die Gruppe ist gleichzeitig das Ich, das Urobjekt und das Ich-Ideal – alle sind endlich verschmolzen.

In *Massenpsychologie und Ich-Analyse* (1921) schreibt Freud die Realitätsprüfung dem Ich-Ideal zu, in *Das Ich und das Es* (1923) dem Ich. In der Gruppensituation jedoch scheint diese Realitätsprüfung beim Ich-Ideal zu liegen, das von der Gruppe und ihrem Führer repräsentiert wird, dessen

Aufgabe es ist, die Illusion zu pflegen und zu erhalten. Das individuelle Ich, in der Gruppe verschmolzen, gibt seine Rechte an die Gruppe ab. Was recht und billig ist, bestimmt allein die Gruppe. Wer nicht wie die Gruppe denkt, wird ausgeschlossen, gefoltert, getötet oder für verrückt erklärt.

In *Der Leichenverbrenner*, der Film, über den ich oben gesprochen habe, tritt episodisch eine aufgeregte Frau in Begleitung ihres Mannes auf, der sie vergeblich daran zu hindern sucht, Aufsehen zu erregen. Eine der Episoden – eine allegorische Darstellung der Konzentrationslager – zeigt eine Ausstellung, auf der wie bei Madame Tussaud Wachsfiguren blutige historische Szenen darstellen. Eine der Figuren hat ein Messer in der Hand und stößt es ruckartig, wie von einer Maschine angetrieben, einer anderen Figur in den Rücken. In dem Moment beginnt die Frau zu schreien: „Das ist Blut, das ist echtes Blut, ich habe es euch gleich gesagt!" Ihr Mann versucht sie zu beruhigen und zerrt sie schleunigst fort, indem er zu den Umstehenden sagt: „Sie ist total verrückt." Es versteht sich von selbst, daß die Wachsfiguren die Deportierten symbolisieren, die ihrer Menschenwürde beraubt worden sind. Nur die Frau sieht sie als Fleisch und Blut. Sie repräsentiert das isolierte Individuum, das seine Realitätsprüfungsfunktion noch nicht der Gruppe überlassen hat. Aber die Wirklichkeit ist in dem Augenblick die der das Ich-Ideal repräsentierenden Gruppe geworden, und jeder, der seine Realitätsprüfungsfunktion nicht der Gruppe überläßt, wird für verrückt gehalten. Im weiteren Verlauf des Films werden die Auftritte der Frau immer seltener, gegen Ende verschwindet sie, ihr Mann verzweifelt um sie bemüht. Das zeigt, daß die Gruppe nun die Realitätsprüfung gänzlich an sich gerissen hat. Jeder ist ein Nashorn geworden. Und die Gruppe gibt das Realitätsprüfsiegel nur dem, das mit der Illusion übereinstimmt.

Es ist einer Gruppe, die auf Ideologie basiert, in der Tat unmöglich, auf Proselytenmacherei zu verzichten. Sie kann nicht anders, als nicht nur ihre Feinde, nicht nur ihre (oben erwähnten) Projektionsobjekte, sondern auch die Menschen, die außerhalb der Gruppe bleiben, zu vernichten.

Wenn sie nicht mit jenen zusammenarbeiten, die die Illusion unterstützen, dann stellen sie sie *ipso facto* in Frage („Wer nicht für uns ist, ist gegen uns", sagte Lenin). Deshalb ist es lebenswichtig, die Zahl der Desinteressierten und Skeptiker zu verringern, sie dazu zu bringen, die Realitätsprüfungsfunktion den „Gläubigen" zu überlassen. („Der Führer hat immer recht." – „Die Partei hat immer recht.")

Daraus wird verständlich, daß es sowohl schwierig als auch gefährlich ist, sich nicht dem Gesetz der Gruppe zu unterwerfen, ein Störenfried zu sein. Auch wenn man nicht immer sein Leben riskiert, so trocknen doch die Quellen der narzißtischen Ressourcen aus. Man wird ein Paria, zur Einsamkeit verdammt, ohne Anspruch auf mitmenschliche Zuneigung.

Aber es gibt immer jemanden, der sagt: „Eppur si muove!" oder „Ça n'empêche pas d'exister!" (Das ändert nichts daran, daß es so ist.) Wir können annehmen, daß diese Person nicht nur ein besser fundiertes ödipales Über-Ich besitzt, sondern daß ihr Ich-Ideal die Reife selbst besetzt hat und daß sie – trotz des Schmerzes, der Liebesentzug für jeden von uns bedeutet – eine tiefe narzißtische Befriedigung gerade dadurch erfährt, daß sie der Versuchung der Illusion widerstanden hat.

7. Kapitel

Eine psychoanalytische Untersuchung der „Falschheit"

Im Kapitel *Ästhetizismus, das Schöpferische und Perversion* werde ich mich mit der Frage der Beziehung des Perversen zur Kunst und seinem **Idealisierungszwang** beschäftigen, der der vitalen Notwendigkeit – notwendig für die Aufrechterhaltung seines Selbstwertgefühls –, sein prägenitales Ich und dessen analen Charakter zu verbergen, entspringt. Ich habe meine Studien der Schwierigkeiten des kreativen Prozesses keineswegs mit dem Studium des Perversen begonnen. Ich habe den anderen Weg genommen, indem ich zu ergründen suchte, was Falschheit ist. Ich lebe zufälligerweise in einem Land, einer Stadt und einer Zeit, in denen falsche Werte – ästhetischer, intellektueller und sittlicher Art – auf Kosten „wahrer" Werte mit Bewunderung und Erfolg belohnt zu werden scheinen. Vielleicht fragt man sich bereits, was mich berechtigt, zwischen „wahr" und „falsch" zu unterscheiden. Das ist tatsächlich eine schwierige Frage; ich hoffe aber, daß diese Untersuchung mir in gewissem Maße helfen wird, eine Antwort zu finden.

Als ich mich also anfänglich dafür interessierte, was den Unterschied zwischen „wahr" und „falsch" ausmacht und warum das Falsche so beliebt ist, kam ich bald zu dem Schluß, daß der Perverse der Prototyp derjenigen ist, die sich der Falschheit verschreiben. Aus diesem Grund richtete sich nun meine Aufmerksamkeit auf Perversionen und Perverse, jene Wesen, die die beneidenswerte Fähigkeit besitzen, ein „listiges" Universum zu erschaffen.

Ich will hier nun von meinen ersten Forschungen berichten, die sich in einem Aufsatz mit dem Titel *Die Nachtigall des Kaisers von China* (1968) niederschlugen. Ich will die Ideen schildern, die ich damals verfolgte. Natürlich werden auch Gedanken neueren Datums darunter sein. Doch zunächst werde ich eine Zusammenfassung von Hans Christian Andersens bekanntem Märchen *Die chinesische Nachtigall* geben.

An den Garten des Kaisers von China grenzte ein schöner Wald mit hohen Bäumen und tiefen Seen. Der Wald erstreckte sich bis ans Meer, so daß mächtige Schiffe im Schatten seiner Äste dahinzogen. In diesen Ästen lebte eine Nachtigall, deren lieblicher Gesang den armen Fischer erfreute. Die Nachtigall war bald berühmt im ganzen Land. Reisende aus aller Welt kamen in die Stadt, um den kaiserlichen Palast und seinen Garten zu bewundern. Aber wenn sie heimkehrten, waren sie der Überzeugung, daß von all den Wundern, deren Besitzer der Kaiser war, die Nachtigall das wunderbarste wäre. Der Kaiser erfuhr erst durch die Bücher, die staunende Reisende der Nachtigall gewidmet hatten, von ihrer Existenz.

Er rief seinen Kammerherrn, der so vornehm war, daß er jedem, der im Rang niedriger als er selbst war und es wagte, etwas zu ihm zu sagen oder ihm eine Frage zu stellen, nur antwortete: „Pah", was nichts bedeutet. Der Kaiser befahl ihm, den Vogel herbeizuschaffen. Ein armes Mädchen in der Küche war die einzige am ganzen Hofe, die etwas von dem Vogel wußte. Sie führte den Kammerherrn zu der Nachtigall, aber seine Enttäuschung war groß, als er nur einen kleinen, grauen Vogel in den Zweigen sah, und er befand, daß sie ordinär sei. Trotzdem lud er sie in den Palast ein, damit sie vor dem Kaiser singe. Die Nachtigall sang so süß, daß dem Kaiser die Tränen kamen. Er schenkte dem Vogel seinen goldenen Pantoffel, damit sie ihn um den Hals trage, aber die Nachtigall lehnte ab, weil sie sich durch die Tränen, die sie in des Kaisers Augen gesehen hatte, genug belohnt fühlte. Sie durfte nun am Hofe bleiben, hatte ihren eigenen Käfig und war frei, Tag und Nach ein- und auszugehen. Die ganze Stadt sprach von ihr. Elf Kinder wurden nach ihr benannt, obwohl nicht eines von ihnen auch nur eine einzige Note singen konnte. Eines Tages erhielt der Kaiser ein großes Paket mit der Aufschrift „Die Nachtigall". Es war ein Kunstwerk in einem Schmuckkästchen, eine mechanische Nachtigall, die wie die echte aussehen sollte, aber mit Diamanten, Rubinen und Saphiren überdeckt war. Wenn man die künstliche Nachtigall aufzog, konnte sie singen wie die echte, und sie konnte ihren Schwanz, der von Gold und Silber glänzte, auf- und abbewegen. Sie war ein Geschenk des Kaisers von Japan an den Kaiser von China. Der ganze Hof war sofort entzückt über die mechanische Nachtigall, die so schön anzuschauen war und die dreißigmal dieselbe Melodie singen konnte, und das in einem Tempo, das die echte Nachtigall nicht durchhalten konnte. Niemand bemerkte es, als diese aus dem Fenster davonflog, zurück in ihren grünen Wald. Der Hofkapellmeister befand, daß die mechanische Nachtigall besser sei als die echte, nicht nur wegen ihres glitzernden Gewandes, sondern auch an sich. Jedermann war derselben Meinung, nur nicht der arme Fischer, der meinte, daß etwas fehle, wenn er auch nicht sagen konnte, was das war.

Die echte Nachtigall wurde aus dem Reich verbannt, und der künstliche Vogel nahm den Ehrenplatz in der unmittelbaren Nähe des Kaisers ein. Der Hofkapellmeister schrieb ein 25bändiges Werk über die künstliche Nachtigall, und es war ein sehr gelehrtes Werk, voll der schwierigsten chinesischen Wörter, aber alle Leute sagten, daß sie es gelesen und verstanden hätten, denn sie hatten Angst, für dumm gehalten zu werden und auf ihre Bäuche geschlagen zu werden. Doch eines Tages versagte der Mechanismus des Vogels. Die empfindlichen Rädchen waren abgenutzt. Er konnte nur ein einziges Jahr singen.

Fünf Jahre vergingen, und der Kaiser wurde ernstlich krank. Er konnte kaum atmen, weil der Tod auf seiner Brust saß. Er flehte den künstlichen Vogel an, für ihn zu singen.

Aber der Vogel blieb stumm, weil niemand ihn aufziehen konnte, und so konnte er nicht singen. Der Tod starrte weiter den Kaiser aus hohlen Augen an, als auf einmal ein süßes Lied durch das Fenster klang. Es war die echte Nachtigall, die des Kaisers Rufen gehört hatte und herbeigeflogen war, um ihm das Lied der Hoffnung zu singen. Der Tod mußte sich langsam zurückziehen. Als die Diener in der Erwartung, einen toten Kaiser vorzufinden, sein Gemach betraten, stand er da in voller Montur und preßte sein goldenes Schwert an sein Herz. „Guten Morgen!" sagte er.

Man sagt, daß dieses Märchen zu Ehren von Jenny Lind, der „schwedischen Nachtigall" geschrieben worden ist, deren Ruhm eine Zeitlang von der brillanteren Technik einiger italienischer Sängerinnen überschattet worden war; ihre Technik verbarg in Wirklichkeit das Fehlen echten Talentes. Es ist jedoch anzunehmen, daß Andersen ein umfassenderes Problem darstellen wollte, nämlich das der künstlerischen Schöpfung und der Reaktionen des Publikums. Allgemeiner gesagt scheint diese Erzählung das Problem der „Falschheit" generell aufzuwerfen.

Tatsächlich können wir die Existenz einer Neigung, das Falsche dem Wahren vorzuziehen, beobachten. Diese Neigung ist je nach Person mehr oder minder stark ausgeprägt, wie ich an den Prüfungsträumen dargestellt habe. Diese Neigung kann die des Schöpfers selbst sein oder die eines Menschen, der eine falsche Schöpfung überenthusiastisch schätzt. Dieser Eifer scheint einem spezifischen Faktor zu entspringen, dessen Eigenart noch ans Licht gebracht werden muß. Die Frage ist mit anderen Worten, wer sich motiviert fühlt, einen künstlichen Vogel zu schaffen, und warum. Und wer von einem solchen auf Kosten eines echten fasziniert wird, und warum. Aber zuallererst, wie läßt sich „wahr" und „falsch" definieren?

Im Falle von Andersens Erzählung scheint der Unterschied klar zu sein. Das „Falsche" wird mit dem Unbelebten und das „Wahre" mit dem Belebten identifiziert. Wir wissen, daß in den meisten Fällen dieses Unterscheidungsmerkmal nicht ausreicht und darüber hinaus oft gar nicht so leicht anwendbar ist. Die belebten oder unbelebten Charakteristika einer künstlerischen oder intellektuellen Schöpfung drängen sich nicht in so offensichtlicher Weise auf.

Wir wollen jedoch der Intuition des dänischen Märchenerzählers folgen und so meine späteren Folgerungen vorwegnehmen. Denn meine eigenen Überlegungen sind den seinen sehr ähnlich: Das „Wahre" ist in der Tat mit dem Lebendigen vergleichbar, denn es geht immer entsprechend seinem Wesen aus seinen natürlichen Ursprüngen hervor, während das „Falsche" außerhalb jeder natürlichen Kontinuität steht, obwohl es versucht, uns glauben zu machen, daß es das Glied einer natürlichen Kette wäre. Mit anderen Worten, es gibt vor, dem Prinzip der Generationenfolge zu gehorchen. Dies ist eine Stegreifdefinition, sowohl zu eng als auch zu weit, und kann nur vorläufig Gültigkeit haben. Ich hoffe, daß meine weiteren Ausführungen präziser und aufschlußreicher sind.

Nochmals, hervorgehoben werden muß der *anale* Faktor in solchen Schöpfungen und ebenso die Tatsache, daß es dem Erzeuger des „Falschen" und seinen Beweihräucherern nur darum geht, den *Phallus* zur Verehrung zu präsentieren. Auch hier kann uns Andersens Eingebung als Führer dienen, da er uns auffordert, zwischen dem Wert zweier Vögel zu entscheiden. Mir scheint, daß die Schöpfungen des Perversen den Prototyp dieser Schöpfungen eines analen Phallus repräsentieren, ein künstlicher Penis, dessen Verwandtschaft mit dem Fetisch unleugbar ist. Sicherlich hat der Perverse nicht das Monopol auf solche künstlichen Schöpfungen, aber dann ist der Kreativprozeß immer dem seinen ähnlich. Andererseits sind viele Perverse in der Lage, echte Schöpfungen hervorzubringen. In der Tat scheint mir, daß wir uns nicht genug die riesige Menge an Libido klarmachen, die jeder Mensch zur Sublimierung verbraucht, sogar diejenigen, die keine Schöpfer sind. Der Perverse kann ein gewisses Potential an Libido zur Sublimierung zur Verfügung haben, auch dann, wenn ein großer Teil davon direkt verbraucht wird.

Auch Idealisierung finden wir in Andersens Märchen, wo die künstliche Nachtigall als mit glänzenden Juwelen im Überfluß besetzt geschildert wird, während die echte Nachtigall ein schlichter grauer Vogel ist. Die wahre Nachtigall hat nichts zu verbergen, aber die unechte muß die Menschen vergessen machen, daß sie nichts als eine Ansammlung von Rädern ist.

Ich habe oben die Auswirkungen mütterlicher Verführung auf das in seiner Entwicklung gehemmte Ich-Ideal darzustellen versucht. Ich habe die Tatsache betont, daß im Gegensatz zum Neurotiker oder zum „normalen" Subjekt der zukünftige Perverse sein Ich-Ideal nicht auf den Vater projiziert. Dies stimmt völlig mit Freuds Auffassungen über eine „normale" Entwicklung überein. „Der kleine Knabe legt ein besonderes Interesse für seinen Vater an den Tag, er möchte so werden wie er, in allen Stücken an seine Stelle treten. Sagen wir ruhig: er nimmt den Vater zu seinem Ideal." (*Massenpsychologie und Ich-Analyse*, S. 115). Und: „Man erkennt nur, die Identifizierung strebt danach, das eigene Ich ähnlich zu gestalten wie das andere zum Vorbild genommene." (S. 116)

Wenn Freud in *Das Ich und das Es* (1923) das Über-Ich untersucht – das von da an mit dem Ich-Ideal identisch ist –, betont er die Identifikation mit einem *geliebten und bewunderten* Vater, eine Tatsache, die zu dieser neuen Triebkraft beiträgt:

> „Als Ersatzbildung für die Vatersehnsucht enthält es den Keim, aus dem sich alle Religionen gebildet haben. Das Urteil der eigenen Unzulänglichkeit im Vergleich des Ichs mit seinem Ideal ergibt das demütige religiöse Empfinden, auf das sich der sehnsüchtig Gläubige beruft. Im weiteren Verlauf der Entwicklung haben Lehrer und Autoritäten die Vaterrolle fortgeführt; deren Gebote und Verbote sind im Ideal-Ich mächtig geblieben und üben jetzt als *Gewissen* die moralische Zensur aus." (S. 265)

Als Antwort auf diejenigen, die darauf bestehen, daß es doch „ein höheres Wesen im Menschen" geben müsse, sagt Freud: „... dies ist das höhere Wesen, das Ichideal oder Über-Ich, die Repräsentanz unserer Elternbeziehung. Als kleine Kinder haben wir diese höheren Wesen gekannt, bewundert, gefürchtet, später sie in uns selbst aufgenommen." (S. 264)

Ich habe folgende Richtschnur vorgeschlagen: Diejenigen, die nicht in der Lage waren, ihr Ich-Ideal auf den Vater und seinen Penis zu projizieren, und somit Lücken in ihrer Identifizierung aufweisen, empfinden aus offensichtlichen narzißtischen Gründen die Notwendigkeit, sich selbst ihre fehlende Identität zu beweisen; das kann auf verschiedene Weise geschehen, z.B. durch Kreativität. Das so geschaffene Werk symbolisiert den Phallus, die Identitätslücke, die einer Kastration vergleichbar ist. Obwohl es nicht in der Lage ist, sich mit dem Vater zu identifizieren, fühlt sich das Subjekt zum schöpferischen Tun getrieben; doch es befruchtet sein Werk nicht, es fabriziert es nur. Dieses Werk gehorcht nicht dem Prinzip der Generationenfolge, wie das Subjekt selbst ihm nicht gehorcht. Da es die Introjektion der väterlichen Fähigkeiten und Attribute nicht erreicht hat und da mit diesem Vorgang zusammenhängende Wünsche unterdrückt und gegenbesetzt worden sind, hat das Subjekt nicht jene desexualisierte (sublimierte) Libido zu seiner Verfügung, die zum Gelingen des Werks notwendig ist. Sein Urheber ist das Ich-Ideal, aber das verwendete Rohmaterial ist nicht grundlegend modifiziert. Da er *Niemands Sohn* (der Titel eines Theaterstücks von Henri de Montherlant) ist, wird der Schöpfer, von dem ich spreche, Schwierigkeiten haben, der Vater eines echten Werkes zu werden. Die Identität, die er sich verleiht, ist notwendigerweise angemaßt, da sie auf der Negation seiner selbst beruht, indem er vorgibt, Glied einer Generationenfolge zu sein.

Das so geschaffene Werk wird oft einen Phallus darstellen, der dem väterlichen genitalen Penis überlegen ist. Aber wegen der falschen Introjektion der väterlichen Attribute kann er nur eine Attrappe sein. Es geht dabei darum, das Ich und das Ich-Ideal in Übereinstimmung zu bringen, indem der Sublimierungsprozeß umgangen wird, der, wie wir sehen werden, die Identifikation mit dem Vater impliziert. Gleichzeitig geht es darum, die Konflikte zu vermeiden, die mit der Introjektion verbunden sind, die die Kastrationsangst verstärkt, da die Introjektion des väterlichen Penis als Kastrierung des Vaters empfunden wird und Angst vor Vergeltung erweckt.

Der Perverse versucht, sein Ich-Ideal auf prägenitale Instinkte und Objekte zu projizieren, statt auf seinen Erzeuger, um sich mit ihm zu identifizieren. Doch trotz dieses Versuches ist der Perverse nicht völlig blind für die Tatsache, daß sein Vater Vorrechte und Fähigkeiten besitzt, die ihm fehlen. Um aber seine Illusion aufrechterhalten zu können, muß er seinen kleinen, unfruchtbaren prägenitalen Penis *als genauso brauchbar wie der seines Vaters* ausgeben, indem er ihn idealisiert. Meiner Meinung nach repräsentiert die Schöpfung des Perversen seinen eigenen vergrößerten Phallus, der wegen des Mangels der angemessenen Identifizierung mit dem Vater nur unecht sein kann. Tatsächlich kann dieser Prozeß auch woanders als in Perversionen gefunden werden, wann immer wir einem ins Gewicht fallenden Mangel an Identifizierung auf beiden Seiten des Ödipuskomplexes begegnen. Ein solcher Vorgang impliziert eine Projektion des Ich-Ideals auf archaische prägenitale Imagos und das Fehlen eines entwicklungsfähigen Ich-Ideals (aus exakten Entwicklungsgründen), was das Subjekt dazu veranlaßt, die Aufrechterhaltung der Illusion – der Täuschung – zu wählen, statt die Lücken zu füllen, wie es das neurotische (oder das „normale") Subjekt versucht. Obwohl es auf einer bestimmten Ebene gerechtfertigt ist, zwischen perverser Organisation als solcher und anderen Identifikationsmängeln zu unterscheiden, so ist es doch interessant, den gemeinsamen Kern verschiedener Störungen, die von Perversion über bestimmte Charaktereigenschaften und Psychopathien bis zu Medikamentensucht reichen können, zu ermitteln und abzugrenzen.

Um die Liste noch zu erweitern, will ich das Beispiel eines genialen Schwindlers erwähnen, der wie der Perverse seinen Identifikationsprozeß vermeidet. In Samuel Fullers Film *Der Baron von Arizona* (1950) wird ein Mann dargestellt, der auf der Grundlage von gefälschten Dokumenten behauptet, daß ein kleines Mädchen, dessen Interessen er vertritt, von den Königen von Spanien abstamme (die einst Arizona kolonisiert haben) und deshalb rechtmäßige Besitzerin von Arizona sei. Am Ende des Films wird die Fälschung aufgedeckt und ihm wird insgesamt dreimal gesagt: „Diese Affäre ist eine miese Zigarre in einem kostbaren spanischen Deckblatt."

Der oberflächliche Charakter der Idealisierung – und der anale Phallus (die Zigarre), der verborgen wird – wird hier offensichtlich. Wir können dieses intuitive Erfassen des Wesens der Idealisierung als Maskierung der Analität auch in Napoleons Meinung über Talleyrand finden: „Scheiße im Seidenstrumpf."

Die hier betrachteten Subjekte wählen spezielle Methoden zur Lösung ihrer Probleme. Wenn wir diese Methoden genauer untersuchen, stellen wir fest, daß *Rollenspiel* immer beteiligt ist und daß die Schöpfung selbst als Rollenspiel aufgefaßt werden kann, das den Zweck hat, auf wunderbare Weise die Lücke zwischen Wasser und Wein, dem frühkindlichen und genitalen Penis, dem Kind und dem Vater auszufüllen.

In ihrem Aufsatz *Straftaten als Perversionen und Fetische* (1956) vertritt Melitta Schmideberg einen Standpunkt, der meinem eigenen Versuch ähnelt, den gemeinsamen Kern verschiedenartigster Störungen zu erfassen, die nicht dem neurotischen oder psychotischen Bereich angehören. Sie ist der Meinung, daß bestimmte Straftaten den Perversionen zuzurechnen sind oder als Äquivalent von Fetischen aufgefaßt werden müsse (S. 422). Das Kunstwerk nun, das von Subjekten mit einem so gearteten strukturellen Kern geschaffen wird, bleibt, wie losgelöst von den väterlichen Wurzeln es auch sein mag – tatsächlich gerade aus diesem Grund – und wie originell es sich auch gibt, trotzdem nichts als eine Imitation, ein Abklatsch des genitalen Penis. Diese Imitation hängt mit dem eigentlichen Wesen der hier beteiligten archaischen Identifikationen und dem Mangel an höher entwickelten Identifikationen ödipaler und post-ödipaler Art zusammen.

Oft bemerkenswerte Studien bestimmter Autoren helfen mir, meine Hypothese zu stützen. In ihrer bereits klassischen Abhandlung über *Einige Formen emotionaler Störungen und ihre Beziehung zur Schizophrenie* (1942) und über die „als ob"-Struktur beschrieb Helen Deutsch eine Lebenseinstellung, die trotz eines Mangels an Authentizität von außen betrachtet den Eindruck erweckt, „als ob" sie komplett wäre. Der erste klinische Fall, den sie beschreibt, ist der eines jungen Mädchens, das Talent zum Zeichnen hat und während der Analyse in eine Kunstschule eintritt. Der Analytiker erhält (nach längerer Zeit) einen Bericht von ihrem Zeichenlehrer, der sich sehr beeindruckt zeigt von der Geschwindigkeit, mit der das Mädchen seine Technik und seine „Manier" übernommen hat; aber er hat auch etwas Undefinierbares an ihr gefunden, das ihn zurückhaltend und verwirrt macht. Er fügte hinzu, daß das junge Mädchen nach einem Lehrerwechsel augenblicklich mit größter Leichtigkeit die technischen und theoretischen Konzepte des neuen Lehrers übernahm.

Diese Leichtigkeit des Identifikationswechsels könne man an den „als ob"-Patienten beobachten, wenn sie z.B. höchst enthusiastisch einer Philosophie anhängen, die blitzartig und vollständig von einer gänzlich gegensätzlich anderen verdrängt wird, ohne die geringste Spur innerlicher Modifikation. Die Autorin legt Wert auf die Tatsache, daß die scheinbar normale Beziehung der „als ob"-Subjekte auf der kindlichen Imitationsfähigkeit beruht und nur Mimikry ist. Allen diesen Fällen gemeinsam ist eine tiefgreifende Störung des Sublimierungsprozesses, die aus dem Fehlen der Synthese der verschiedenen kindlichen Identifikationen zu einer einheitlichen und geschlossen Persönlichkeit und aus der falschen, einseitig intellektuellen Sublimierung der Triebe entstanden ist. Nach H. Deutsch hängt die Ätiologie dieses Zustandes vor allem mit der Entwertung des Objektes, das von dem Kind als Modell für seine Persönlichkeit gewählt wurde, zusammen. Das Über-Ich werde unzureichend internalisiert, und die „als ob"-Persönlichkeiten übernähmen aus Mangel an unabhängigen inneren Kriterien die moralischen Kriterien ihrer Objekte, solange sie solche sind.

In einer neueren Abhandlung, *Der Hochstapler – ein Beitrag zur Ich-Psychologie eines Psychopathentypus* (1955), untersucht dieselbe Autorin den Fall eines Hochstaplers. In allen seinen Unternehmungen spielte ihr Patient eine Rolle: Er kleidete sich in bestimmter Weise, färbte seine Haare und Augenbrauen, wenn er für einen „Gentleman-Farmer" gehalten wurde, spielte den Intellektuellen, wenn er einen literarischen Salon hatte usw. Manchmal wurde der Betrug offensichtlich: Er wechselte seinen Namen, um ihn mit dem einer bekannten Persönlichkeit verwechselbar zu machen. Er war ständig auf der Suche nach einer Identität. Die Verleugnung der eigenen Identität ist der Autorin zufolge das Hauptmotiv seiner Handlungen, wie das auch bei anderen Hochstaplern der Fall ist. Die Autorin zeigt an den Fällen bekannter Hochstapler, daß sie in bestimmten Situationen unter eigenem Namen hätten Prestige gewinnen können, aber sie wählten immer einen anderen, nämlich den von Männern, denen sie ähneln wollten. (Da der Name die Generationenfolge beweist, scheint mir die Namensänderung die Verleugnung des eigenen Ursprungs, d.h. des Vaters, zu sein.) Die Autorin behauptet, daß ihr Patient wegen seiner Unfähigkeit zur Sublimierung seine Machtphantasien nur durch naives Rollenspiel erfüllen konnte, indem er vorgab, in völliger Übereinstimmung mit seinem Ich-Ideal zu sein. Einige der Unternehmungen des Patienten aber waren schöpferisch: Erst begann er zu schreiben, und dann beschäftigte er sich mit wissenschaftlicher Forschung und mit Erfindungen.

Für Phyllis Greenacre hat *Der Hochstapler* (1958), mit dem sie sich in ihrem Aufsatz beschäftigt, drei Hauptcharakteristika:
1) Er muß seinen Familienroman ausspielen.
2) Sowohl seine Identität als auch sein Wirklichkeitssinn sind gestört.
3) Sowohl vom Standpunkt des moralischen Bewußtseins als auch von dem des Ideals zeigt sein Über-Ich eine Mißbildung.

Nun wissen wir aber, daß eine Bedeutung des Familienromans die Ablehnung der familiären Generationenbindung und der Versuch, sich eine neue (falsche) Identität zu geben, ist.

Samuel Novey definiert in *Einige philosophische Betrachtungen über den Begriff des genitalen Charakters* (1955) den Familienroman als einen Versuch des Menschen, seine Einmaligkeit zu beweisen. Novey betrachtet ihn als eines der wichtigsten Mittel des Menschen, dem Gedanken an eine an ihre biologischen Determinismen gebundene Existenz zu entkommen. Was nun die Familie des Hochstaplers angeht, so rückt Phyllis Greenacres Beschreibung sie ganz in die Nähe der des Perversen: Die Mutter hängt so sehr an dem Kind, als ob es ein Teil von ihr wäre. Der Vater ist nicht existent: Das Kind hat eine Stellung inne, die der des Vaters eindeutig überlegen ist. Weiter schreibt Phyllis Greenacre:

> „Ich habe an anderer Stelle darauf hingewiesen, daß, wenn unter solchen Umständen das Kind die Gelegenheit bekommt, die Genitalien eines erwachsenen Mannes zu sehen, es in der Phantasie möglicherweise seinen eigenen Phallus vergrößert, was in der Tat eine Art lokaler, das Organ betreffender Hochstapelei ist, die die sich bereits bildende Tendenz zur generellen Hochstapelei verstärkt." (S. 369)

Die von Phyllis Greenacre zitierten Hochstapler sind oft kreativ tätig. Die Sexualität der von der Autorin dargestellten klinischen Fälle ist oft pervertiert und mit Medikamentenmißbrauch verbunden. Meiner Meinung nach müssen wir die Hochstapelei allgemein als eine Antwort auf die in bestimmten Personen bestehende infantile Notwendigkeit, ihren kleinen, unfruchtbaren Penis als genitalen Penis auszugeben, auffassen.

Abrahams Hochstapler (*Die Geschichte eines Hochstaplers im Licht des psychoanalytischen Wissens*, 1925) erlangt durch die Verleugnung seiner Herkunft sofort einen symbolischen Phallus, anstatt seinen Penis durch progressive Identifikation mit seinem Vater zu erwerben. Wenn er ein buntes Federkästchen oder einen Bleistift einer bestimmten Farbe haben möchte, geht er in ein Schreibwarengeschäft und gibt sich als Sohn eines in der Nachbarschaft wohnenden Generals aus. Augenblicklich bekommt er das Gewünschte. Abraham sagt, daß der Junge nicht die Möglichkeit dazu hatte, seinen Vater in den Rang einer Idealgestalt zu erheben, im Gegenteil hat er sich sehr früh einen anderen Vater gewünscht.

In drei höchst bedeutsamen Schriften (*Narzißtische Objektwahl bei Frauen*, 1953; *Frühe Identifikationen als archaische Elemente des Über-Ich*, 1954; *Pathologische Formen der Selbstwertgefühlregulierung*, 1960) beschreibt Annie Reich Identifikationsstörungen und ihre Beziehung zum Ich-Ideal und zur Sublimierung. Sie spricht von der „magischen

Identifizierung" mit dem idealisierten Elternteil, die an die Stelle des (reiferen) Wunsches, so zu werden wie er, tritt: „Die Entstehung des Über-Ich beruht darauf, daß die Realität akzeptiert wird; tatsächlich ist sie der wirksamste Versuch, sich der Realität anzupassen. Das Ich-Ideal andererseits basiert auf dem Wunsch, in der einen oder anderen Form die Grenzen des Ichs zu leugnen." (S. 188f)

In der normalen Entwicklung wird das Ich-Ideal modifiziert, wird realistischer und verbindet sich mit dem Über-Ich. Die von Annie Reich beschriebenen Fälle stellen keine echten Identifikationen, sondern oberflächliche Imitationen dar. Die Autorin gibt ein Beispiel, das uns erlaubt, zwischen Imitation und Identifkation zu unterscheiden. Imitation (oder magische Identifikation) ist das Verhalten des Kindes, das die Zeitung so vor sich hält, wie sein Vater das tut. Identifikation tritt dann ein, wenn das Kind lesen zu lernen beginnt. Bei der Imitation geht es darum, wie der beneidete Elternteil zu *sein*, und nicht notwendigerweise darum, wie er zu *werden*. Das ist die Sphäre der magischen Identifikation.

„In vieler Hinsicht kann das Kind nicht ganz so wie Erwachsene sein. Normalerweise entwickelt es eine Fähigkeit zur selbständigen Bewertung der Wirklichkeit, die es in die Lage versetzten, bestimmte Aspekte der elterlichen Bilder als etwas erkennen, was es noch nicht erreicht hat, aber erreichen möchte. Das ist die eine Art von Ich-Ideal; man könnte es das normale nennen ... In ... pathologischen Fällen ... entwickelt sich der Wunsch, wie das Objekt zu sein, anstatt daß sich solide Identifikationen bilden ... es ist nicht der geringste Impuls vorhanden, diese Phantasien in die Realität zu übersetzen." (S.213f)

Die Sublimierung ist oft mangelhaft. Die Ich-Erweiterung hat den Wert einer magischen Verleugnung der Kastration.

In ihrem Aufsatz *Das Selbst und die Objektwelt* (1954) beschäftigt sich Edith Jacobson mit demselben Thema. Sie unterscheidet zwischen frühen magischen präödipalen Identifikationen, die sie mit Helen Deutschs „als ob" in Beziehung setzt, und tatsächlichen Ich-Identifikationen, die mit Repräsentationen des Selbst und des Objekts assoziiert sind. Das Ich-Ideal will mit der Mutter eins sein und erst nachträglich *wie* das Objekt werden. Wir können feststellen, daß Freud in *Die Traumdeutung* (1900) zwischen Identifikationen und Imitationen in bezug auf Hysterie unterscheidet. Er sagt: „Die Identifizierung ist also nicht simple Imitation, sondern *Aneignung* auf Grund des gleiche ätiologischen Anspruches." (S. 155)

In den hier betrachteten Fällen jedoch wird der Mangel im Ich, der auf die fehlerhafte Introjektion und Assimilation der väterlichen Attribute – der unbewußte Prozeß, zu dem eine Beziehung voll Liebe, Bewunderung und Nähe gehört – zurückzuführen ist, nicht durch Imitation des Vaters und seiner Attribute (die narzißtisch nicht besetzt sind) ausgeglichen, sondern durch den Versuch, sich aus allen Bindungen der Herkunft zu befreien. Die Imitation zielt auf einen „idealen" Phallus, wie er sich von dem Subjekt in der Phantasie vorgestellt wird. Die Modelle sind weit entfernte, entlegene Abstrakta. Wenn sie Realität werden, dann nicht etwa in Personen, die einen idealisierten Vaterersatz darstellen, sondern in Personen, die selbst erfolgreich Introjektionsprobleme vermieden und sich selbst mit einem autonomen magischen Phallus beglückt haben oder die ihren Anhängern einen solchen versprechen, ohne daß sie den schmerzlichen Reifeprozeß durchmachen müßten. Das Subjekt mit einer psychischen Struktur, wie wir sie hier untersuchen, wird der Anhänger eines Gurus oder sogar selbst ein Guru.

Einer meiner Patienten, ein Fetischist, lieferte das folgende Material:

Er begann seine Sitzung, indem er über die Hundeexkremente sprach, die er vor meiner Tür gesehen hatte. Davon ausgehend kam er auf die Sekretionen seiner Genitalien und beschrieb detailliert ihre Konsistenz, ihre Menge und ihren Geruch. Dann sprach er über seine Aggressivität gegenüber seiner Frau, über eine schmerzhafte Injektion, die er ihr am Tag vorher gegeben hatte, und über seine sexuellen Schwierigkeiten. Ich bemerkte, daß er anscheinend zwanghaft sowohl seine Frau als auch mich ausschließlich mit schmutzigen und schmerzhaften Dingen konfrontierte. Dann erinnerte er sich an einen Traum, in dem er seiner Frau die Kopie einer Antiquität gekauft hatte (mein Haus befindet sich in einem Viertel, in dem es viele Antiquitätenhändler gibt).

So stellen wir fest, daß „Falschheit" bedeutet, daß ein analer (sadistischer) Penis den genitalen Penis des Patienten schützt oder sein Ersatz ist. Deshalb können wir sagen, daß „Falschheit" sich als einen Phallus, als einen Penis, der narzißtischer Verwirklichung fähig ist, ausgibt, der aber in allen Fällen nur ein analer Phallus ist. Natürlich machte zu Beginn der analen Phase die narzißtische Besetzung der Exkremente sie in der psychischen Realität so kostbar wie Gold. Aber das Toilettentraining bringt das Kind dazu, das, was ursprünglich so unendlich wertvoll erschien, rückzubesetzen und sogar zu verabscheuen. Die folgende phallische Phase – in der das genitale Begehren vorhanden ist, aber nicht die entsprechenden genitalen Fähigkeiten, es zu befriedigen – befähigt das Kind, die Besetzung auf den genitalen Penis zu übertragen, der von da an den wichtigsten, schützenswertesten narzißtischen Wert darstellt. Wenn auch der anale Penis das Urbild des genitalen Penis ist, so wird er doch, ist einmal das phallische Stadium erreicht, eine Imitation des genitalen Penis.

„Falschheit" entsteht, wenn die Gleichung Fäzes = Penis wörtlich genommen wird. Das Subjekt wird versuchen, den analen Penis mit seiner formalen narzißtischen Besetzung rückzubesetzen, wird aber ihren prägenitalen Charakter vor sich und anderen verbergen. Denn wenn die phallische Phase tatsächlich erreicht ist, hat sich auch das System der Werte verändert und Stuhl kann nicht mehr für den genitalen Penis stehen. Aber sein Vorzug vor dem letzteren ist, daß er nicht einmalig ist. Der anale Phallus hat hier eine überlegene Stellung. Er ist unbeschränkt erneuerbar, deshalb ewig und unverletzlich. Wie der Phönix, der leuchtend bunte Vogel der Mythologie, wird er jeden Tag wiedergeboren. Hier finden wir auch den Unterschied zwischen der künstlichen und der echten Nachtigall. Der Mechanismus ist ersetzbar, während die lebendige Nachtigall sterben muß, wie wir wissen.

Deshalb denke ich, daß der Bewunderer des „falschen" Werkes mit einer Sache konfrontiert ist, die ihm erlaubt, die Illusion aufrechtzuerhalten (oder zu reaktivieren), daß seine eigenen Konflikte in Zusammenhang mit Introjektion vermieden werden könnten, ohne die Potenz auch nur im geringsten zu beeinträchtigen, und folglich seine narzißtische Verletzung mit geringen Kosten zu heilen ist. Darüber hinaus hält er die Illusion aufrecht, daß es möglich sei, einen Phallus zu besitzen, der sowohl seinen Narzißmus befriedigt als auch unverletzlich gegen Kastration ist. Denn indem die „Falschheit" mittels der Idealisierung ihren spezifischen analen Charakter maskiert, erhält sie sich dennoch die Vorteile beider Aspekte.

In Andersens Märchen sind diejenigen, die sich selbst als das sehen, was sie sind, und die der materiellen Welt nahe sind, nicht von der „falschen" Nachtigall fasziniert wie der Kammerherr, der Hofkapellmeister und die Höflinge, deren von Andersen gezeichnete Portraits den „petit marquis" Molieres sehr ähneln. Wenn ich auch am Anfang dieses Kapitels behauptete, daß unsere Zeit von falschen Werten fasziniert ist, so hat sie doch kein Monopol darauf. Von der Falschheit angezogen zu werden scheint ein konstanter Aspekt des Menschlichen zu sein, ebenso wie von der perversen Lösung angezogen zu sein, was in vieler Hinsicht ein und dasselbe ist.

Ich will dieses Kapitel mit einem Zitat Molieres abschließen, dessen Werk vom Kampf gegen die „Falschheit" beherrscht ist: falscher Adel, falsche Gefühle, falsche Werke, falsches Wissen, Anmaßung einer Pseudokultur, scheinbar guter Sitten usw. Oronte, ein eleganter „petit marquis", liest ein Sonett vor, das er für eine Dame geschrieben hat. Alceste, der „Misanthrop", wird wiederholt nach seiner Meinung befragt. Nach längerem Zögern kann er schließlich nicht mehr an sich halten:

> „Ihn wollt ich nur bedeuten,
> Daß ich mich wundern müß, warum er Reime schmied,
> Und welcher Teufel ihm das Zeug zu drucken riet ...
> Aufrichtig: Nehmt's und schließt's in Euer Kabinett.
> Von schlechten Mustern, Herr, habt Ihr Euch leiten lassen:
> Höchst unnatürlich sind die zugestutzten Phrasen.
> So dies: Lullt zeitweis unsern Seelengram.
> Und dann: Wenn es zu gar nichts anderm kam.
> Dann: Die hinausgeworfnen Spesen,

Wo man uns nur mit Hoffnung zahlt.
Und: Phyllis, man verzweifelt endlich,
Wenn unser Zweifel endlos währt.
Der eitle Redeschwall, der blümerante Ton
Beleidigt die Natur und spricht der Wahrheit Hohn.
Ein Wortgeklingel ist, sonst nichts, das ganze Wunder,
Die redliche Natur verschmäht dergleichen Plunder.
Der falsche Zeitgeschmack ist's, der mich grausen macht.
Gewiß, der Väter Wort war derb und ungeschlacht;
Doch was man heut bestaunt, weiß minder mich zu rühren
Als solch ein altes Lied: ich will's Euch rezitieren.

Wollte mir der König geben
Seine große Stadt Paris,
Nur daß ich mein liebes Leben,
Meine Liebst ließ,
Spräch zum König ich gewiß,
Behalte deine Stadt Paris,
Weil mein Lieb mir lieber ist,
Lieber als mein Leben.

Der Reim ist nicht ganz rein, der Stil verjährt und schlicht,
Und überwiegt doch weit – fühlt Ihr es selber nicht? –
Den Firlefanz, verhaßt der Einsicht, der gesunden.
Ein unverstellt Gemüt spricht aus, was es empfunden:
(Er wiederholt die alte Ballade.)
„So spricht man, wenn man fühlt, so singt man, wenn man liebt.
(Zu Philint, der lacht)
Da lacht der schöne Geist! – Ich lache nicht, mir gibt
Die simple Weise mehr als das gestelzte Prahlen,
Der öde Flitterprunk, die heut der Welt gefallen."
(Moliere, *Der Misanthrop*, S. 20ff)

8. Kapitel

Betrachtungen über den Fetischismus

Ich habe bereits die Beziehungen zwischen Perversion, analsadistischer Regression, Anomie und Hybris darzustellen versucht. Von meinem Standpunkt aus ist es das Ziel des Perversen, die (genitalen) Fähigkeiten seines Vaters abzuleugnen und eine Umgestaltung der Wirklichkeit zu erreichen, indem er in die undifferenzierte analsadistische Dimension abtaucht. Nachdem er sie idealisiert hat, proklamiert er ihre Überlegenheit über die genitale Welt seines Vaters. Ich will nun meine These einem Test unterziehen, indem ich sie auf den Fetischismus anwende.

Eine Passage aus Abrahams Aufsatz *Zur narzißtischen Bewertung der Exkretionsvorgänge in Traum und Neurose* (1920) wird mir helfen, einen Ansatz zu finden. Abraham bezeichnet seinen Patienten als einen „Neurotiker", und wir haben keinen Grund, dies in Zweifel zu ziehen. Aber die Familie des Patienten ist geeignet, einen Perversen aus ihm zu machen: Seine Mutter verachtete seinen Vater und himmelte buchstäblich die Exkremente ihres Jungen an. Solche Faktoren führen zu der Aufrechterhaltung der Illusion des Kindes, es sei ein angemessener Partner für die Mutter als der Vater und seine eigene Prägenitalität – von der Mutter idealisiert (angehimmelt) – sei der väterlichen Genitalität überlegen. Außerdem hat dieser Patient Phantasien über analen Koitus mit der Mutter, und nachdem er seine Eltern beim Geschlechtsverkehr beobachtet hat, beziehen sich diese Phantasien auch auf den Vater. Abrahams Untersuchung läßt die Annahme zu, daß diese Phantasien *bewußt* sind, d.h. mehr mit der Perversion als mit der Neurose in Übereinstimmung stehen. Schließlich gibt es noch einen fetischistischen Faktor, wie Abraham schildert.

„Ein Neurotiker, der sich während seiner frühen Kindheitsjahre stets als ,Prinz' vorkam, ,Kaiser' spielte und während der späteren Kindheitsjahre in Weltbeherrschungsphantasien schwelgte, machte mit elf Jahren eine eigentümliche Wandlung durch. Er war bis zu jenem Alter ganz an seine Mutter gebunden, die ihn systematisch gegen den Vater eingenommen hatte. Sie kam der Analerotik des Knaben in höchstem Maße entgegen, indem sie mit seinen Entleerungen einen förmlichen Kultus trieb. Qualität und Menge seines Stuhlgangs waren ihre ständige Sorge. Fast täglich verabreichte sie ihm Klysmen. Der Sohn produzierte seinerseits einen neurotischen Magenschmerz, durch den er die Mutter zur Fortsetzung der Klysmen zwang. In dem erwähnten Alter machte er nun eine größere Reise mit den Eltern. Im Hotel belauschte er eines Nachts den sexuellen Verkehr der Eltern. Dieses Ereignis war für ihn um so eindrucksvoller, als die Eltern daheim seit Jahren getrennte Schlafzimmer benutzten. Der Patient erinnert sich nun, wie ihm dieses Vorkommnis ganz unerträglich erschien und wie er sich ganz bewußt entschloß, seine Wiederholung zu verhindern. Auf der Weiterreise wußte er es einzurichten, daß er selbst mit dem Vater das Zimmer teilte. Seit der Beobachtung des elterlichen Verkehrs identifizierte er sich mit der Mutter und übertrug die Phantasie vom analen Koitus auf den Vater. Bislang hatte er der Mutter einen Penis angedichtet, der durch das Klystierrohr vertreten wurde. Jetzt dagegen stellte er sich weiblich-passiv auf den Vater ein. (Abrahams Fußnote an dieser Stelle: „Auch in späterer Zeit hielt der Patient in seinen Phantasien an der Vorstellung vom Weib mit männlichem Genitale fest; an seinem eigenen Körper versuchte er dagegen die Genitalien zwischen den Schenkeln zu verstekken, um sich selbst als Weib betrachten zu können.") „Bald darauf war er einige Zeit bettlägerig. Als er einmal ein paar Tage lang ohne Darmentleerung blieb, nahm er einen Druck im Leibe wahr. In der Nacht träumte er, aus seinem Anus das Weltall herauspressen zu müssen." (S. 236f)

Abraham vergleicht diesen Traum mit einigen Menschheitsschöpfungsmythen.
Wir können schließen, daß die bis zu diesem Augenblick

verleugnete Urszene auf tragische Weise ihr Recht geltend machte. Er ist eben nicht das einzige und angemessene Sexualobjekt für seine Mutter. In Wirklichkeit hat sie ein Bedürfnis nach dem genitalen Penis des Vaters, einem Penis, der deshalb Werte besitzt, die den so hoch eingeschätzten Exkrementen fehlen. Alles geschieht, als ob das Kind für einen Augenblick versucht hätte, die schreckliche Wahrheit anzuerkennen und zu akzeptieren, die abzulehnen ihm das Verhalten seiner Mutter bisher geholfen hatte. Daß er die genitalen Kräfte des Vaters anerkennt, zwingt ihn dazu, sie zu introjizieren. Die homosexuelle Unterwerfung unter den Vater ist ein Mittel, diesen Prozeß zu vollziehen, der zur Identifikation mit dem Vater führt. So haben wir die Installateursphantasie des „Kleinen Hans" interpretiert.

Die Wesensunterschiede zwischen den Phantasien des „Kleinen Hans" und denen dieses Patienten sind jedoch wesentlich: Die Phantasien des „Kleinen Hans" sind das Ergebnis einer intensiven symbolischen Aktivität, deren Bedeutung er sich nicht bewußt ist. Ihre Bedeutung muß entschlüsselt werden. Nichts Ähnliches gilt im Falle von Abrahams Patienten. Hier ist die Symbolbildung – auf der Ebene seines passiven homosexuellen Wunsches – völlig bewußt, wie sie es auch im Falle der Phantasie der analen Penetration durch seine Mutter war. Ohne unsere Überlegungen im Augenblick fortsetzen zu wollen, läßt sich vermuten, daß das Über-Ich seine Funktion als Inzestschranke nicht erfüllt, wie sie das im Falle eines Neurotikers tut. Freud spricht in *Ein Kind wird geschlagen* (1919) von einem seiner männlichen Patienten, für den die masochistische Vorstellung, „von seiner Mutter geschlagen zu werden", unverhüllt gegenwärtig war.

In der ersten Woche seiner Analyse hatte Jean-Jaques (mein Patient mit dem Prüfungstraum) einen Traum, der von keinerlei Angst begleitet war: „Ich stehe an den Körper meiner Mutter gelehnt. Ich umfasse ihr Hinterteil, das sich schön kühl anfühlt, und ejakuliere." Die analsadistische Regression führt zunächst zur Reduzierung des Inzestobjekts auf Teilobjekte (in Jean-Jaques' Fall das Hinterteil). Dann wird es von dem gigantischen Verdauungsmahlwerk verschlungen und wird zu Partikeln unter anderen Partikeln der Exkremente. Der inzestuöse Akt ist auf diese Weise bedeutungslos geworden, vor allem sind die Schuldgefühle, die normalerweise damit verbunden sind, verschwunden. Jean-Jaques erzählte beiläufig, daß er im Alter von 11 Jahren seine Genitalien einer alten, gelähmten und mehr oder minder geisteskranken Großmutter zu zeigen pflegte, wohl wissend, daß sie ihn nicht daran hindern noch ihn verraten konnte.

Bei Abrahams Patienten nun ist der beide Elternteile betreffende Inzestwunsch bewußt, obwohl er zur anal-passiven Form regrediert ist. Abrahams Fußnote läßt die Vermutung zu, daß die Anerkennung des väterlichen genitalen Penis und der genitalen sexuellen Komplementarität der Eltern nicht aufrechterhalten wurde, da das Subjekt wieder zur Vorstellung einer Mutter mit einem Penis, dessen Modell der Gummischlauchfetisch war, zurückkehrte. Gleichzeitig suchte er sich spielerisch in eine Frau zu verwandeln, indem er seinen Penis versteckte (und so bewahrte). Ich schlage folgende Hypothese vor: Das Trauma der „Entdeckung" der Urszene konnte – nach einem Versuch, sie zu verarbeiten, der von der Phantasie eines analen Koitus mit dem Vater unterstützt wurde – nur auf Kosten einer massiven Realitätsverleugnung überwunden werden, wie der Traum von *einer analen Weltschöpfung* beweist. Der Junge vermag so die schmerzliche sexuelle Wahrheit zu verleugnen – die Wahrheit der genitalen Urszene, des väterlichen genitalen Penis und der damit verbundenen Zeugungskraft – dank einer Lösung, die dem Gefühl des Versagens ein Ende macht. Wenn meine Hypothesen begründet sind, muß Fetischismus eng mit diesem Fragenkomplex zusammenhängen. Er muß ein Teil – und ohne Zweifel ein wichtiger – der Erschaffung einer neuen Realität sein, in der der Vater und seine Attribute abqualifiziert sind und in der die genitale Ebene der Sexualität verleugnet wird.

Ich halte es für notwendig, daß ein theoretisches Konzept des Fetischismus für alle Fälle gelten muß, die sich als solche Perversion zeigen. Wir müssen feststellen, daß klinische Beobachtungen Freuds Auffassung nicht stützen, wenn er in seinem Aufsatz *Fetischismus* (1927) behauptet, daß der Fetisch den Fetischisten davor bewahre, ein Homosexueller zu werden. Und in der Tat, wenn der Fetisch nichts anderes wäre als ein Ersatz des mütterlichen Penis, da das Subjekt unfähig wäre, den Anblick des „kastrierten" weiblichen Genitales zu ertragen, der in ihm Kastrationsangst erweckt, dann sollte diese Angst bei einem Mann, dessen Sexualpartner ein anderer Mann ist, nicht vorhanden sein.

Wenn wir beispielsweise die Fälle analysieren, die Krafft-Ebing in seiner *Psychopathia Sexualis* (1887) beschreibt, können wir bestätigt finden, daß Fetischismus nicht die Homosexualität verhindert, sondern daß er oft mit ihr Hand in Hand geht, und auch, daß das Subjekt sogar den Fetisch trägt. In seinem Aufsatz über *Die Beziehung der Perversionsformen zur Entwicklung des Wirklichkeitssinnes* (1932) spricht E. Glover in Zusammenhang mit letzterem Fall von „narzißtischen Fetischen". Der Fetisch wird nicht immer dem weiblichen Körper appliziert und nicht immer ist er das letzte Dessous, das den weiblichen Körper bedeckt, ehe das Fehlen eines Penis enthüllt wird (Freud, *Über den Fetischismus*, 1927). Ich kannte einen Mann, der sich auf Verlangen seines Chefs Reitstiefel anzuziehen pflegte, die letzterer dann liebevoll putzte und polierte, sie küßte und dadurch wahrscheinlich zum Orgasmus kam.

Nach Freud bedeutet der Aufbau des Fetischs gleichzeitig die Bestätigung und die Verleugnung der sogenannten Kastration der Frauen. Joyce McDougall kam in *Die Urszene und sexuelle Perversion* (1972) der Lösung des Rätsels näher, indem sie hervorhob, daß der Aufbau des Fetischs nicht nur mit der Notwendigkeit, das Fehlen des Penis, das Kastrationsängste schürt, zu verleugnen, zu tun hat, sondern auch mit der Notwendigkeit, die mütterliche Körperöffnung, die Beweis für die sexuellen Beziehungen der Eltern ist – Beweis der Urszene –, zu verleugnen. In seinem *Essay über den Fetischismus* (1976) äußert Béla Grunberger den Gedanken, daß der Fetisch der Gedenkstein des intensiven analen Feedbacks zwischen Mutter und Sohn ist. Diese beiden Vorstellungen (die von McDougall und die von Grunberger) haben den großen Vorzug, daß sie die Entstehung des Fetischs mit *der*

Verleugnung des genitalen Penis des Vaters in Verbindung bringen. Die Ausschließung des genitalen Penis und des genitalen Vaters wird gerade durch das Vorhandensein des Fetischs signifikant und aufrechterhalten.

Jean-Jaques hatte zumindest zwei Fetische: das Nachthemd seiner Schwiegermutter, in das er zu masturbieren pflegte, und die Prothese seines einbeinigen Freundes. Wenn der Fetisch nichts anderes wäre als der mütterliche Phallus, dann wäre der Fall des Einbeinigen und seiner Prothese höchst rätselhaft, denn wir stehen hier vor einem doppelten Paradoxon. Der Fetisch bezieht sich auf einen Mann, und dieser Mann ist kastriert!

Tatsächlich aber scheint die Wahl der Prothese als Fetisch leicht verständlich; früher hatte jedes florierende Bordell eine „Frau mit Holzbein" im Angebot. Weil der anale Penis eine Präfiguration des genitalen ist, ist er *a posteriori* seine Imitation. Auf der Ebene der Primärprozesse sind orthopädische Hilfsmittel oder Prothesen, die ein fehlendes Glied oder eine Funktionsstörung ersetzen bzw. korrigieren, anale phallische Objekte, die an die Stelle des genitalen Penis gesetzt und oft zu Fetischen gemacht werden. Das führt uns unmittelbar zu dem Gedanken, daß der Fetisch eine Imitation des genitalen Penis ist und daß Imitation im allgemeinen mit Analität zusammenhängt. Das wiederum führt uns zurück zu der Tatsache, daß Perversion und Fetischismus verbunden sind mit Heuchelei, Betrügerei, Täuschung, Unehrlichkeit usw. – kurz, mit der Welt des Scheins.

Um zu Jean-Jaques zurückzukehren: Er erinnert sich daran, daß er im Alter von vier Jahren sich durch einen Mann in einer schwarzen Lederjacke beunruhigt fühlte. (In der französischen Sprache werden Rowdies „blousons noirs", „Schwarzjacken", genannt. Das gibt uns einen Hinweis auf die enge Verbindung zwischen Kriminalität und Perversion und die Beziehung von beidem zu Analität und Schein.) Später hatte er Phantasien, in denen er auf die Schultern des Mannes sprang, seine Beine um seinen Hals legte und von dem Mann weit fortgetragen wurde. (Hier haben wir einen offensichtlichen Zusammenhang zwischen Homosexualität und

Fetischismus.) Dies führt uns zurück zum Grundproblem des Perversen, nämlich die Aufrechterhaltung der Illusion, daß es an seinem Vater nichts zu beneiden gibt, daß keine Notwendigkeit für einen genitalen, fruchtbaren Penis besteht und daß er deshalb den Konflikten entgehen könnte, die aus der Introjektion der männlichen Attribute des Vaters, ohne sich mit seinem Erzeuger identifizieren zu müssen, entstehen. Auf diese Weise gelingt es ihm, den Ödipuskomplex und davon abhängend die Kastrationsangst zu vermeiden. Sein Vater ist nicht sein Rivale und will ihm nicht sein Objekt – die Mutter – wegnehmen, die er schon zu besitzen glaubt und die ihn (zumindest in seiner Vorstellung) als ihren privilegierten Partner behandelt. Er versucht nicht, den Penis seines Vaters zu bekommen oder zu introjizieren, der sich deshalb auch nicht rächen will. Darüber hinaus versucht er – und das ist meiner Meinung nach die Hauptsache –, den analen Penis, den Vorläufer des genitalen, als dem väterlichen Penis, dessen genitale und Zeugungsfunktionen abgewertet oder verleugnet werden, gleichwertig oder gar überlegen auszugeben.

Dies bringt uns zum Fetischismus zurück. Ich möchte damit beginnen, folgende Hypothese aufzustellen: Der Fetisch repräsentiert insoweit den analen Phallus, als er die Stelle des genitalen Penis einnimmt und diesen aus dem sexuellen Geschehen und der Psyche insgesamt ausschließt. Er ist deshalb nicht nur der fehlende Phallus der Mutter. Die Erregung, die der Fetischist dem Fetisch verdankt, ist notwendig, um den Reiz, auf dem seine Psychosexualität aufgebaut ist, aufrechtzuerhalten. Die Tatsache, daß der Träger des Fetischs ein Mann, eine Frau oder das Subjekt selbst ist oder daß der Fetisch auf einen toten Gegenstand reduziert ist – ein Kleidungsstück, Schuhe, Unterwäsche, Haare –, der von jedem realen Bezug losgelöst ist, wird zweitrangig (obwohl natürlich nicht bedeutungslos) im Verhältnis zu der Notwendigkeit für den Fetisch, irgendwo zu *existieren* in einer Weise, die unvergänglich und vollkommen erregend ist, und so eine fundamentale Veränderung der psychosexuellen Landschaft zu bezeichnen. Auf diesen Punkt werden wir später zurückkommen.

Viele Autoren haben auf den überdeterminierten Charakter des Fetischs hingewiesen (Gillespie, 1940, 1964; Greenacre, 1953; Parkin, 1963). Parkins Patient, dessen Fetisch ein Regenmantel ist, identifiziert sich mit dem analen Phallus der Mutter, wenn er in den Fetisch gezwängt ist, während eine in den Regenmantel gekleidete Frau sein eigener Penis wird. Auf anderer Ebene kann er sich auch mit dem analen Phallus seines Vaters identifizieren, eines streng militärischen Mannes, der an den Hoden seines Sohnes zu manipulieren pflegte und oft über seine Verdauungsfunktionen sprach, wenn er an Durchfall litt. Seine Mutter war an Darmblutungen gestorben. Wulff (1946) bringt den Fetisch, den Phallus der Mutter, mit seinem vermuteten Ursprung – die Brust – in Verbindung, und Winnicott tut bis zu einem gewissen Grade dasselbe, wenn er das Übergangsobjekt mit dem Fetisch vergleicht. Dies ist auch eine der Bedeutungen des Fetischs bei Sperling (1963), der der Auffassung ist, daß der Fetisch den ganzen Körper der Mutter repräsentieren kann. Für den Patienten, den Socarides (1969) beschrieben hat, war der Fetisch nicht nur der Phallus der Mutter, sondern die Brust und der Bauch der schwangeren Mutter.

Wenn man die Entstehung dieser vielfältigen Bedeutungen zu verfolgen versucht, kann man nur mit Erstaunen feststellen, daß Autoren zunehmend dazu übergingen, die prägenitalen Konflikte, die der Fetischismus lösen will, zu betonen, und nicht mehr allein die Kastrationsangst. Payne (1939) betonte die Wichtigkeit des Schutzes vor sadistischen Impulsen gegen das vom Fetisch repräsentierte Objekt. Dann unterstrich Gillespie (1940) die Bedeutung latenter prägenitaler Faktoren und der mit ihnen verbundenen Angst, die beim Anblick des weiblichen Geschlechtsorgans reaktiviert wird. Wie Payne betonte er die Angst vor der Vernichtung des Objektes, die durch den Fetisch besänftigt wird. Der Fetisch ist als unbelebtes Objekt unveränderlich und dauerhaft, jeder gegen ihn gerichtete Sadismus bleibt ohne Reaktion. Greenacre (1968) versuchte, die verwirrenden Auswirkungen der Phänomene miteinander zu verbinden, die in zwei für die Entstehung des Fetischs entscheidenden Phasen auftreten:

die ersteren während der ersten achtzehn Lebensmonate, die zu einer falschen Entwicklung des Körperbildes führen, und die weiteren im Alter von 2–4 Jahren, mit der phallischen Phase zusammenfallend, die zu einem „übertriebenen" Kastrationskomplex führen.

Es liegt jedoch an den archaischen prägenitalen Fehlentwicklungen, daß der Kastrationskomplex ohne die Hilfe des Fetischs unüberwindlich bleibt. In der Tat reaktiviert der Anblick des weiblichen Geschlechtsorgans, dem ein Penis fehlt, die Tendenz zur *primären Identifikation* (mit dem weiblichen Partner, ein Mutterersatz), die mit der Pathologie der früheren Entwicklung zusammenhängt. Wenn der Fetisch den Phallus der Mutter repräsentiert und den Unterschied zwischen den Geschlechtern leugnet, stellt er die Realität des Phallus des Subjekts selbst durch visuelle und geruchsstimulierte Introjektion wieder her.

Für viele Autoren, die die Theorie, daß der Fetisch den mütterlichen Phallus repräsentiert, und die hohe Bedeutung, die Freud dem Kastrationskomplex beim Fetischismus gibt, mehr oder minder entschieden ablehnen, sind die Kernpunkte des Problems Fetischismus Trennungsangst und die Unfähigkeit, auf die primäre Identifikation mit der Mutter zu verzichten. Für Weissmann (1957) versucht der Fetischismus die Trennungsangst durch ein Gefühl der vollständigen Vereinigung mit der Mutter zu überwinden, das mittels der Introjektion des guten Objekts (der guten Brust) erreicht wird. Das Endziel des Fetischisten ist es nicht, genitale Befriedigung zu erlangen, sondern das erhebende Gefühl zu empfinden, das die Vereinigung mit dem guten Objekt vermittelt. Die fetischistische Aktivität strebt nach Auflösung einer Identifikation mit der schlechten Brust, um eine Identifikation mit der guten Brust zu verwirklichen. „Das fetischistische Objekt ist nicht nur ein Objekt, sondern eine Identifikation". Der Fetischist lebt seinen Fetischismus nach seiner Art aus und behandelt seine realen Objekte wie belebte Fetische.

Dies ist auch Sperlings (1963) Auffassung, der die absolute Kontrolle betont, die manche Fetischisten über ihre Objekte ausüben, eine Kontrolle, die durch die Benutzung des Fetischs ermöglicht wird, der die Verleugnung oder den Verlust der präödipalen Mutter gestattet. Sperling beobachtete diese Mechanismen an fetischistischen Kindern. Trennungsangst übertrifft bei weitem die Kastrationsangst. Dies bleibt auch bei Erwachsenen der Fall, deren Fetischismus den ursprünglichen Wunsch nach Vereinigung mit der Mutter befriedigt. Mit der Lösung desselben Problems bringt Socarides (1960) den Fetischismus in Zusammenhang, indem er behauptet, daß der Fetisch ein „Kind" repräsentiert und daß der Fetischist schwanger sein möchte: Die schwangere Mutter zu sein soll die Trennung vom Primärobjekt verhindern. Obwohl die Betonung der Trennungsangst auf Kosten der Kastrationsangst einige wichtige klinische Beobachtungen erklärt, erkennt sie doch nicht die organische Beziehung zwischen diesen beiden Arten der Angst, ebenso wie die klassische Theorie keine hinreichende Erklärung für den Realitätsverlust in der Perversion liefert, indem sie ihn für wesensgleich mit dem Problem der Kastration in einem enggefaßten Sinn erklärt und ihn mit dem Anblick der weiblichen Genitalien in Verbindung bringt (der zweiten Phase des Kastrationskomplexes).

In seinem *Beitrag zum Studium des Fetischismus* (1935) hatte bereits Balint den Fetisch mit Fäkalien, dem Fötus und einem bisexuellen Objekt gleichgesetzt. In seiner Schrift *Fetischismus* (1953) unterstreicht R. Bak die prägenitale Fixierung, die für den Fetischisten angesichts seiner analen Orientierung notwendig ist, weil sie die Aufrechterhaltung der Mutter-Kind-Einheit erlaubt. Der Fetisch ist ein Symbol für die Brust, die Haut, das Hinterteil, die Fäkalien, den Geruch und den weiblichen Penis der Mutter, entweder einzeln oder alles gleichzeitig. Er schützt sowohl vor Trennung als auch vor Kastration. Der fundamentale Wunsch des Fetischisten ist, mit der Mutter eins zu sein.

Hier müssen wir auch James Glovers Aufsatz zitieren, den er 1924 auf dem achten Kongreß der psychoanalytischen Gesellschaft vorlegte und der den Titel trägt: *Anmerkungen zu einer ungewöhnlichen Form der Perversion*. Dieser Aufsatz, vor Freuds Untersuchung *Fetischismus* (1927) geschrieben, nimmt die Kritiken, abweichenden Anschauungen und Nuancen vorweg, die Freuds Theorie des Fetischismus später unterworfen war und von denen ich hier einige Beispiele angeführt habe. James Glovers Patient wendet ein kompliziertes Ritual an, das darin besteht, eine Frau, die hochhackige Schuhe trägt, zu animieren, Alkohol zu trinken, bis ihr Gesicht und ihre allgemeine Erscheinung derangiert sind und sie angefangen hat zu stolpern und ihre (vorzugsweise weißen) Schuhe verschmutzt und ruiniert sind. Gegen Ende des Aufsatzes, der die Geschichte des Patienten enthält, beschreibt James Glover die Motive, die den Patienten dazu bringen, die Frauen zum Trinken zu animieren, als die folgenden:

„1) Um die zurückgezogene Brustwarze zum Vorschein zu bringen und zu bestrafen.
2) Rache für anale Disziplin, die in seiner Kindheit außergewöhnlich streng war, indem die Frau unordentlich und schmutzig gemacht wird.
3) Rache für ihre Scheinheiligkeit, obwohl sie ihn mit dem Vater betrogen hat, indem er ihre Sexualität offenlegt und sie als Prostituierte bloßstellt.
Wenn er das tat, befriedigte er auf verschiedene Weise seine starken skopophilen Tendenzen, jedoch hauptsächlich dadurch, daß er die Szene eines elterlichen Koitus wiederherstellte.(1927, S. 18)

Hierin finden wir ansatzweise die Auffassungen Robert Stollers vorweggenommen, besonders in der Betonung von Feindschaft und Rache in Perversionen. James Glover fügt hinzu, daß der Patient durch dieses Ritual seine sehr starken skopophilen Tendenzen befriedigte und daß er vor allem eine Szene elterlichen Geschlechtsverkehrs neu inszenierte. Der Autor zeigt, wie entsprechend Abrahams Klassifizierung (die im selben Jahr erschienen ist) alle Triebebenen befriedigt werden – immer in sadistischer Weise – und ebenso der Ödipuskomplex in beiden Erscheinungsformen – die homosexuelle Beziehung zum Vater und die Kastration durch den Vater. Schuhfetischismus schien auch eine Alternative zu seinen infantilen kleptomanen Tendenzen zu sein. Hinter der ödipalen Enttäuschung können wir den analen Konflikt finden, hinter dem letzteren ein Entwöhnungstrauma und noch weiter dahinter ein Geburtstrauma. (Wir zählen das Jahr 1924, das Jahr, in dem Otto Ranks Buch erschien.) James Glover ist der Auffassung, daß hier eine starke Fixierung auf eine ambivalente orale Phase und eine starke anale Ambivalenz eine entscheidende Rolle spielen.

Im Gegensatz zu diesen Theorien, die auf die eine oder andere Weise prägentialen Faktoren und Trennungsangst mehr Bedeutung zusprechen als Kastrationsangst, steht die Theorie von Lacan und seinen Nachfolgern, die die infantile Theorie des phallischen Sexualmonismus bis zu ihren äußersten Konsequenzen fortführt.

> „Das ganze Problem der Perversionen besteht darin, zu erkennen, wie das Kind – in seiner Beziehung zu seiner Mutter, einer Beziehung, die sich im Laufe der Analyse nicht wegen seiner Abhängigkeit von ihr für sein Überleben, sondern wegen ihrer Liebe entwickelt hat, das heißt einer Abhängigkeit von dem Wunsch nach ihrem Wunsch – sich mit dem imaginären Objekt dieses Wunsches, das die Mutter selbst durch den Phallus symbolisiert, identifiziert. Der durch diese Dialektik erzeugte Phallozentrismus ist das einzige, was hier in Betracht kommt." (*D'une Question Préliminaire à Tout Traitement Possible de la Psychose, 1958*)

Lacan bezieht sich hier auf den Streit um den primären oder sekundären Charakter der phallischen Phase. Die imaginäre Wirkung des Phallus „kann als Widerspruch nur empfunden werden auf Grund des Vorurteils, daß es auf Triebe anwendbare Standards gebe".

Weil die Ablehnung der Theorie des sexuellen phallischen Monismus entscheidende Konsequenzen für die Theorie der Perversionen (die den Fetischismus betreffende folgt sogleich) hat, habe ich diese Theorie diskutiert, bevor ich meine eigenen Entwicklungen auf diesem Gebiet darstelle. Die klassische Theorie reicht anscheinend nicht aus, den Fetischismus zu erklären, indem sie ihn, wie sie es tut, eng mit dem Kastrationskomplex in Beziehung setzt, der in einem engen Sinn verstanden wird, wie sich an der Einschätzung der weiblichen Genitalien zeigt (die zweite Phase des Kastrationskomplexes). Andererseits sind die Theorien, die die Trennungsangst auf Kosten der Kastrationsangst hervorheben, nicht in der Lage, die organischen Bindeglieder zwischen beiden Formen der Angst zu erkennen. Sie sind dazu nicht in der Lage, obwohl sie wichtige in klinischem Material auftretende Erscheinungen erklären können. Ich würde vorschlagen, den eigentlichen Begriff der Kastration zu erweitern.

Ich habe die Tatsache hervorgehoben, daß die ödipale Tragödie für das Kind erheblich gemildert ist, das nicht weiß, daß das mütterliche Wunschobjekt der zeugungsfähige Penis des Vaters ist. Weiterhin habe ich betont, daß die Mutter genital befriedigt werden will, d.h. auf eine andere Weise als durch die „vagen und ungezielten Kontakte", die nach Freud der kleine Junge ihr geben möchte und die er, durch einen glücklichen Zufall begünstigt, allenfalls anbringen kann. Deshalb schlage ich vor, daß wir den Kastrationskomplex – als wesenhaften Teil desselben – um das schmerzliche Gefühl der Unzulänglichkeit des prägenitalen Kindes erweitern, das nicht in der Lage ist, seine Mutter zu befriedigen und ihr ein Kind zu schenken. Wenn der Kastrationskomplex so verstanden wird, setzt er uns in die Lage, ihn zu dem, was ihm vorausgeht, in Beziehung zu setzen: der Trennungsangst. Der Ödipuskomplex, der Vater, der Wunsch der Mutter nach dem Penis des Vaters, die genitale Ordnung sind dann Faktoren, die die ursprüngliche Verbindung zwischen Mutter und Kind unterbrechen.

Bis hierher ähneln die dargelegten Vorstellungen denen, die ich in einer 1981 verfaßten Schrift entwickelt habe. Aber ich glaube, daß wir eine Korrektur vornehmen müssen: Wenn wir nämlich auf diese Weise Trennungsangst und Kastrationsangst zusammenfassen, ignorieren wir dann nicht einen entscheidenden Aspekt des Ödipuskomplexes? Wenn Kastrationsangst und Trennungsangst zusammengefaßt werden dürfen – und wir wissen zumindest aus einer Anmerkung im „Kleinen Hans", daß Vorformen der Kastrationsangst und verschiedene Formen der Trennungsangst gleichzeitig auftreten –, dann bedeutet das Auftreten des Ödipuskomplexes einen Bruch zwischen diesen beiden Formen der Angst. Wir wissen, daß die Etablierung des Über-

Ich als Erbe des Ödipuskomplexes damit endet, daß seine sexuellen Funktionen gestoppt werden, soweit es den Inzestwunsch betrifft. So führt die Auflösung des Ödipuskomplexes zu einer Umformung der libidinösen Besetzung, deren Objekt die Mutter ist: Das auf sie gerichtete sexuelle Interesse des Kindes verliert seine Kraft und kann sogar verschwinden, zumindest in der Theorie. Die mit der ersten Objektliebe verbundene Zärtlichkeit wird verstärkt. Deshalb folgt aus dem Kastrationskomplex eine gewisse Loslösung von der Mutter als Objekt sinnlicher Liebe.

In sogenannten „normalen" Fällen gibt es einen qualitativen „Sprung" zwischen den aufeinander folgenden Vorformen des Kastrationskomplexes und dem Komplex selbst. Die ersteren stehen in Zusammenhang mit realen Ereignissen im Leben des Kindes (Geburt, Entwöhnung, Trennung von den Fäkalien), während sich die Kastrationsangst auf die psychische Realität bezieht. (Jedoch, wenn wir Freud folgen, lasten die Hypothese der Kastration der Söhne durch die Väter in der Urhorde – *Totem und Tabu* – und die phylogenetische Transmission des Ereignisses auf dieser Angst, und sie wird dadurch real. Aber wir sind nicht verpflichtet, hier Freud zu folgen.) Sogar wenn wir die Unzulänglichkeitsgefühle des kleinen Ödipus in den Kastrationskomplex mit einbeziehen, wie ich es vorschlage – eine Unzulänglichkeit auf physiologischer Ebene –, ist der Anteil der Phantasie ausschlaggebend. Das läßt sich sowohl am ödipalen Wunsch selbst als auch an allen damit zusammenhängenden Elementen feststellen: die Identifizierung mit dem Vater als Objekt der Mutter, der Wunsch, den großen, zeugungsfähigen Penis zu erobern, die Angst vor Vergeltung.

Die Auflösung des Ödipuskomplexes mit der dazu gehörenden Trennung von der Mutter als Sexualobjekt stellt also eine echte Mutation dar, was die Vorformen des Kastrationskomplexes angeht. Diese Vorformen verändern Schritt für Schritt die Beziehung zur Mutter, aber sie verzichten keinesfalls auf ihren Besitz. Im Gegensatz dazu endet das ödipale Drama, theoretisch, mit dem Rückzug von der als sexuell besetzt betrachteten Mutter. Unsere Gedanken hier stimmen überein mit unseren Schlußfolgerungen über die Rebellion des Perversen gegen das Universalgesetz, das vom Ödipuskomplex vertreten wird, und seine „listige" Art, sich mit der Wirklichkeit auseinanderzusetzen.

Ich will daher jetzt meine frühere Hypothese vervollständigen, nach der der Fetisch ein analer Phallus ist, der versucht, den genitalen Penis aus der sexuellen Sphäre auszuschließen. Ich glaube, wir können den Fetischisten als jemanden betrachten, der seinen Kastrationskomplex zunichte zu machen sucht, indem er ihn mit seinen früheren Trennungserfahrungen vergleicht, die ihn nicht dazu gezwungen hatten, auf den Besitz seiner Mutter zu verzichten. Der Fetisch ist die Sammelstelle aller Teilobjekte, die das Subjekt im Laufe seiner Entwicklung verloren hat. Wie es durch die oft geschehenden Akte des Einschnürens (die Korsett- und Schuhfetische) offensichtlich wird, ist der Fetisch sowohl Inhalt als auch Behälter. So ist die Verbindung zwischen dem Objekt und der erogenen Zone wiederhergestellt (die Brustwarze im Mund, der Stuhlgang im Rektum), und die Urszene wird als prägenitale Beziehung inszeniert.

Der Fetisch konzentriert alle Elemente in sich, die den Sohn von der Mutter trennen. Die Genitalität ist das Haupthindernis, das zwischen dem Sohn und der Mutter steht, und zwar wegen der in ihr enthaltenen Unterschiede zwischen den Geschlechtern und den Generationen, d.h. der Realität selbst; also wird die Genitalität von der Bühne gefegt. Der Fetisch ist wie ein Zauberstab. Sein Vorhandensein verändert die Wirklichkeit. Das Theater, in dem das menschliche Drama aufgeführt wird – mit seiner Trauer, seinen Entbehrungen, seinen Kränkungen, seinen Enttäuschungen –, wird so zu einem Märchenland, wo es Gefühle von Minderwertigkeit, Verlust und Tod nicht mehr gibt.

Von Zeit zu Zeit sieht Parkins Patient die in einen Gummimantel gezwängte Frau „in strahlender unverdorbener Schönheit". Das muß in Zusammenhang gesehen werden mit der letzten Vision, die er von seiner sterbenen Mutter hatte, als er fünf Jahre alt war. Ihre Arme nach ihm ausstreckend, „schien sie von einer geistigen Strahlung durchflutet, und die

Aura ihrer zarten Lieblichkeit erfüllte ihn mit einem himmlischen Gefühl". In dem Fetisch (dessen notwendigerweise fäkalen Charakter der Autor selbst umreißt), konnte dieser Patient die Einbalsamlierung des Leichnams der Mutter zu Ende führen, die Beendung der Verwesung des Fleisches. Ich vertrete diese Hypothese, weil die Praxis des Einbalsamierens, gerade auch bei den Ägyptern, exakt einen Fetisch hervorbringt. Schminke wird auf den verwesenden Körper aufgetragen, der dann mit Juwelen geschmückt, einer goldenen Maske versehen und zu einem Gott gemacht wird.

Einmal mehr ist Idealisierung ein wichtiges Element, und in der Tat ist sie untrennbar mit dem Aufbau eines Fetischs verbunden. Das französische Wort „maquiller" („bilden") bedeutet gleichzeitig „sich schminken", „verschleiern", „maskieren", „verbergen", „abändern". „Maquiller" ist natürlich eng mit dem Verb „machen" verwandt, was ein künstliches Objekt herstellen bedeutet (im Gegensatz zu gebären). Idealisierte Dinge sind farbenfroh, hell, glänzend und glitzernd. Diese Charakteristika findet man oft bei einem Fetisch.

Beinahe alle Autoren, die sich mit dem Fetischismus befaßt haben, haben eine zweischneidige Eigenart des Fetischs hervorgehoben: Er ist anal und glänzend, oft übelriechend und glänzend. Zum Beispiel spricht E. Glover in seinem Aufsatz über Perversionen und den Wirlichkeitssinn (1932) über einen Fetischisten, der erregt wurde, wenn er ein glänzendes neues Klavier sah. Ein angekratztes Klavier, das seinen Glanz verloren hatte, war „tabu" usw. So bedeutet der Fetisch – anal und idealisiert – den Zugang zu einer neuen Dimension. Wie ich gerade dargelegt habe, beschwört er alle verlorenen oder fehlenden Elemente zwischen Mutter und Sohn herauf und vereinigt sie.

Nach meinen eigenen klinischen Beobachtungen nehmen die fetischistischen Aktivitäten während der Unterbrechungsphasen im Laufe der Analyse zu. Neue Bedeutungen des Fetischs kommen ins Blickfeld, wie bei dem Patienten, der, wann immer seine Frau oder der Analytiker nicht anwesend waren, den Drang verspürte, den Stiefel seiner Frau in den Mund zu nehmen. Da über den Fetisch eine allmächtige Kontrolle ausgeübt wird, kann das Subjekt ihn sich ganz nahe bringen oder ihn zurückweisen und auf diese Weise alle Arten von Verlust meistern.

Puppen, Mannequins, Wachsfigurenkabinette, Roboter, Marionetten, gemalte Kulissen, Gipsfiguren, Schaufensterpuppen, verborgene Räderwerke, Mimikry und Illusion: All das ist Teil des magischen und listigen Universums des Fetischisten. Zwischen Leben und Tod liegend, belebt und mechanisch, hybride Kreaturen und solche, die die Hybris geboren hat, sie alle können mit Fetischen verglichen werden. Und wie Fetische geben sie uns für einige Zeit das Gefühl, daß es eine Welt gibt, die nicht von unseren allgemeinen Gesetzen beherrscht wird, eine phantastische und unheimliche Welt.

9. Kapitel

Ästhetizismus, das Schöpferische und Perversion

„Deshalb darf nichts unter Hinweis auf die Unendlichkeit der Welt mißachtet werden. Es gibt keine poetischen Dinge, die anderen, die es nicht sind, gegenüberstehen. Wahre Reinheit hat nichts zu tun mit der Wahl der Objekte und der Mittel: Die Reinheit stellt sich mutig den Bitternissen und Unvollkommenheiten der Welt und kehrt ins Tageslicht zurück, ohne etwas von ihrer Weiße verloren zu haben. Der Dichter hat ein Recht auf alle Wörter. Seine einzige Sünde wäre, wenn er ein Bruchstück des Universums nicht lieben würde." (Jean Rouselot, L'Evangile selon Rainer Maria Rilke)

Die Beziehung zwischen dem Schöpferischen und der Perversion ist rätselhaft. Tatsächlich gehört es zum schöpferischen Prozeß, in der Sublimierung Zuflucht zu suchen. Nun macht sich die Sublimierung dieselbe Triebenergie zunutze, wie sie durch perverse sexuelle Aktivitäten direkt freigesetzt wird. In beiden Fällen handelt es sich um prägenitale Libido. Prägenitale Triebe sind das notwendige – und wahrscheinlich einzige – Rohmaterial der Sublimierung. Deshalb will ich auf dieses Thema nicht näher eingehen. Ich will lediglich an Freuds Aufsatz *Bruchstück einer Hysterie-Analyse* (1905) erinnern, in dem das Problem Perversion versus Sublimierung klar dargelegt ist:

„Die Perversionen sind weder Bestialitäten noch Entartungen im pathetischen Sinne des Wortes. Es sind Entwicklungen von Keimen, die sämtlich in der indifferenzierten sexuellen Anlage des Kindes enthalten sind, deren Unterdrückung oder Wendung auf höhere, asexuelle Ziele – deren *Sublimierung* – die Kräfte für eine gute Anzahl unserer Kulturleistungen abzugeben bestimmt ist." (S. 210)

So erscheint Sublimierung in diesem Fragment als Wendung der prägenitalen Triebe, als der direkten Freisetzung in einem perversen Akt entgegengesetzt. In der Perversion kann die für die Sublimierung zur Verfügung stehende Energie gleich null sein, weil sie direkt freigesetzt wurde. Darüber hinaus kann man sich fragen, was den Perversen, da doch die Freisetzung dieser Energie nichts kostet – zumindest grundsätzlich –, dazu veranlaßt, einen Teil von ihr für sogenannte kulturelle Zwecke abzuzweigen. Zunächst muß ich feststellen – um diesen Patiententyp aus meiner Darstellung auszuschließen –, daß es in bestimmten Fällen ein rein quantitatives Problem gibt, das den Perversen daran hindert, schöpferisch zu sein.

Von einem rein ökonomischen Standpunkt aus können wir zu dem Schluß kommen, daß der Antagonismus Perversion – Sublimierung verkleinert wird, wenn wir uns die mögliche Koexistenz – in einem Individuum, das mit überschüssiger Triebenergie ausgestattet ist – verschiedener Triebschicksale und verschiedener Charakterbereiche vorstellen. Es könnte einen „perversen" Bereich geben, wo prägenitale Triebe in sexuelle Aktivität umgesetzt wird, einen „neurotischen" Bereich, wo sie verdrängt würden, und einen dritten Bereich, wo sie sublimiert würden. Tatsächlich existieren nach Freud (in *Drei Abhandlungen zur Sexualtheorie*, 1905) verschiedene Bereiche in der Persönlichkeit, die es der Perversion möglich machen, mit einer Neurose und auch mit dem Schöpferischen zu koexistieren. „Die Charakteranalyse hochbegabter, insbesondere künstlerisch veranlagter Personen (wird) jedes Mengungsverhältnis zwischen Leistungsfähigkeit, Perversion und Neurose ergeben." (S. 140)

Freud scheint an Leonardo da Vinci gedacht zu haben, dessen Fall ihn einige Zeit beschäftigt hat, wie sein Brief an Fliess vom 9.10.1898 beweist. Und es sind genau diese drei

Bereiche, die Freud in *Eine Kindheitserinnerung des Leonardo da Vinci* (1910) bei Leonardo hervorhebt: „In solcher Weise teilen sich Verdrängung, Fixierung und Sublimierung in die Verfügung über die Beiträge, welche der Sexualtrieb zum Seelenleben Leonardos leistet." (S. 205) Die Fixierung impliziert dann die Perversion: „Wo also jemand grob und manifest pervers geworden ist, da kann man richtiger sagen, er sei es geblieben, er stellt ein Stadium einer Entwicklungshemmung dar" (S. 210), sagt Freud in *Bruchstück einer Hysterie-Analyse* (1905).

Sogar wenn wir einräumen, daß der ökonomische, quantitative Faktor eine Rolle spielt und in bestimmten Fällen einen Bereich für das Schöpferische und die Sublimierung frei läßt, erklärt das keineswegs die paradoxe Tatsache, daß die Zahl der „Perversen" im Bereich des Kunstschaffens wahrscheinlich viel größer ist, als es ihrem Anteil an der Bevölkerung proportional entsprechen würde. Beispiele sind überflüssig. Jeder kennt sicher eine ganze Menge, vom kreativen Genie bis zum unbedeutenden kleinen Künstler, der aber trotzdem seine Tage des Ruhmes genossen und/oder seinen Beitrag zur Kunstgeschichte geleistet hat. Man kann deshalb annehmen, daß der Perverse sich auf eine besonder Weise zur Welt der Kunst hingezogen fühlt.

Für die Psychoanalyse ist es immer wieder höchst interessant, die Mißerfolge und die Stolpersteine zu untersuchen, die sich menschlichen Unternehmungen entgegenstellen. Ich werde mich hier nicht mit Leonardos herausragenden künstlerischen Leistungen beschäftigen (obwohl das Ausmaß an Energie, das er auf Kosten seiner bildnerischen Schöpfung in die Erfindung von Maschinen investierte, wahrscheinlich etwas mit meinem Thema zu tun hat), sondern lediglich mit seinem Schaffensdrang, der so manchen Perversen erfaßt hat, und mit den ihm entgegenstehenden Schwierigkeiten und Mißerfolgen. Mit anderen Worten, ich will den qualitativen Faktor untersuchen.

Zunächst möchte ich einige Elemente der perversen Organisation, die ich bereits dargestellt habe, kurz noch einmal ins Gedächtnis rufen. Zur Zeit des Ödipuskomplexes projiziert das neurotische oder normale Subjekt sein Ich-Ideal auf den Vater und macht ihn so zu seinem Modell, seinem Identifikationsziel, um wie er zu werden, d.h. wie das Objekt der Mutter, und zwar in der Hoffnung, ihn an der Seite der Mutter zu ersetzen. Der künftige Perverse – gewöhnlich unterstützt von seiner Mutter, die ihn verwöhnt und bewundert und den Vater ausschließt – lebt in der Illusion, daß er mit seiner prägenitalen Sexualität, seinem unreifen und sterilen Penis, ein adäquater Sexualpartner für seine Mutter wäre und seinen Vater um nichts zu beneiden hätte. Meiner Meinung nach ist er gezwungen, seinen Narzißmus auf seine prägenitalen erogenen Zonen und Teilobjekte zu projizieren; er unterzieht sie einem Idealisierungsprozeß, um seine Überzeugung aufrechterhalten zu können. Sein Ich-Ideal bleibt so an einem prägenitalen Modell ausgerichtet. Prägenitalität, Teilobjekte, erogene Zonen, Triebe: alles muß vom Perversen idealisiert werden, damit er sich und anderen weiterhin vormachen kann, daß seine prägenitale Sexualität der Genitalität gleichwertig, wenn nicht sogar überlegen wäre. Die schweren Schläge, die diese Illusion bisweilen einstecken muß, und die Existenz genitaler Interessen bei seinen Mitmenschen machen eine solche Idealisierung absolut notwendig, da der Perverse auf einer bestimmten Ebene ständig von der Enthüllung des infantilen, prägenitalen Charakters seiner Sexualattribute, Objekte und seines Ich bedroht ist. Zu dem oft bemerkten sexuellen Zwang sollten wir meiner Meinung nach einen Zwang zur Idealisierung hinzufügen.

Nach meiner Auffassung sind es Triebe und Teilobjekte der analsadistischen Stufe, die üblicherweise selektiv idealisiert werden. Ich möchte sagen, daß der Perverse sich selbst und anderen die Illusion zu vermitteln versucht, daß anale Sexualität (die dem kleinen Jungen zugänglich ist) der genitalen Sexualität (die dem Vater zugänglich ist) gleichwertig oder sogar überlegen ist, indem er alle jene Elemente, die sich als Hindernisse für seine Überzeugung erweisen könnten, aus dem sexuellen Bereich ausklammert. Es ist, als ob die Gleichung Penis = Kind = Fäzes, die Freud 1917 aufgestellt hat, wörtlich genommen werden müßte. Um einen genitalen

Penis zu bekommen und zeugen zu können, ist es in Wirklichkeit nötig, aufzuwachsen, zu reifen, zu warten, während Fäzes gleichermaßen von Erwachsenem und Kind, Mann und Frau produziert werden. Die beiden Unterschiede – zwischen den Geschlechtern und zwischen den Generationen – werden auf der analen Stufe abgeschafft. Die Zeit wird ausgelöscht. Der Einfluß des Zeitfaktors als phylogenetischer Übergang von einer Entwicklungsphase zur nächsten wurde von Freud schon zur Zeit seiner Briefe an Fliess bei verschiedenen Gelegenheiten betont. Entsprechend erwähnt Freud eine „organische Verdrängung", die er viele Jahre später in *Das Unbehagen in der Kultur* (1929) „als Abwehr einer überwundenen Entwicklungsphase" betrachtet. „Dieser Vorgang wiederholt sich auf anderem Niveau, wenn die Götter einer überholten Kulturperiode zu Dämonen werden." (S. 459 Anm.) Mehr noch, Freud wendet diesen Begriff im selben Text auf Analerotik an. In seinem Brief *Warum Krieg?* (1932) an Einstein kommt er auf den Gedanken zurück, daß Veränderungen in Zivilisationen nach dem Muster der organischen Verdrängung abliefen, die, hat sie einmal stattgefunden, Empfindungen für uns unerträglich macht, die unseren Vorvätern angenehm waren. „… es hat organische Begründungen, wenn unsere ethischen und ästhetischen Idealforderungen sich geändert haben." (S. 26)

Für meine eigenen Zwecke finde ich Freuds Vergleich zwischen Lust, die einer organischen Verdrängung unterliegt, und dem Untergang der alten Götter äußerst erhellend. Es ist sehr leicht einzusehen – und man muß nur Sade lesen, um davon überzeugt zu sein –, daß anale Triebe und Objekte Gegenstand eines Kultes sein können. Der Perverse hat seine alten Götter nicht in Dämonen verwandelt. Er ist um so mehr gezwungen, sie zu verehren, weil seine Götter von den meisten seiner Mitmenschen nicht anerkannt werden, die auf einer bestimmten Entwicklungsstufe ihre Ideale gewechselt haben. Deshalb muß er seine Götter verehren, um seine prägenitalen Triebe zu glorifizieren, weil er auf diese Weise sein eigenes Ich erhöht. Es handelt sich hier um das Verbergen des (analen) Ich.

Das ist der Punkt, wo der Zwang zur Idealisierung ins Spiel kommt. Meiner Ansicht nach ist er für die offensichtliche Affinität des Perversen zu Kunst und Schönheit verantwortlich – der Perverse ist oft ein Ästhet. Die prägenitale Libido, die, wenn sie abgeleitet ist, sublimiert werden kann, steht dem Perversen nicht immer zur Verfügung, weil sie im perversen Akt direkt freigesetzt wird. Weil er darüber hinaus nicht sein Ich-Ideal auf den Vater und die Genitalität projiziert hat, hat er die genitalen Attribute seines Vaters nicht introjiziert. Die daraus resultierenden Identifikationslücken sind ein bedeutendes Hindernis für einen echten Sublimierungsprozeß. Idealisierung tendiert mehr zum Ästhetizismus als zum Schöpferischen, und wenn sich dennoch Schöpferisches entwickelt, trägt es oft den Stempel des Ästhetizismus.

Ich will aus dem Material eines Patienten eine klinische Veranschaulichung geben, die Licht auf den Idealisierungsprozeß – im Unterschied zur echten Sublimierung – und die offenkundigen Auswirkungen, die er auf die Qualität der Schöpfungen des Perversen hat, wirft. Dieser Mann ging zahlreichen perversen Aktivitäten nach. Er war ein Exhibitionist; außerdem pflegte er in bestimmten Kinos Frauen zu betatschen, besonders wenn sie neben ihrem Mann oder Freund saßen. Während einer Sitzung begann er über seinen Wunsch zu schreiben zu sprechen, nachdem er auf einen von mir veröffentlichten Artikel gekommen war, den er gerade gelesen hatte. Als er über die Frage nachdachte, wie dieser Wunsch zu verwirklichen wäre, fiel ihm ein vergessener Traum wieder ein:

„Ich war in einem Sägewerk. Da war ein riesiger Stapel von Baumstämmen, alle gleich, und ich mußte sie silbern anstreichen. Ich mußte äußerst genau sein und jeden Baumstamm sorgfältig mit silberner Farbe bedecken. Das erinnert mich daran, daß ich einmal als Kind die Baumstämme, die in dem Sägewerk lagen, das sich nahe unserem Haus befand, mit Exkrementen verunreinigt habe. Der Besitzer war ganz aus dem Häuschen. Ich denke auch an die Schokolade, die ich gewöhnlich als Nachmittagsimbiß bekam, und ebenso an die Schokoladenzigaretten, die ich bei dem Tabakwarenhändler kaufte, der auch Süßigkeiten verkaufte."

Meiner Meinung nach zeigt dieses Beispiel den Unterschied zwischen Idealisierung und Sublimierung. Der schöpferische Akt, den sich der Patient in seinem Traum ausmalt (den er mit seinem Wunsch zu schreiben assoziiert), besteht darin, daß er die Schokolade und die Baumstämme (den analen Penis) mit Silberfarbe oder -papier bedeckt, um sie zu idealisieren, ohne ihre innere Natur zu ändern. Man muß nur an der Oberfläche kratzen, und unter dem glänzenden Anstrich erscheint wieder der exkrementale Charakter des Phallus. Um sicherzugehen, daß der Vater (der Besitzer des Sägewerks) nichts besitzt, was der Sohn nicht hat, wird sein genitaler Penis in Exkremente verwandelt.

Eine meiner Patientinnen führte ein offenkundig „genitales" Geschlechts- und Familienleben, bis sie fast 35 Jahre alt war. Dann traf sie einen Perversen, der ein Kunstliebhaber war. Das brachte sie darauf, Kunstwerke zu sammeln, Kunstausstellungen zu besuchen und Kunstmäzenin zu werden. Es brachte auch ihre latente Perversion zum Ausbruch: Sie spielte mit ihm „Auschwitz" (siehe 13. Kapitel, Rrose Sélavy). Ich glaube, daß die prägentialen Triebe der Patientin sich nur in der ästhetischen Atmosphäre ausdrücken konnten, die ihren Partner umgab und die ihre Beziehung mit einer idealisierenden Aura umgab.

Die Notwendigkeit für den Perversen, seine Triebe, seine Objekte, das prägenitale Universum, in dem er lebt, zu verbergen, zielt letztendlich auf die Idealisierung seines eigenen Ich. Er wird eins mit seinen verehrten Teilobjekten, ein verklärtes Bild seiner eigenen Attribute, die so überhöht worden sind. Er sieht sich mit Wohlgefallen in seinen glorifizierten Trieben, geradeso wie er sich in den liebenden Augen seiner Mutter zu sehen gewohnt war, um darin die Bestätigung seiner anbetungswürdigen Vollkommenheit zu finden. Er muß die Götter der Prägenitalität feiern, um auf diese Weise seine eigene Göttlichkeit zu verbürgen.

Man erinnere sich an den interessanten jungen Mann, den Freud in seinem Brief an Abraham (24. 2. 1910) beschreibt, indem er die Eleganz und den guten Geschmack seiner Kleidung und seine idealistische Gesinnung hervorhebt. Derselbe junge Mann hatte intensive koprophile Aktivitäten entwickelt. In seinem Aufsatz *Bemerkungen zur Psychoanalyse eines Falles von Fuß- und Korsettfetischismus* (1912) betont Abraham: „Die hohen Anforderungen, die der Schuhfetischist in bezug auf ästhetische Werte an sein Sexualobjekt zu stellen pflegt, beweisen ein starkes Bedürfnis nach Idealisierung des Objektes." (S. 258) Während diese idealistischen Anforderungen beim Fetischisten offensichtlich sind, entsteht doch der Eindruck, daß sie für die Mehrheit der Perversen charakteristisch sind.

In *Aggression und Sadomasochismus* (1964) verweist Glover auf den „offensichtlichen Ausbruch von Sublimierung bei bestimmten Typen von Homosexualität"; er betrachtet „die enge Beziehung zwischen dem Versagen der Sublimierung und der perversen Struktur" als völlig pathognomisch. Wenn jedoch die Sublimierung erfolgreich ist, fürchtet das Subjekt nicht so sehr, daß die infantile Natur seines Ich unter seiner Verkleidung offenkundig werden könnte. Trotzdem glaube ich, daß diese Angst im allgemeinen immer gegenwärtig ist, immer aktiv, und daß sie den Perversen zu einer ständig zunehmenden Idealisierung seiner Teilobjekte und des perversen Aktes selbst veranlaßt. Glover bemerkt, daß man „in vielen Fällen sieht, daß die perversen Aktivitäten freier ausgelebt werden, wenn bestimmte ästhetische Bedingungen erfüllt sind" (*Sublimierung, Substitution und Sozialangst*, 1931, S. 146f).

Er gibt das Beispiel eines „Homosexuellen mit Auspeitschungsphantasien, der angibt, daß seine erotischen Aktivitäten gehemmt werden, wenn die Peitsche nicht bestimmten ästhetischen Anforderungen genügt, wie Größe, Durchmesser, Aussehen, Verjüngung, Glätte, Farbe usw." (S. 147). Man kann diese Peitsche als Fetisch auffassen. Glover fährt fort:

> „Kleider- und Schuhfetischisten zeigen ähnliche Reaktionen. Unterwäsche zum Beispiel muß in Muster, Farbe, Schnitt und so fort bestimmten strengen ästhetischen Anforderungen genügen. Die Strenge dieser Anforderungen erinnert an die Strenge der Maßstäbe, die von einigen Kritikern und Vertretern der schönen Künste angelegt werden. Und tat-

sächlich wäre es für einen Zuhörer, der nicht wüßte, worum es tatsächlich geht, äußerst schwierig, zwischen bestimmten diagnostischen Diskussionen der Bedingungen perverser sexueller Befriedigung und einer ästhetischen Diskussion über ‚gute' und ‚schlechte' Kunst zu unterscheiden." (S. 147)

Glover resümiert seine Auffassung in *Anmerkung zur Idealisierung* (1938), insbesondere im Zusammenhang mit Perversion. Er beobachtet, daß

„...es offensichtliche Anzeichen für eine sexuelle Überbewertung zugänglicher Körperteile im Verhalten und in der Einschätzung von Kindern gibt ... Sie zeigt einen gewissen Grad von Staunen und Verehrung ... Dieselbe Reaktion kann man in Beziehung zu vielen unbelebten Objekten beobachten, z.B. hin- und herbaumelnde Stückchen buntes Glas ... Bezeichenderweise ist dieses Verhalten im Fall von unbelebten Ersatzobjekten (Spielzeug usw.) stärker ausgeprägt als im Fall von lebenden Objekten (Eltern usw.)." (S. 293)

Auf ähnliche Weise zeigt das Studium der Perversionen: „Abgesehen von der ausgeprägt sexuellen Überbewertung von Teilobjekten und ihres Ersatzes zeigen viele Fälle eine Neigung zu extremer Idealisierung dieser Objekte, wie primitiv sie auch sein mögen." (S. 293) Mit einer amüsanten Formulierung fährt Glover bezüglich des Perversen fort:

„*Wie fern ihm auch die Idealisierung von Erwachsenenbeziehungen liegen mag, so hält er doch meist seine Gänse für Schwäne* ...
Meine Erfahrung scheint zu zeigen, daß solche Reaktionen häufiger sind im Falle von Objekten von analer und urethraler Sexualität. Nach ihnen kommen die fetischistischen Idealisierungen, hinter denen ein gehöriger Teil sadistischen Interesses steht. In einem typischen Fall wurde sich der Anusring als eine Art Halo am Himmel vorgestellt. In dieser Gestalt wurde er bewundert, verehrt und idealisiert. Die ihm zugeschriebenen Attribute waren mystisch, und die Gesamteinstellung des Patienten war ihrem Wesen nach religiös. (S.294)"

Glover zeigt, daß sich die Idealisierung nicht nur auf „jede Art von Teilobjekt, Nahrung, Fäzes, Urin, Sexualbereich usw." erstreckt, sondern daß „diese Patienten gleichzeitig zu einer exzessiven Idealisierung ihrer natürlichen Umwelt neigen, der Sonne oder des Sonnenscheins, der Wälder, Blumengärten, Berge, Täler und Seen" (S. 294). Für Glover „haben diese primitiven Idealisierungen ... eine besonders enge Beziehung zu *analem Sadismus*" (S. 296). Mir scheint dieser

Zwang zur Idealisierung der Umwelt, der Szenerie, eine Grundbedingung des Perversen zu sein: Alles, was das Ich umgibt, ist wie ein Spiegel, in dem es sich sehen kann. Dieser Spiegel muß raffiniert und von exquisitem Geschmack sein, weil er die Analität verbergen muß, indem er sie mit tausend glitzernden Juwelen bedeckt (die bunten Glasstückchen, von denen Glover spricht). Meiner Meinung nach zeigt sich am Werk Oscar Wildes ausnehmend deutlich, was dieser Ästhetizismus gleichzeitig verbirgt und enthüllt. In einer Geschichte, *Der Geburtstag der Infantin*, wird die Tragödie eines Wesens dargestellt, dessen Illusionen über die Großartigkkeit seines Ich zusammenbrechen, als es plötzlich sein Bild im Spiegel der Wahrheit sieht: Ein kleiner Zwerg, dem die Infantin eine Blume geschenkt hatte, glaubt, daß sie ihn liebe. (Die Infantin könnte die Mutter repräsentieren, die ihr Kind irreführt, indem sie es glauben macht, es könne ein angemessener Sexualpartner für sie sein.) Dieser kleine Zwerg, der im Wald lebt, hat nie sein eigenes Bild gesehen. Auf der Suche nach seiner Geliebten schleicht er in den königlichen Palast und kommt durch eine Reihe von prachtvoll ausgestatteten Räumen. Schließlich erreicht er den letzten Raum:

> „Von allen Räumen war dies der prächtigste und schönste. Die Wände waren mit in sich geblümtem blaßrotem Lucceser Damast bespannt, der ein Muster von Vögeln und zierlichen silbernen Blüten trug; die Möbel aus massivem Silber schmückten Blumengirlanden und schaukelnde Liebesgötter; vor den beiden gewaltigen Kaminen standen große, mit Papageien und Pfauen bestickte Paravents, und der Fußboden aus meergrünem Onyx schien sich weit in die Ferne zu dehnen. Er befand sich auch nicht allein." (Bd. 2, S. 91)

Man wird bereits erraten haben, daß nach der Hochstimmung, in die ihn seine Umgebung versetzt hat, der Zwerg zum ersten Mal in einem Spiegel mit seiner wahren Gestalt konfrontiert wird. Als ihm klar wird, daß der schreckliche Gnom, der ihn anschaut, sein eigenes Spiegelbild ist, stirbt er. Wir können annehmen, daß der Zwerg für das Kind steht, das zu klein ist, seine Mutter zu befriedigen, und daß seine Häßlichkeit die unmaskierte Analität repräsentiert. In einer anderen Geschichte, *Der junge König*, schreibt Oscar Wilde:

> „Und es scheint, als habe er vom ersten Augenblick seiner Anerkennung

an Zeichen jener sonderbaren Leidenschaft für Schönheit offenbart, die bestimmt war, einen so großen Einfluß auf sein Leben auszuüben ... und sobald er der Ratsversammlung oder dem Audienzzimmer entwischen konnte, lief er die breite Treppe mit ihren Löwen aus vergoldeter Bronze und ihren Stufen aus schimmerndem Porphyr hinab und wanderte von Zimmer zu Zimmer und von Gang zu Gang wie einer, der in Schönheit ein Mittel gegen Schmerz zu finden sucht, so etwas wie Genesung von Krankheit." (Bd. 2, S. 60f)

Die Notwendigkeit für das Ich, um jeden Preis die Illusion aufrechtzuerhalten, wird in *Das Portrait des Mr. W.H.* dramatisch ausgedrückt, wo Wilde die Geschichte eines literarischen Schwindels erzählt. Der entdeckte Fälscher begeht Selbstmord. Der Kritiker, der die Fälschung aufgedeckt und so den Selbstmord verursacht hatte, glaubt schließlich selbst an die Theorie des Fälschers, der vorgegeben hatte, die Identität der Person entdeckt zu haben, der Shakespeare seine Sonette gewidmet hatte. Nun begeht der Kritiker seinerseits Selbstmord, nachdem er an den Autor einen Brief geschrieben hatte, in dem er letzteren anflehte, an die Existenz des Willie Hughes (Mr. W.H.) zu glauben. Das ist es, was den Autor überzeugt, daß es sich wirklich um einen Betrug handelt. Er schreibt: „Niemand stirbt für etwas, von dem er weiß, daß es die Wahrheit ist. Menschen sterben für etwas, von dem sie wünschen, daß es wahr ist, *für etwas, von dem ihnen eine unaussprechliche Angst sagt, daß es nicht wahr ist.*" (Hervorhebung von mir)

Oscar Wildes kritische Schriften können auf verschiedenen Ebenen gelesen werden. In der Tat sollten eine Reihe seiner wohlbekannten Paradoxa über die Kunst meiner Meinung nach sehr ernst genommen werden. Vor allem denke ich an das eine, in dem er sagt, daß es die Natur ist, die die Kunst imitiert. Damit wird die allgemein akzeptierte Beziehung zwischen Kunst und Natur, Kunst und Leben, Kunst und „Realität" umgekehrt, um die Vervollkommnung des Ich zu gewährleisten. Wenn, wie ich behauptet habe, die Umgebung des Perversen sein idealisiertes Ich repräsentiert und ihm ein schmeichelhaftes Abbild seines Selbst garantiert, dann wird Kunst – die für Wilde notwendigerweise dekorativ ist – zum Lebensprinzip, zum Naturprinzip, zum Realitätsprinzip. So wird die vollständige Übereinstimmung des Ich mit der Kunst erreicht, da in Zukunft die Kunst als Modell für das Leben und daher für das Ich zugrunde gelegt wird. Wenn die Beziehung zwischen dem Objekt und seinem Abbild umgekehrt wird, ist das Ich, das sich in einem ästhetisch befriedigenden Rahmen befindet, nichts als ein Abbild dieses Rahmens. Die Schönheit des Rahmens projiziert sich auf das Ich, nimmt es in Besitz und verherrlicht es. Die Perfektion der Kunst bemäntelt die Fehlerhaftigkeit der Natur.

Vivian, die Sprecherin des Autors in *Ansätze*, bietet eine Kritik Shakespeares: „Die Stellen bei Shakespeare – und es gibt deren viele –, wo die Sprache roh, vulgär, überladen, bizarr, sogar obszön ist, haben alle ihren Ursprung im Leben, das nach einem Echo seiner eigenen Stimme ruft und die Vermittlung des schönen Stils zurückweist, durch den allein das Leben erfahren werden sollte ..." Hier wird Leben eindeutig mit Analität identifiziert. Die Kunst soll jede Spur von Analität verwischen: „Die Kunst gelangt in sich, nicht außerhalb ihrer selbst, zur Vollendung ... Sie ist eher ein Schleier als ein Spiegel ... Ihr sind ... die großen Archetypen, vor denen die bestehenden Dinge nichts als unvollendete Abbilder sind." (*Der Verfall der Lüge*, Bd. 7, S. 23 und 28)

Der ideale und idealistische Kunstbegriff entspricht der Phantasie eines idealen Ich, entstanden aus der Unzufriedenheit mit seinen verschiedenen Entwicklungsstufen, aus der Unfähigkeit, die verlorene Vollkommenheit wiederherzustellen, die es zu Beginn des Lebens besessen hatte. Gleichzeitig versucht es, das Subjekt in das Zentrum eines „Zauberkreises" (*charmed circle*, Wildes Ausdruck) zu stellen. Sein Ich, das sich in dem wundervollen Licht sonnt, das es umgibt, wird dadurch verklärt. Die Tatsache, daß Kunst auf ihre dekorative Funktion reduziert wird und daß sich diese Dekoration in dem so idealisierten Ich des Subjekts ausdrückt, wird klar artikuliert in einem anderen Text aus *Ansätze*, der den Titel *Der Kritiker als Künstler* trägt: „Noch immer ist die Kunst, die sich offen als dekorativ gibt, die Kunst, mit der man leben kann. Sie ist von allen sichtbaren Künsten die einzige Kunst, die Stimmung und Temperament in uns weckt ...

Die Harmonie, die in dem feinen Verhältnis von Linie und Fläche liegt, *spiegelt sich in der Seele.*" (Hervorhebung von mir, Bd. 7, S. 137)

Der Tag wird kommen, an dem der Realismus untergeht und Idealismus und Schönheit triumphieren werden. Hier bezieht sich Wilde direkt auf Plato.

> „Und wenn dieser Tag anbricht oder der Abend sich rötet, wie freudig werden wir alle gestimmt sein! Die Tatsachen werden als etwas Schmachvolles gelten, die Wahrheit wird man über ihre Fesseln trauern sehn, und die Dichtung mit ihrer Wundernatur zieht wieder ins Land. Die Welt wird vor unseren staunenden Augen verwandelt sein. Aus dem Meer werden sich Behemoth und Leviathan erheben und die hochragenden Ruderschiffe umkreisen, wie man es auf den entzückenden Landkarten jener Zeiten dargestellt findet, in denen geographische Bücher noch lesbar waren. Drachen werden in verödeten Gefilden hausen, und aus seinem Feuernest wird der Phönix auffliegen. Unsere Hand werden wir auf den Basilisk legen und den Edelstein im Kopf der Kröte erblicken. Den goldenen Hafer fressend, wird der Hippogryph in unserem Stall stehn, und über uns wird das Blaukehlchen fliegen und vom Wunderbaren und Unmöglichen singen, von Dingen, die lieblich sind und die niemals geschahen, von Dingen, die nicht sind und die sein sollten." (Bd. 7, S. 42f)

Hinter dieser Diskussion der Ästhetik, wo Idealismus im Gegensatz gesetzt ist zu Realismus und *a fortiori* zu Naturalismus, zeichnen sich Dinge ab, die für den Perversen und – wie wir annehmen dürfen – für den Autor selbst lebenswichtig sind.

Mehrere Märchen und Geschichten von Wilde enthüllen letzendlich die Wahrheit, die sich hinter der Maske verbirgt – eine Wahrheit, die Wilde immer wieder zu diskreditieren versucht. So zeigt sich in *Der glückliche Prinz* deutlich, daß die Analität durch den Idealisierungsprozeß nicht verändert (was durch echte Sublimierung geschehen würde), sondern lediglich mit einer Deckschicht von glitzernden Juwelen überdeckt wird: „Hoch über der Stadt stand auf einer mächtigen Säule die Statue des Glücklichen Prinzen. Sie war über und über mit dünnen Goldblättchen bedeckt, statt der Augen hatte sie zwei glänzende Saphire, und ein großer roter Rubin leuchtete auf seiner Schwertscheide." (Bd. 2, S. 11)

Vom Elend in der Stadt gerührt, bittet der Prinz die

Schwalbe, die sich darüber wundert, daß er nicht aus „massivem Gold" ist, den Rubin von seiner Schwertscheide und dann seine Saphiraugen armen Leuten zu bringen. Menschenfreundlich beraubt er sich seiner Goldauflage. „Ich bin ganz mit feinem Gold bedeckt', sagte der Prinz,du mußt es abnehmen, Blatt für Blatt, und meinen Armen geben; die Lebenden glauben immer, daß Gold sie glücklich machen kann.' Blatt um Blatt des feinen Goldes pickte ihm der Vogel ab, bis der Glückliche Prinz ganz grau und düster aussah." (Bd. 2, S. 18f)

Die Angst, daß die Analität demaskiert werden könnte und damit gleichzeitig die Illusion, auf der sich die Psychosexualität aufgebaut hat, kommt explosionsartig in *Das Bildnis des Dorian Gray* zum Ausdruck. Das Sujet ist sicherlich allgemein bekannt. Ein gutaussehender junger Mann besitzt ein Portrait von sich, das einer seiner Freunde gemalt hat. Während seine Gesichtszüge im Laufe der Jahre erstaunlich jugendlich bleiben, obwohl er sich immer mehr dem Laster hingibt, ist es das Bild, das sich verändert und altert, bis man es nur noch mit Abscheu anschauen kann. Hier erscheint Idealisierung eindeutig als Mittel, Sadismus und Analität zu maskieren, die, aus der Person Dorian Grays entfernt, in dem Bildnis wiedererscheinen, so dem Muster einer Halluzination folgend. Dorian ist in der Tat ein Sammler von Kunstwerken: Teppichen, Stickereien, kostbaren Steinen, Schmuck. „Denn diese Schätze und alles, was er in seinem reizenden Hause sammelte, waren für ihn Mittel zum Vergessen, und Beschäftigungen, durch die er eine Zeitlang der Angst entrinnen konnte, die ihm zuzeiten unerträglich schien." (S. 183) Man kann klar erkennen, zumindest meiner Meinung nach, daß die Analität durch den Idealisierungsprozeß sich weniger ändert, als daß sie lediglich mit einer Deckschicht von glitzernden Juwelen überdeckt wird wie der glückliche Prinz oder wie in seinem Traum mein Patient, der die Baumstämme oder die Schokolade unter einer Schicht Silber verbirgt.

Ich hoffe, ich habe hinreichend erläutert, was ich mit der Idealisierung des Perversen meine. Ich will jetzt versuchen, einen mehr metapsychologischen Zugang zu diesem Prozeß aufzuzeigen. Die erste Frage, die sich stellt, bezieht sich auf ihre Beziehung zu den analen Trieben und den sie betreffenden Vorstellungen und Affekten. Die Bedeutung der Idealisierung vorausgesetzt, muß ich zu dem Schluß kommen, daß – im Gegensatz zu dem, was die Faustregel „Die Neurose ist das Negativ der Perversion" besagt – anale Regression in der Perversion nicht egosyntonisch ist, selbst wenn die Analität der Verdrängung entspringt, d.h. im eigentlichen perversen Akt. Es ist so, als ob die Verdrängungsmechanismen sich darauf geeinigt hätten, im Falle von Vorstellungen und Ideen, die mit Analität zu tun haben, die Verdrängung nur unter der Bedingung zu vermeiden, daß letztere durch Idealisierung „verschleiert" und daß das Ich-Bild des Subjekts travestiert wird. Aber was bedeutet „verschleiert"? Ich habe den Eindruck, daß diese Vorstellungen das Gegenteil von den ursprünglichen sind. Das Glänzende und Glitzernde sind das Gegenteil des Glanzlosen und Amorphen (Exkremente, aber auch der glanzlose Stoff, aus dem der glückliche Prinz gemacht war). Nun trägt aber das Gegenteil den unauslöschlichen Eindruck dessen in sich, was es negiert, wie Freud in *Die Verneinung* (1925) beweist. Es ist nicht nur möglich, die Analität hinter der glitzernden Verzierung aufzuspüren, sondern auch in ihrem Glanz an sich.

Freud schreibt in diesem Aufsatz:

„Etwas im Urteil verneinen, heißt im Grunde: das ist etwas, was ich am liebsten verdrängen möchte. Die Verurteilung ist der intellektuelle Ersatz der Verdrängung, ihr Nein ein Merkzeichen derselben, ein Ursprungszertifikat etwa wie das made in Germany'. Vermittels des Verneinungssymbols macht sich das Denken von den Einschränkungen der Verdrängung frei und bereichert sich um Inhalte, deren es für seine Leistung nicht entbehren kann...
Ein verdrängter Vorstellungs- oder Gedankeninhalt kann also zum Bewußtsein durchdringen, unter der Bedingung, daß er sich *verneinen* läßt. Die Verneinung ist eine Art, das Verdrängte zur Kenntnis zu nehmen, eigentlich schon eine Aufhebung der Verdrängung, aber freilich keine Annahme des Verdrängten. Man sieht, wie sich hier die intellektuelle Funktion vom affektiven Vorgang scheidet." (S. 12f)

Ich glaube, daß man die Idealisierung als einen Selektionsprozeß auffassen kann, der sich mit Vorstellungen befaßt, die mit Analität zu tun haben, was mit Verneinung vergleichbar ist, etwa in der Art: „Nein, das ist es nicht, sondern das Gegenteil", was eine teilweise Aufhebung der Verdrängung erlauben würde und ebenso die Zulassung von verdrängten analen Vorstellungen in das Ich. Idealisierung impliziert extreme Nähe zu dem, was maskiert wird. Sie ist ein unstabiler und zerbrechlicher Vorgang, weit von der Gefühlsverkehrung entfernt. Außerdem wird letztere, neben anderen Unterschieden, vom Über-Ich beherrscht, hilft bei der Entwicklung unserer Tugenden – was bei der Idealisierung nicht der Fall ist, deren Triebkraft die Aufrechterhaltung des Selbstbewußtseins ist – und hat nichts mit Schuld zu tun.

Ich sehe, daß eine solche Herangehensweise an die Idealisieurng uns auf mehrere von Freud in seinen frühen Arbeiten behandelte Punkte bringt, die mit der Beziehung zwischen Idealisierung und Perversion zu tun haben. Zunächst schreibt er in *Drei Abhandlungen zur Sexualtheorie* (1905):

„Vielleicht gerade bei den abscheulichsten Perversionen muß man die ausgiebigste psychische Beteiligung zur Umwandlung des Sexualtriebes anerkennen. Es ist hier ein Stück seelischer Arbeit geleistet, dem man trotz seines greulichen Erfolges den Wert einer Idealisierung des Triebes nicht absprechen kann." (S. 61)

Die Hervorhebung dieser seelischen Arbeit gestattet uns einen kurzen Blick auf die Energieumwandlung, die wir im Zusammenhang mit dem Affekt genauer kennenlernen werden und die auch die Suche nach spezifischen Mechanismen der Perversion vorwegnimmt.

In einem Brief an Abraham schreibt Freud (18.2.1909):

„Der Fetisch kommt so zu Stande: er resultiert aus einer besonderen Art der Verdrängung, die man als partielle bezeichnen könnte, bei welcher ein Stück des Komplexes verdrängt, ein anderes, zugehöriges zur Entschädigung *idealisiert* wird. (Historische Parallele: Das Mittelalter mit seiner Verachtung des Weibes und Erhöhung der Jungfrau Maria). In unserem Falle handelt es sich um eine ursprüngliche Riechlust am übelriechenden Fuß, (den der Perverse darum stets dem gereinigten vorzieht). Diese Riechlust wird vertrieben, dafür der Fuß, der einstige Spender des Genusses, zum Fetisch erhoben. Von seinem Geruch ist dann nicht mehr die Rede." (S. 81)

Die partielle Verdrängung in einem solchen Fall erinnert uns an die partielle Aufhebung der Verdrängung im Zusammenhang mit der Verneinung.
In seiner Abhandlung über *Die Verdrängung* (1915) kommt Freud auf die Vorstellung der partiellen Verdrängung als einen Ursprung des Fetischs mit einer Hand in Hand gehenden Idealisierung zurück.

„Die Verdrängung arbeitet also *höchst individuell*; jeder einzelne Abkömmling des Verdrängten kann sein besonderes Schicksal haben; ein wenig mehr oder weniger von Entstellung macht, daß der ganze Erfolg umschlägt. In demselben Zusammenhang ist auch zu begreifen, daß die bevorzugten Objekte der Menschen, ihre Ideale, aus denselben Wahrnehmungen und Erlebnissen stammen wie die von ihnen am meisten verabscheuten, und sich ursprünglich nur durch geringe Modifikationen voneinander unterscheiden. Ja, es kann, wie wir's bei der Entstehung des Fetisch gefunden haben, die ursprüngliche Triebrepräsentanz in zwei Stücke zerlegt worden sein, von denen das eine der Verdrängung verfiel, während der Rest, gerade wegen dieser innigen Verknüpftheit, das Schicksal der Idealisierung erfuhr." (S. 252f)

Der gemeinsame Ursprung der „bevorzugten Objekte der Menschen" und der „von ihnen am meisten verabscheuten" erklärt meiner Meinung nach die Labilität des Idealisationsmechanismus, die ich eben erwähnt habe, als auch die ewignahe Verfolgung. Das liegt daran, daß die Analität jederzeit ihre dünne, glitzernde Schale zu durchbrechen und wieder im hellen Tageslicht zu erscheinen droht, wie die gräßliche Leiche eines Ertrunkenen wieder an die Wasseroberfläche kommt, ein Vorgang, der in *Das Bildnis des Dorian Gray* sehr genau beschrieben ist.
Ich möchte dieses Kapitel beenden, indem ich eine Passage zitiere, die zeigt, daß Idealisierung nur ein dünner Film ist, der ein unverändertes Material verbirgt, ein Mechanismus, der die Maskierung des Selbst bezweckt. Es zeigt auch, daß es Menschen gibt, die die Wahrheit der Lüge vorziehen:

„Wenn andre listig Gunst und Ehre fischen,
Fang' ich mit echter Treu mir schlichte Einfalt;
Wenn mancher schlau sein Kupferblech vergoldet,
Trag' ich es schlicht und ehrlich ungeschmückt."
(Troilus zu Cressida, Shakespeare, S. 137)

10. Kapitel

Die Konstruktion in der Analyse und die psychische Konstruktion

Ich habe mehrfach betont, daß das Problem der Perversionen, wie ich es auffasse, zu dem allgemeineren Problem der Wahrheit führt. Ich habe daran erinnert, daß Freud in *Die endliche und die unendliche Analyse* (1937) gesagt hat, daß die psychoanalytische Situation auf Wahrheitsliebe basiert. So werde ich mich nun kurz von den Fragen, die die Perversion direkt betreffen, abwenden und mich mit einem Punkt befassen, der wichtig für die Wahrheit innerhalb der psychoanalytischen Situation ist.

Unter den Maßnahmen, die ein Analytiker während einer Behandlung ergreifen muß – und sie sind Teil seiner interpretatorischen Tätigkeit – gibt es eine, die eine Reihe von technischen und ethischen Problemen aufwirft. Ich denke an „Konstruktion". Mit diesem Wort meint Freud zunächst die Verarbeitung des Analytikers, die er aus den Elementen der Informationen des Patienten gewinnt, aus dem „was er uns in seinen Übertragungen zeigt, was wir aus der Deutung seiner Träume entnehmen, was er durch seine Fehlleistungen verrät" (*Abriß der Psychoanalyse*, 1938, S. 103). Auf der Basis dieses Materials schlägt der Analytiker dem Patienten eine Konstruktion vor, die vergessene Bruchstücke seiner Vergangenheit betrifft, und ermöglicht so, wenn es richtig und *vorsichtig* geschieht, die Aufhellung vergessener frühkindlicher

Vorgänge: „Je genauer sich die Konstruktion mit den Einzelheiten des Vergessenen deckt, desto leichter wird ihm seine Zustimmung. Unser Wissen in dem Stück ist dann auch sein Wissen geworden." (S. 104)

Man weiß, daß die historische Wahrheit einer so verstandenen Konstruktion oft bezweifelt worden ist. Es ist das ganze Problem der Beziehung zwischen Tatsache und Phantasie, das hier ins Spiel kommt. Es ist jedoch nicht dieser Aspekt, den ich untersuchen will. Oder besser gesagt, ich werde indirekt auf ihn kommen, indem ich einen anderen, noch zweifelhafteren Punkt behandle. Ich will eine Art von Konstruktion untersuchen, die Freud in einer Abhandlung erwähnt, die er speziell diesem Thema gewidmet hat (*Konstruktionen in der Analyse*, 1937).

Freud sagt in diesem späten Text: „Das Gewünschte ist ein zuverlässiges und in allen wesentlichen Stücken vollständiges Bild der vergessenen Lebensjahre des Patienten ... Wir wissen alle, der Analysierte soll dazu gebracht werden, etwas von ihm Erlebtes und Verdrängtes zu erinnern." (S. 44f) Wie man weiß, betont Freud die Rolle der Übertragungsbeziehung, die eine Affektwiederholung auslöst, die sich aus dem verdrängten Material speist und sich innerhalb oder außerhalb der psychoanalytischen Situation ausdrückt. Man erinnert sich ebenso, daß Freud, ehe er sich dem Problem der Wahnvorstellungen zuwendet, seinen Bericht abschließt, indem er feststellt, daß, wenn auch im Prinzip die Konstruktion zur Erinnerung führen sollte, es nicht immer so ist. Die Aufdeckung des Verdrängten findet nicht immer statt. „Anstatt dessen erreicht man bei ihm (dem Patienten) ... eine sichere Überzeugung von der Wahrheit der Konstruktion, die therapeutisch dasselbe leistet wie eine wiedergewonnene Erinnerung." (S. 53) Die ganze psychoanalytische Theorie widerspricht der Möglichkeit, diesen Satz so zu verstehen, als ob der Einfluß von Suggestion beteiligt sei. Schon in *Studien über Hysterie* (1895) schrieb Freud: „Man überzeugt sich mit Erstaunen, *daß man nicht imstande ist, dem Kranken über die Dinge, die er angeblich nicht weiß, etwas aufzudrängen.*" (S. 300)

Wir zählen das Jahr 1937. Auf den ersten Blick widerspricht Freuds Gedanke, daß eine Überzeugung der Erinnerung gleichwertig ist – soweit es die Ergebnisse betrifft –, seinen Ausführungen über die Interpretation in seinem Aufsatz *Das Unbewußte* (1915, S. 274f). Wenn der Analytiker eine verdrängte Vorstellung errät und sie dem Patienten mitteilt, ändert dies nichts an seinem psychischen Zustand und an der Verdrängung. Im Gegenteil, es wird eine neuerliche Ablehnung des Verdrängten eintreten. Der Patient hat jetzt dieselbe Vorstellung in zweifacher Form an verschiedenen Stellen seines seelischen Apparates: eine bewußte akustische und eine unbewußte verdrängte Erinnerung an diese Vorstellung.

Freud schreibt: „In Wirklichkeit tritt nun eine Aufhebung der Verdrängung nicht eher ein, als bis die bewußte Vorstellung sich nach Überwindung der Widerstände mit der unbewußten Erinnerungsspur in Verbindung gesetzt hat." (S. 275) Dies faßt den ganzen Unterschied zwischen Gehörtem und Erlebtem zusammen, zwischen intellektuellem Wissen und affektivem Wissen. Nach meiner Überzeugung ist es jedoch genau dieser Unterschied zwischen Gehörtem und Erlebtem, der die Wirkung einer Konstruktion erklären könnte, die die Überzeugung des Patienten ohne jede Erinnerung trägt, wobei das Fehlen der Erinnerung möglicherweise mit dem unreifen Zustand des Ich zur Zeit der fraglichen Ereignisse zu tun hat. Tatsächlich kann man annehmen, daß diese Art von Konstruktion gerade im Falle von frühen Traumata und eines hilflosen Ich in einer Notlage wirksam ist.

Die angestrebte Wirkung einer solchen Konstruktion ist, die Verarbeitung einer traumatischen Situation zu fördern, die in den ersten Lebensmonaten auftritt, wenn der seelische Apparat, überflutet von Reizen, unfähig ist, sie zu beherrschen oder sich von ihnen zu befreien. Die massierten Reize brechen in die eigentliche Substanz der Psyche ein, bilden dort eine Enklave und bleiben als Fremdkörper in ihr, nachdem sie sie im Ganzen erschüttert haben. Die Konstruktion stellt die Kontinuität des Gewebes wieder her, füllt die Enklave und setzt, um Freuds Metapher zu gebrauchen, das fehlende Stück des „chinesischen Puzzles" wieder ein (*Studien über Hysterie*, 1895), während es den anderen Teilen des Puzzles, die durch den ursprünglichen Schock durcheinandergeraten sind, erlaubt, wieder an die richtige Stelle zu gelangen.

Die Konstruktion hat also einen unzweifelhaften therapeutischen Wert im Falle eines Traumas, das zu einer Zeit entstanden ist, als das Ich unfähig war, das Angstsignal auszusenden, und mit automatischer Angst reagierte, und als das Über-Ich nicht differenziert genug war, dem überrumpelten Ich zu helfen. Wenn wir uns auf Freuds Abhandlung *Hemmung, Symptom und Angst* (1926) beziehen, handelt es sich dabei, wie wir annehmen dürfen, um Urverdrängungen: „Man kann es derzeit nicht beurteilen, ob etwa das Auftreten des Über-Ichs die Abgrenzung zwischen Urverdrängung und Nachdrängen schafft ... Es ist durchaus plausibel, daß quantitative Momente, wie die übergroße Stärke der Erregung und der Durchbruch des Reizschutzes, die nächsten Anlässe der Urverdrängungen sind." (S. 121) Man kann feststellen, daß der klinische Bericht, in dem sich Freud am stärksten mit den Problemen der Konstruktion befaßt – der „Wolfsmann" –, einen Fall beschreibt, dessen traumatischer Charakter offensichtlich ist; der Traum selbst wird von Freud als Trauma angesehen.

Man erinnere sich an die Passage, wo Freud zeigt, daß das Kind auf die Hilfe der Kastrationsangst zurückgreifen muß, um zu verhindern, daß es von homosexuellen Reizen überwältigt wird. Der im Grunde ökonomische Charakter der von Freud beschriebenen Phänomene ist frappant. Homosexualität ist nicht beängstigend, weil sie eine Bedrohung für den Penis bedeutete, sie ist vielmehr beängstigend, weil sie Reize verursacht, von denen das Ich überwältigt werden könnte. Von einem bestimmten Standpunkt aus kann man sagen, daß dieser Prozeß vergleichbar ist einem Versuch einer psychischen Verarbeitung und einem Übergang von einer lediglich ökonomischen (quantitativen) zu einer qualitativen Stufe, die dem psychischen Konflikt eher entspricht. So scheint die Konstruktion eines frühen Traumas in der Übertragungssituation die Stufe des Ereignisses zu verändern, indem sie ihm den Rang eines echten psychischen Prozesses mit allen metapsychologischen Dimensionen verleiht: die ökonomische natürlich, aber auch die topographische und die dynamische. Das traumatische Ereignis war nur eine Kraft, jetzt bekommt es einen Sinn.

Jedoch – und daran muß ich festhalten – wenn eine Konstruktion, die sich auf ein frühes Trauma bezieht, die „Überzeugung des Patienten trägt", können ihre Auswirkungen (wie Freud sagt) denen einer Konstruktion ähneln, die von erinnerten Affekten begleitet *wird*, die von ihrem ursprünglichen Auftreten abhängen. Ich möchte den Gedanken äußern, daß das fehlende Teil des chinesischen Puzzles in die psychische Organisation des Subjekts paßt, zu der es organisch und notwendigerweise gehört, da diese Organisation einer absoluten inneren Logik unterworfen ist. Der Analytiker, dem es gelungen ist, das fehlende Teil einzufügen, stärkt gleichzeitig die gesamte psychische Organisation. Von nun an gibt es in dem Gebäude keinen Bruch mehr, und es verliert seine Zerbrechlichkeit.

Das fehlende Teil ist in Hinblick auf das ganze Gebäude strukturiert, und das ganze Gebäude wirkt auf das fehlende Teil. Es ist die Wiederherstellung der verlorenen Einheit, die die Überzeugung bestärkt: Es handelt sich nicht um das Ergebnis einer Suggestion, die nur als Fremdkörper empfunden würde, als aufgepfropftes Element sozusagen, und nicht als fehlender Bestandteil. Der Fremdkörper würde früher oder später ein Opfer der Ablehnung werden. Darüber hinaus ist es überhaupt nötig, darauf hinzuweisen, daß es jeder Ethik widerspricht, dem Patienten Gedanken aufzuschwätzen, die seinem Material und seiner psychischen Struktur widersprechen? Ich spreche hier natürlich von Interpretationen, die nicht ichgerecht sind; es ist selbstverständlich, daß es im Verlauf der analytischen Behandlung zu solchen Interpretationen kommt.

Ich glaube, daß ein klinisches Beispiel uns zu verstehen erlaubt, was in den anderen Fällen geschieht, sogar dann, wenn die Konstruktion nicht mit Erinnerungen einhergeht. Außerdem handelt es sich hier um einen typischen neurotischen

Fall, der es uns erlaubt, einen impliziten Vergleich mit den perversen Patienten anzustellen, von denen ich bisher gesprochen habe.

Es ist offensichtlich, daß die Erinnerungen, die aus der vom Analytiker vorgeschlagenen Konstruktion hervorgehen, uns gestatten anzunehmen, daß die Überzeugung aus den logischen und notwendigen Beziehungen zwischen der Konstruktion und der ganzen psychischen Organisation resultiert. Der Patient ist ein junger Mann von 27 Jahren, der mich wegen einer ständig wiederkehrenden Angst, daß seine Genitalien von einer schweren Krankheit befallen sein könnten, um Rat gefragt hat. Das Ziel der Konstruktion, von der ich sprechen will, ist es nicht, die Verarbeitung einer traumatischen Situation zu ermöglichen, sondern die verschiedenen Ereignisse der ödipalen Phase und solche, die eng mit dem Ödipuskomplex zu tun haben, zu erklären. Kastration hat dann eine zentrale Bedeutung, das Über-Ich (im Freudschen, nicht im Kleinschen Sinne des Wortes) befindet sich in der Entwicklung, und die dann wirksamen Verdrängungen sind after-pressures.

So könnte das Material, um das es hier geht, zu der typischen Konstruktion führen, die Freud in der Abhandlung, die er diesem Thema gewidmet hat, beschreibt (*Konstruktionen in der Analyse*, 1937):

> „Bis zu ihrem nten Jahr haben Sie sich als alleinigen und unbeschränkten Besitzer der Mutter betrachtet, dann kam ein zweites Kind und mit ihm eine schwere Enttäuschung. Die Mutter hat Sie für eine Weile verlassen, sich auch später Ihnen nicht mehr ausschließlich gewidmet. Ihre Empfindungen für die Mutter wurden ambivalent, der Vater gewann eine neue Bedeutung für Sie und so weiter." (S. 47f)

Norbert streckt sich auf der Couch aus. Es ist Frühling, und trotz der kühlen Witterung ist die Zentralheizung nicht in Ordnung, wohl um Energie zu sparen. Ein elektrischer Heizkörper versucht, die frostige Temperatur des Raumes zu mildern. Die von ihm ausgestrahlte Hitze läßt den darüber hängenden Kronleuchter vibrieren und klingen. Norbert sagt, daß ihn dieser Ton an die drei gravierten goldenen Armreifen erinnert, die seine Mutter um ihr Handgelenk zu tragen pflegte. Diese Schmuckstücke stammten aus dem Besitz seiner Mutter und waren in persischer Manier gearbeitet; Norberts Mutter stammt aus einer orientalischen Familie. Wenn seine Mutter abwesend war, wartete Norbert immer ungeduldig auf den Klang ihrer Armreifen, die ihre Rückkunft verrieten. Es war eine wahre Wonne. Wie glücklich er war, wenn der leise Ton näherkam und wenn sich schließlich der Schlüssel im Schloß drehte! Unruhe, Traurigkeit und Angst waren verschwunden.

An diesem Tag erzählte mir Norbert lange von der Zärtlichkeit seiner Mutter, wie glücklich er war, ihr nahe zu sein. Diese Erinnerungen stammten aus einer Zeit, als er vier bis fünf Jahre alt war. Diese Sitzung war die erste in der letzten Woche vor den Osterferien. Am Ende der Sitzung rückte Norbert damit heraus, daß er eines Tages mit den Armreifen der Mutter gespielt und sie verloren hatte. Er wäre fast verrückt geworden, weil er nicht die geringste Ahnung hatte, wo er die Schmuckstücke gelassen haben könnte: totaler Gedächtnisverlust. Man suchte tagelang nach ihnen, vergeblich. An dieser Stelle endete die Sitzung. Am Tag darauf fuhr Norbert mit seinem Bericht fort. „Meine Mutter sagte immer, daß sie der Frau eines jeden von uns einen Armreif schenken wolle." Norbert ist das älteste von drei Kindern. Er hat zwei Brüder, die zwei bzw. vier Jahre jünger sind als er. Jetzt verschlechterte sich die warme und liebevolle Atmosphäre, die durch die gemütliche Nähe der letzten Sitzung begünstigt worden war, zusehends. Norberts Erinnerungen wurden immer schmerzlicher und liebloser. Die Wohnung war dunkel, die Eltern waren arm, die Gebäude, die er durch das Fenster sehen konnte, waren anonym und aus häßlichen Ziegelsteinen gebaut. Norberts Vater bekam das schmale Gehalt eines Offiziers. Er selbst mußte seine Siebensachen in einer Arbeitertasche zur Schule tragen. Er wohnte in einem Proletarierviertel. Norbert suchte diese Traurigkeit und Häßlichkeit zu überwinden, indem er mit großer Leidenschaft nach und nach die wenigen Familienbesitztümer, die er für schön hielt, prüfte: die goldgeschmückte Militärmütze seines Vaters, das Silber, die böhmischen Gläser, die Geschenke der Großeltern waren. Manchmal betrachtete er diese Wunder, in denen, wie er sagte, seine eigene Not und Unzufriedenheit unterging. Einige Tage nach dem Verschwinden der Armreifen seiner Mutter kam ein Onkel zu Besuch und zog den Fenstervorhang zur Seite: Die Armreifen hingen am Fenstergriff.

Damit konnten wir die Bedeutung des Verschwindens der Armreifen, der daraus folgenden Angst, die bis zum „Gedächtnisverlust" führte, und der Sorge, verrückt zu werden, erklären. Norbert hatte so tatsächlich seine Mutter symbolisch ermordet. Hatte er mir nicht einige Monate vorher erzählt, wie er beobachtet hatte, wie seine Mutter mit einem neugeborenen Kind im Arm aus der Entbindungsstation nach Hause kam? Hatte er sich nicht, nicht lange nach der Ankunft seines jüngsten Bruders, von dem unwiderstehlichen Impuls hinreißen lassen, (wie der junge Goethe) alle seine Spielsachen, verschiedene Küchengegenstände, eine Tortenplatte und eine Teigrolle aus dem Fenster zu werfen, so daß die Hausmeisterin, die herausgekommen war, von ihm sagte: „Der Junge ist verrückt!"? Norbert hatte so symbolisch den Eindringling dahin zurückgeschickt, wo er hergekommen war (von der Straße), wie auch die Dinge, die – wie man sich vorstellen kann – die merkwürdigen Kochgewohnheiten der Eltern repräsentierten. Außerdem wollte er wohl den Bauch seiner Mutter (die Wohnung) von unerwünschtem Inhalt befreien.

Wir können die Hypothese aufstellen, daß Norberts Faszination für Dinge aus Gold, Silber und Kristall – wir sehen hier ein ästhetisches Bedürfnis beinahe in *statu nascendi* – zusammenhängt mit der Gewalttätigkeit seiner destruktiven Triebe gegen seine Brüder, seine Eltern und insbesondere gegen seine Mutter, die so sanft, so geliebt und so grausam untreu war – und alle diese Gefühle wurden durch die bevorstehende Abreise der Analytikerin reaktiviert. Norberts Haß, Schuld und Niedergeschlagenheit erzeugen in ihm ein Chaos, dem er entflieht, indem er Dinge anschaut, die er für schön hält und die ihm einen Widerschein seines Selbst und der zerstörten Objekte geben, ein Widerschein, der dieses Chaos verleugnet oder verschleiert. Nicht die äußere Wirklichkeit ist tatsächlich so niederdrückend; es ist die innere Wirklichkeit, die schmeichelnde Spiegel braucht, um das Chaos zu bereinigen.

Wir können annehmen, daß die Dinge, die er bewundert, eine präzise phallisch-symbolische Bedeutung haben. Die Militärmütze des Vaters wird ein idealisierter Phallus, gegen den er einen introjektiven und homosexuellen Impuls entwickelt, um so die ihm von seiner Mutter zugefügte Enttäuschung zu bekämpfen, und in der Hoffnung – entsprechend dem positiven Ödipuskomplex –, einen großen Penis zu erlangen, der sie befriedigen und ihr ein Kind geben kann. Die von den Großeltern geschenkten böhmischen Gläser und das Silber haben eine ähnliche Bedeutung: die eines Phallus, der von Generation zu Generation weitergegeben wird, was deutlich macht, daß Norbert zu einer Geschlechterfolge gehört. Gleichzeitig stellt die positive Besetzung der großelterlichen Geschenke (im Gegensatz zur negativen Besetzung der elterlichen Geschenke = Babys) möglicherweise den Versuch dar, ein Ersatzelternpaar zu finden.

Die Konstruktion, die die Analytikerin entworfen hat (und teilweise Norbert mitgeteilt hat), paßt genau in seine psychische Organisation. Genauer, sie paßt in die seiner Abwehrmechanismen, wie sie in der Übertragung während der Behandlung erscheinen, und zu seinem Verhalten, das er draußen an den Tag legt und über das er mit mir spricht. Wenn also die Übertragungssituation die Konstruktion ermöglicht hat, so erhellt letztere ihrerseits viele Aspekte der Übertragung.

Tatsächlich wiederholt sich Norberts Konflikt, der mit der Rivalität mit dem Vater innerhalb des Rahmens des positiven Aspektes des Ödipuskomplexes und seiner intensiven Liebe zu seiner Mutter in Zusammenhang steht, in der Übertragung: meine Wärme = die meines Heizkörpers. Das Klingen des Kronleuchters beeinflußt das Material der Sitzung ähnlich, wie die Einflüsse des Tages sich auf einen Traum auswirken. Das nahende Ende der Sitzung und meine bevorstehende Abreise mobilisieren erneut seine Aggressivität gegen seine Mutter, die ihn alle zwei Jahre verließ, um einen neuen Rivalen zur Welt zu bringen. Das Objekt der aggressiven Triebe wird auf einen symbolischen Ersatz verlagert: Die Armreifen repräsentieren die Brüder und erfüllen gleichzeitig die Funktion eines kostbaren Teilobjekts, das zur Mutter gehört. Der Affekt (Haß) wendet sich gegen ihn selbst und verwandelt sich in die Angst, verrückt zu werden. Der Gedächtnisverlust, eine Lücke im Seelenleben darstellend, entspricht einer Kastration. Man erinnere sich an die Worte der Hausmeisterin (des Über-Ich) „Der Junge ist verrückt!", die sie nach seinem symbolischen Angriff auf seine Brüder und auf die Urszene aussprach.

Wir haben hier ein Bild von Norberts seelischen Aktivitäten, von seiner Fähigkeit zur Verschiebung, Verdichtung und Symbolisierung – kurz, von seiner Fähigkeit, neurotische Mechanismen zu benutzen, und von der Rolle, die sein Vorbewußtsein in seinen seelischen Aktivitäten spielt. Nachdem er sich an das Verschwinden der Armreifen erinnert hat, findet eine Regression in seinem Material statt. Nicht nur die Affekte werden unerfreulich, sondern auch die Darstellungen ändern sich und bekommen einen analen Anstrich: Dunkelheit, Häßlichkeit, Armut bestimmen das Bild. Diese Vorstellungen und Affekte sind ein Zeichen der Depression, die den Angriffen auf die Brüder und die Mutter folgt. Wir haben einige Anzeichen für die Fähigkeit zur Sublimierung festgestellt. Die Konstruktion, die ich Norbert vorschlug, berücksichtigt, was ich von ihm weiß: die Konfliktebene; seine Fähigkeit, seine Depression zu ertragen; seine Symbolbildung und seine Fähigkeit zur Sublimierung, die er nun auf wissenschaftlichem Gebiet ausdrückt und die, kurz nach dieser Sitzung, einen interessanten Verlauf nahm. Norbert machte eine Entdeckung, die auf faszinierende Weise mit den soeben beschriebenen Konflikten zusammenhängt. Er hatte mehrmals einen Traum, in dem Nischen („nichon", ein umgangssprachlicher französischer Ausdruck für „Busen") vorkamen, wobei zwei Nischen für drei Kinder nicht reichten. Norberts Entdeckung zeigt die Sublimierung seines Wunsches, die Brüste seiner Mutter zu monopolisieren. Norbert ist Biochemiker. Er arbeitet mit einer Substanz, die wir CLNA nennen wollen. Eines Nachts träumt er von einer Tafel, auf der die Formel geschrieben steht, aber statt CLNA steht dort CMMA. Er assoziiert die zwei M mit zwei *mammae*. Norberts Entdeckung macht es möglich, daß CLNA gegen bestimmte schwere Kinderkrankheiten eingesetzt werden kann.

In den folgenden Sitzungen und Monaten berichtete Norbert mehrere Erinnerungen aus dieser Periode seiner Kindheit. Zunächst einmal war das Fenster, an dem die Armreifen hingen, dasselbe wie das, aus dem er unverschämterweise die Spielsachen und die Küchengeräte geworfen hatte; außerdem war es das Fenster, aus dem er seine Mutter mit den Babys hatte kommen gesehen. Einmal hatte er auch eine ganze Kommode völlig geleert. Später erinnerte er sich an eine Kamera für Erwachsene, die man ihm im Alter von vier Jahren geschenkt hatte. Er sollte sie erst benutzen, wenn er erwachsen war – es war das Versprechen der erwachsenen Genitalien, die er in der Zukunft bekommen würde –, und er betrachtete sie regelmäßig, wie er die Militärmütze, die Silberplatte und die böhmischen Gläser betrachtete. Er beschrieb die depressiven Gefühle mit „der Himmel ist bewölkt" oder auch „der Schmutzfleck", während er die Zeit davor als „das verlorene Paradies" bezeichnete. In seiner Arbeit öffnete sich ihm eine Tür zur Aufarbeitung und Übertragung seiner Rivalität mit dem Vater. Die Verdrängung seines Hasses auf seine Brüder (die er gleichzeitig zärtlich liebte) hatte es ihm unmöglich gemacht, die Eifersucht und den Neid anderer Leute auf seinen beruflichen Erfolg zu verstehen. Diese Unfähigkeit war die Ursache einer Reihe von Enttäuschungen, die er nicht hatte voraussehen können.

Das Haupthindernis in seiner Behandlung zeigte sich auf eine ganz besondere Weise, die schwer verständlich war und sich jeder Interpretation bis zu dem Moment der Konstruktion und der Darstellung des daraus folgenden Materials widersetzte: Er betrieb nämlich seine Analyse im vollen Galopp; nachdem ich einmal abwesend gewesen war, beklagte er sich, daß er „nicht mehr auf sein Pferd komme". Atemlos stürmten wir vorwärts; er stellte überreichliches Material zur Verfügung und klagte, keine Fortschritte zu machen; die Analytikerin folgte außer Atem und sich ständig Vorwürfe machend, daß sie seinen dringlichen Bitten nach Interpretation nachgab. Es wurde offensichtlich, daß er das Gefühl hatte, seine Brüder wären ihm auf den Fersen – sie waren in der Tat brillante junge Männer. Aus diesem Grund mußte er sich unablässig selbst anspornen, damit er nicht abgehängt wurde. Er erwies sich auch als extrem empfindlich gegen die seltenen Änderungen in meinem Terminkalender und war nicht in der Lage, Zeiten meiner Abwesenheit zu tolerieren, von denen er allen Grund hatte zu erwarten, daß ich mit einem Arm voll unerwünschter und besitzergreifender Kreaturen zurückkehren würde, die meine Fürsorge und Aufmerksamkeit in Anspruch nehmen würden.

Ich möchte nicht den Eindruck erwecken, daß ich überschätze, was letztendlich eine normal erarbeitete Konstruktion ist, die noch von einem begabten Patienten erheblich erleichtert wurde. Noch behaupte ich, daß ich das ganze Feld der vielfältigen und komplexen Fragen, die die technischen Methoden des Analytikers aufwerfen, bearbeitet hätte. Ich will lediglich zu zeigen versuchen, daß eine Konstruktion – wenn sie angemessen ist, d.h., wenn sie das fehlende Teil des chinesischen Puzzles ist – einen notwendigen Platz innerhalb der psychischen Organisation, als Ganzes betrachtet, einnimmt, wie sie sich in der Übertragung oder, besser, in der Übertragungsneurose manifestiert. Ich möchte zeigen, daß sie keineswegs überflüssig ist, sondern daß sie sich als Selbstverständlichkeit erweist und daß jeder ihrer Aspekte mit dem entsprechenden Aspekt des Ich als Ganzem verknüpft ist und umgekehrt. Ich glaube, daß eine solche Betrachtungsweise es uns gestattet, die endlose Diskussion auszuklammern, ob es möglich ist, die historische Wirklichkeit oder die rekonstruierten Erlebnisse zu erfassen, oder nicht. Gleichzeitig ermöglicht uns eine solche Betrachtungsweise, die therapeutische Wirkung (paradoxerweise auf den ersten Blick) einer Konstruktion, unabhängig von jeder sich daraus ergebenden Erinnerung und der sie tragenden Überzeugung, zu verstehen. Diese Überzeugung kann man nur erklären, wenn man einräumt, daß dann das Ich des Patienten verglichen wird nicht so sehr mit den verlorenen Erinnerungen – denn sie können nicht erinnert werden –, sondern mit einem Teil seiner selbst, von dem es getrennt war und der nun wieder zugänglich ist.

Es ist interessant, daß im Englischen „to remember" („sich erinnern") das Wort „member" („Glied") enthält – beide Wörter haben denselben etymologischen Ursprung –, so daß eine „remebrance" („Erinnerung") ein Zusammenfügen verstreuter Glieder bedeutet. Tatsächlich ist der ganze Körper jenes chinesische Puzzles, das – als eine Materialisierung der Psyche – „remembered" werden, also wiederhergestellt werden muß. Es scheint möglich zu folgern, daß die Wahrheit der Konstruktion – ob sie nun zur Erinnerung führt oder nicht – in der Tatsache besteht, daß sie ihren natürlichen Platz im Ich findet, daß sie hineinpaßt und daß sie die Konstruktion der gesamten Psyche erhellt, zu der sie eine symbolische Beziehung hat im etymologische Sinne des Wortes „Symbol".

11. Kapitel

Über den therapeutischen Bund und „perverse" Patienten

Mein Ziel in diesem Kapitel ist ziemlich begrenzt, oder aber vielleicht unbegrenzt, wie man sehen wird. Ich möchte dazu beitragen, verständlich zu machen, was den therapeutischen Bund möglich oder im Gegenteil schwierig oder sogar unmöglich macht. Aber zuallererst muß ich feststellen, daß es nicht meine Absicht ist, die Auffassungen der Ich-Psychologen zu diesem Thema zu behandeln. Ich glaube nicht an „autonome Ich-Funktionen", die unabhängig von den Trieben sind. Ich werde hier weder meinen Begriff des therapeutischen Bundes definieren noch werde ich überhaupt seine Existenz diskutieren, die von einigen Analytikern in Frage gestellt wird. Ich hoffe, daß meine Darstellung insgesamt zu einer impliziten Definition dieses Begriffes führt und so die Nützlichkeit eines solchen bestätigt.

Wegen einer Definition halte ich mich statt dessen an Freud. In *Die endliche und die unendliche Analyse* (1937) spricht er über diesen Gegenstand wie folgt:

> „Die analytische Situation besteht bekanntlich darin, daß wir uns mit dem Ich der Objektperson verbünden ... Die Tatsache, daß ein solches Zusammenarbeiten beim Psychotiker regelmäßig mißlingt, leiht unserem Urteil einen ersten festen Punkt. Das Ich, mit dem wir einen solchen Pakt schließen können, muß ein normales Ich sein. Aber ein solches Normal-Ich ist, wie die Normalität überhaupt, eine Idealfiktion.

Das abnorme, für unsere Absichten unbrauchbare Ich ist leider keine. Jeder Normale ist eben nur durchschnittlich normal, sein Ich nähert sich dem oder jenem Stück, in größerem oder geringerem Ausmaß." (S. 79f)

Freud benutzt also die Worte „verbünden", „zusammenarbeiten", „Pakt", um die Beziehung zu beschreiben, die sich zwischen dem Analytiker und dem Analysanden während der Behandlung gebildet hat oder, besser, sich bilden sollte.

Heutzutage haben wir es immer häufiger – es ist schon banal geworden, es zu sagen – mit klinischen Fällen zu tun, die verschiedenartige Deformationen des Ich aufweisen, die die Entstehung des therapeutischen Bundes sehr schwer machen. Man kann sogar bezweifeln, daß der Unterschied zwischen einem psychotischen Ich und einem neurotischen oder „normalen" für diese Schwierigkeiten verantwortlich gemacht werden kann. In *Ein Abriß der Psychoanalyse* (1938 – 1940) schreibt Freud über Psychosen:

„Das Problem der Psychose wäre einfach und durchsichtig, wenn die Ablösung des Ichs von der Realität restlos durchführbar wäre. Aber das scheint nur selten, vielleicht niemals vorzukommen. Selbst von Zuständen, die sich von der Wirklichkeit der Aussenwelt so weit entfernt haben wie der einer halluzinatorischen Verworrenheit (Amentia), erfährt man durch die Mitteilung der Kranken nach ihrer Genesung, dass damals in einem Winkel ihrer Seele, wie sie sich ausdrücken, eine normale Person sich verborgen hielt, die den Krankheitsspuk wie ein unbeteiligter Beobachter an sich vorüberziehen liess." (S. 132)

Freud fragt sich, ob man annehmen darf, daß das allgemein bei „anderen, weniger stürmisch verlaufenden Psychosen" ebenfalls so ist. Er gibt eine positive Antwort. Er kommt sogar bei Psychosen zu der Annahme einer Spaltung des Ich, im Gegensatz zu seinen Vorstellungen über Psychosen, die er 1927 in seinem Aufsatz *Fetischismus* dargelegt hatte. Als er nämlich die Mechanismen von Verleugnung und Spaltung im Fetischismus mit denen verglich, die bei zwei jungen Männern wirkten, die den „Tod des geliebten Vaters ... nicht zur Kenntnis genommen" hatten, schrieb Freud:

„Es war nur eine Strömung in ihrem Seelenleben, welche den Tod des Vaters nicht anerkannt hatte; es gab auch eine andere, die dieser Tatsache vollkommen Rechnung trug; die wunschgerechte wie die realitätsgerechte Einstellung bestanden nebeneinander. Bei dem einen meiner beiden Fälle war diese Spaltung die Grundlage einer mittelschweren Zwangsneurose geworden; in allen Lebenslagen schwankte er zwischen zwei Voraussetzungen, der einen, daß der Vater noch am Leben sei und seine Tätigkeit behindere, und der entgegengesetzten, daß er das Recht habe, sich als den Nachfolger des verstorbenen Vaters zu betrachten." (S. 316)

Mit anderen Worten, in diesen beiden nichtpsychotischen Fällen wirkten gleichzeitige Mechanismen von Verleugnung *und* Spaltung, die sie von der Psychose unterschieden. Und tatsächlch sagt Freud: „Ich kann also die Erwartung festhalten, daß im Fall der Psychose die eine, die realitätsgerechte Strömung, wirklich vermißt werden würde." (S. 316)

Dies würde bedeuten, daß in dieser Phase seiner Forschungen – die seine beiden Schriften *Neurose und Psychose* und *Der Realitätsverlust bei Neurose und Psychose* (beide 1924) und sogar den „Wolfsmann" (1918) umfaßt – Freud die Spaltung des Ich als Bestandteil des Fetischismus oder der Neurose versteht, die die Haltbarkeit der Bindungen des Subjekts an die Realität garantiert. Bei einer Psychose fehlt jedoch diese Spaltung, und das ganze Ich ist von der Realität oder von einem Teil derselben losgelöst. Daher können wir eine folgenschwere Entwicklung der Freudschen Auffassungen zwischen 1924 – 1927 (oder sogar 1918) und 1938 feststellen: Die Mechanismen, die die Psyche sowohl zwischen Ich und Es als auch nur innerhalb des Ich spalten, wirken im gesamten Bereich der mentalen Krankheiten und sogar in der normalen Psyche. (Das heißt natürlich nicht, daß es nicht nötig wäre, die spezifischen Strukturen der Hauptkategorien mentaler Krankheiten zu definieren, i.e. Neurose, Psychose und Perversion). Bezüglich einer sozusagen asymptotischen psychotischen Organisation ist die Spaltung des Ich offenkundig ein Mechanismus, der die Bindungen des Subjekts an die Realität aufrechterhält und der einem normalen Ich erlaubt, innerhalb einer Psyche zu überleben, die in tiefstem Chaos versunken ist.

Die Erfahrung zeigt, daß es in bestimmten Fällen einfacher

ist, in diesem winzigen Teil des Ich, der der psychotischen Katastrophe entgangen ist, einen Verbündeten zu finden, als in dem Ich von Personen, die von einem normalen Standpunkt aus anscheinend fest in der Realität verwurzelt sind. Sie haben einen Beruf, sie sind manchmal, sozial gesehen, außergewöhnlich erfolgreich, und sie haben, von außen betrachtet, Objektbeziehungen, die als normal gelten können. Doch all das, als ob es keine Grenze zwischen einem mehr oder weniger normalen Ich und einem pathologischen gäbe, als ob das ganze Ich in Stücke gegangen wäre, als ob es in einem solchen Maße zerrissen und deformiert wäre, daß kein unverändertes Oberflächenstück erhalten geblieben ist. Der Analytiker hat keinen möglichen Verbündeten zur Verfügung. Paradoxerweise hat er einen Mann oder eine Frau vor sich, die manchmal wesentlich „angepaßter" sind als er selbst, die aber auf einer bestimmten Ebene psychotischer sind als Psychopathen.

Ohne Zweifel hat der Leser diese Art von Patienten erkannt, mit denen sich der Analytiker herumschlagen muß, der Patient, der alles, was der Analytiker sagt, entweder als Versuchung oder als Angriff auffaßt, aber nie als Interpretation. Winnicotts Nachfolger würden hier, glaube ich, von einem Fehlen eines Zwischenbereichs reden. Was auf jeden Fall offensichtlich ist, ist das Fehlen eines Raumes zwischen Analytiker und Analysanden, das Fehlen von Tiefe, einer dritten Dimension. In einem solchen Fall sind nicht drei Personen beteiligt – der Analytiker und der „normale" Teil des Analysanden, die zusammen den kranken Teil des Analysanden erforschen und sich um ihn kümmern. Statt dessen entsteht eine Chimäre, die in extremen Fällen den Eindruck einer „schrecklichen Vermischung" vermittelt, ein aus Teilen des Analytikers und des Analysanden entstandenes unentwirrbares Durcheinander. Es kann geschehen, daß der mentale Apparat des Analytikers gelähmt und nicht mehr zu funktionieren in der Lage ist.

Natürlich müßten die verschiedenartigen psychischen Organisationen, die solche Effekte hervorrufen, unterschieden werden und die Struktur des Ich im Einzelfall untersucht werden. Aber das ist ein so umfangreiches Thema, daß ich mich nur auf einige Arbeitshypothesen konzentrieren werde, die, für den Augenblick bestimmt, skizzenhaft bleiben müssen. Sie könnten auf eine Gruppe von Patienten Anwendung finden, die wir für für die klassische Psychoanalyse als ungeeignet betrachten müssen, die aber heutzutage oft zur Behandlung kommen. Unter ihnen denke ich vor allem an die Perversen.

Eins muß ich klarstellen: Als ich die „Mann-gegen-Mann-(Nahkampf) Situation", in der es keine Distanz gibt, schematisch beschrieb, dachte ich nicht an das, was man gewöhnlich „Widerstand durch Übertragung" nennt, wie es in bestimmten Fällen von Hysterie auftreten kann, die die Beziehung zum Analytiker zum Verständnis ihrer mentalen Funktionen benützen wollen. In diesen Fällen ist der Mechanismus im allgemeinen leicht zu verstehen, obwohl es nicht immer leicht ist, damit umzugehen. Der Hauptpunkt ist, daß diese Fälle im Analytiker nicht die Gegenübertragungsleiden erzeugen, wie es bei den Fällen ist, von denen ich spreche. Ich würde sogar sagen, daß dieses Leiden wahrscheinlich der Schlüssel zu dem ist, was sie gemeinsam haben.

Diese Gegenübertragung kann zu so gewalttätigen Affekten führen, daß diese, zumindest zeitweilig, die sogenannte „wohlwollende Neutralität" (der andere Teil des analytischen Paktes) zunichte machen können. Der Analytiker beginnt genauso zu funktionieren wie der Analysand. Seine Fähigkeit, zu analysieren, ist bedroht oder gar ernsthaft beeinträchtigt. Er hat auch keinen beobachtenden Teil des Ich zur Verfügung, der von dem Teil differenziert ist, der sich mit dem Patienten identifiziert und/oder auf die Projektionen reagiert, denen er ausgesetzt ist. Die Gegenübertragung verliert ihren Wert als Schlüssel und als Werkzeug; sie wird zu einem Widerstand, der zur Lähmung des Prozesses beiträgt und die pathologische (antianalytische) Situation verstärkt, die entstanden ist.

Eine Hypothese, die sich aufdrängt, ist die, daß die Organisation von Patienten, die diese Art von Reaktion auslösen, durch eine zu kurze oder sogar fehlende Latenzperiode charakterisiert ist – der Zeitraum, der die beiden Phasen der menschlichen Sexualität trennt. Die Erregung, das Fehlen der die Schwäche zielgehemmter Instinkte (d.h. der liebevolle Fluß der Libido), der Mangel an Vorstellungen einer nicht-sexuellen Mutter sprechen für diese Hypothese. Gleichzeitig besteht die Vorstellung einer destruktiven Urszene und, zumindest in Fällen von Perversion, die Verleugnung einer genitalen Urszene. Die Beziehung zwischen Analytiker und Analysand scheint mir ein Abklatsch der phantasierten Destruktion beider Partner in der Urszene zu sein.

Zwei der Fälle, an die ich denke, haben als Mitglieder militanter Bewegungen Abtreibungen vorgenommen. Ein anderer hatte wiederholt Träume, in denen die Mutter (und in der Übertragung die Analytikerin) sterilisiert wurde. Dies sind banale Träume, könnte man sagen. Was aber weniger banal war, war der Mangel an Schuldgefühlen bei den Patienten und die Erregung, mit der die Interpretation aufgenommen wurde.

Hier ein Beispiel: „Ich mähe einen Rasen. Ich werfe das Gras in einen Fluß. Dieses Gras verseucht das Wasser derart, daß die Fauna und Flora für immer zerstört wird. Dann sehe ich eine gallertartige Masse. Vielleicht ein kleines Kalb." (Das Gras bezieht sich auf die Wände meiner Praxis wie auch vielleicht auf den Namen meines Mannes.) Der Wunsch des Patienten, seine Mutter zu sterilisieren, wird dann interpretiert, um ihm deutlich zu machen, daß dieser Wunsch den analytischen Prozeß selbst gefährdet. Der Patient ist mit dieser Interpretation völlig einverstanden. Er ergeht sich über das Kalb als Fötus und die Fehlgeburt seiner Mutter. Dann kommt er auf die Erregung, die er verspürt, wenn er sich vorstellt, Geschlechtsverkehr mit einer Frau zu haben, die rasierte Genitalien hat, was er mit den Genitalien kleiner Mädchen und denen seiner Schwester assoziiert, mit der er als Kind häufig sexuelle Spiele getrieben hatte. (Ich assoziierte dann für mich Attilas berühmten Ausspruch: „Wo ich vorbeikomme, wächst kein Gras mehr", und fragte mich, ob jene Darstellung der Sterilisierung der Erde nicht noch von dem Gras als Symbol für das Schamhaar der Mutter Erde verstärkt wurde, ein sekundäres Geschlechtsmerkmal, das ihre Reife und Fruchtbarkeit bezeichnet.)

Derselbe Patient hatte einen anderen Traum, in dem sein Schwiegervater sich einer Operation unterziehen mußte, bei der ihm sein Penis amputiert wurde. An seiner Stelle war eine glatte Fläche. Man beachte, daß es sich nicht um einen Alptraum handelte und daß der Gegenstand des Traumes keinerlei Angst erzeugte, wenigstens nicht beim Patienten. Hierin können wir einen Angriff auf die Zeugungsfähigkeit sowohl der Eltern als auch des Analytikers sehen.

Bei diesen Patienten sind im allgemeinen Destruktivität und Dominanz offensichtlich und stark ausgeprägt. Derselbe Patient hatte mir mehrere Wochen vorher den folgenden Traum erzählt: „Ich kämpfe mit einem Mann mit einem roten Schnurrbart. Ich setzte einen Judogriff an. Er fällt auf den Boden. Ich übergieße ihn mit Benzin und stecke ihn in Brand. Es ist mein Vater, der rote Haare hat. Auch Sie sind es. Ich weiß nicht, ob die Analytikerin eine Jüdin ist, aber Freud war ein Jude. Und Juden wurden während des Krieges verbrannt."

Man beachte, daß dieser Traum, der für einen Neurotiker ein Alptraum sein würde, ohne jedes Gefühl berichtet wird. Das einzige Anzeichen von Verlegenheit liegt in der Art, wie er mich durch die Benutzung indirekter Rede ablenken will, wenn er von mir spricht – ein dürftiges Deckmäntelchen. Weiter beachte man, daß mir der Patient hier zuvorkam, während bei einem Neurotiker *ich* mir hätte Gedanken machen und Interpretationen anbieten müssen! Ich muß hinzufügen, daß dieser Patient kein Paranoiker ist, obwohl er einige Verfolgungswahnsymptome aufweist. Während seiner Militärzeit ging er eine Zeitlang homosexueller Prostitution nach. Danach lebte er mehrere Jahre mit einem älteren Mann zusammen. Jetzt ist er verheiratet und Familienvater und ein angesehener Geschäftsmann.

Einmal träumte er, daß er mit drei Gangstern in Chicago zusammen wäre. Er war ein Gangsterlehrling und verband das mit dem Wunsch, Analytiker zu werden. Mit anderen Worten: Die drei Gangster repräsentieren seine drei wöchentlichen Sitzungen, und er sucht durch die Analyse nicht die Wahrheit über seine geistigen Funktionen zu erfahren, sondern er sucht Unterstützung bei der verbrecherischen Lösung seiner Konflikte. Man sieht, wir sind nicht auf der Suche nach einer therapeutischen Gemeinschaft, sondern nach einer perversen.

Es ist offensichtlich, daß in solchen Fällen die Fragen nach dem Über-Ich entscheidend ist. Die Beziehung zum Über-Ich kann letztendlich externalisiert werden, aber das Über-Ich wird bei diesem Vorgang disqualifiziert. Zwei meiner perversen Patientinnen – die, die abgetrieben haben – halten sich für strenge Moralistinnen, aber tatsächlich neigen sie zu einem starken moralischen Masochismus, wie ihn Freud in *Das ökonomische Problem des Masochismus* (1924) beschreibt.

Ich neige dazu, diesen moralischen Masochismus, wie ihn Freud beschreibt – eine Resexualisierung der Beziehung zwischen dem Über-Ich und dem Ich –, als eher mit der Perversion als mit der Neurose zusammenhängend aufzufassen. Es wäre zweckmäßig, diesen Masochismus von den Selbstbestrafungen oder den Hemmungen, die man bei Neurotikern antrifft, abzugrenzen: Das wird schon durch die Übertragung offensichtlich, die von einer sadomasochistischen Beziehung nicht überwältigt worden ist. Ich muß hinzufügen, daß der Sadismus dieser Patientinnen mindestens so stark ist wie ihr Masochismus und meiner Meinung nach nicht als bloße Provokation aufgefaßt werden kann.

Ein Patient, den ich ein Jahr vor Beginn seiner Analyse getroffen hatte (und dessen Fischtraum ich später beschreiben werde), rief mich an, nachdem er meinen Brief erhalten hatte, in dem ich ihm verfügbare Termine mitgeteilt hatte. Er fragte mich, ob ich meine Honorare erhöht hätte. Zu meinem Erstaunen hörte ich mich sagen, daß in der Tat mein Honorar pro Sitzung im Verhältnis zu dem, das ich vor einem Jahr genannt hatte, um zehn Franc gestiegen sei. Als ich den Hörer auflegte, fragte ich mich, was mich dazu gebracht haben mochte, seine Frage so zu beantworten und – mehr noch – das am Telefon zu tun (aber man darf keinesfalls das Geschick des Masochisten, andere zu manipulieren, um sadistisch angegriffen zu werden, unterschätzen). Dann bekam ich einen zweiten Anruf: Er war verärgert und empört über die „unerwartete" Erhöhung. Es ist klar, daß die einzige – nichtanalytische – Reaktion, die der Patient wahrscheinlich erwartete, wäre gewesen, ihn abzulehnen.

Während seiner Analyse reiste der Patient zu seinem Vater, der ernstlich krank war und in einem Land behandelt wurde, dessen Währung wesentlich höher bewertet war als der französische Franc. Der Besuch bei seinem Vater lief glatt, es gab keinen Streit. Auf der Rückreise im Nachtzug forderte ein französischer Zollbeamter einen Mitreisenden des Patienten auf, seinen Koffer zu öffnen. Der Patient erboste sich über den Beamten und belegte ihn mit einem äußerst starken Epitheton. Der Zollbeamte rief einen Kollegen zur Hilfe, und gemeinsam holten sie den Patienten aus dem Zug und brachten ihn in die Zollstatiorn (wo er mehrere Stunden einer Behandlung unterzogen wurde, die ich der Phantasie des Lesers überlassen möchte), bevor man ihn mit einem anderen Zug weiterfahren ließ.

Wenn nun der Patient ein Psychodrama inszeniert, in dem er Prügel bezieht, so wird in Wirklichkeit sein Über-Ich betrogen. Anstatt, wie es sein sollte, eine Präventivinstanz zu sein, ist es ein Mittel des Lustgewinns und somit machtlos geworden. Es ist das Über-Ich, das in seiner Funktion kastriert ist, und nicht der Patient, immer vorausgesetzt, er bekommt die Oberhand. Darüber hinaus hat es seinen unpersönlichen, abstrakten Charakter verloren. Kants kategorischer Imperativ trägt nun die Mütze eines lächerlichen kleinen Zollbeamten. Die Beziehung des Ich zum Über-Ich ist in eine erotische Szene ausgeartet und zu einer Bestrafung dafür degeneriert, daß eine Regel gebrochen wurde, die den Respekt betrifft, mit dem man einem Beamten im Dienst zu begegnen hat. Ich möchte daran erinnern, daß Freud in *Das ökonomische Problem des Masochismus* (1924) schreibt:

> „Nun wissen wir, daß der in Phantasien so häufige Wunsch, vom Vater geschlagen zu werden, dem anderen sehr nahe steht, in passive (feminine) sexuelle Beziehung zu ihm zu treten, und nur eine regressive Entstellung desselben ist. Setzen wir diese Aufklärung in den Inhalt des

moralischen Masochismus ein, so wird dessen geheimer Sinn uns offenbar. Gewissen und Moral sind durch die Überwindung, Desexualisierung, des Ödipuskomplexes entstanden; durch den moralischen Masochismus wird die Moral wieder sexualisiert, der Ödipuskomplex neu belebt, eine Regression von der Moral zum Ödipuskomplex angebahnt. Dies geschieht weder zum Vorteil der Moral noch des Individiuums." (S. 382)

Ich möchte die Hypothese aufstellen, daß in den Fällen, wo wir diese Art von moralischem Masochismus finden, wo der Patient dem Analytiker die Rolle des schlagenden Vaters aufdrängt, diese Situation als Darstellung einer sadomasochistischen Urszene aufzufassen ist. Weiter spricht Freud im selben Aufsatz von der „negativen therapeutischen Reaktion". Wenn wir nun annehmen, daß eine Art negativer therapeutischer Reaktion mit einem moralischen Masochismus, wie er oben verstanden wurde, zusammenhängt, dann ist es verständlich, daß es für den Patienten hauptsächlich um die Frage geht, eine Urszene zu reproduzieren, die in der psychoanalytischen Situation steril bleibt, die keine Folgen hat, d.h. kein Kind hervorbringt. Identifikationen mit Christus sind bei solchen Patienten nicht selten. Der, über den ich soeben gesprochen habe, wollte gern Priester sein. In einer unserer Sitzungen sah er ein Herz auf einem goldenen Teller. Es war sein Opfer – ein Opfer für die Analytikerin, fügte er hinzu. Es ist bezeichnend, daß in bestimmten Momenten der Patient sich der Affekte, die er beim Analytiker auslösen will, völlig bewußt ist. Tatsächlich fand ich dies Bild abstoßend. Und der Patient fügte hinzu: „Widerlich, nicht wahr?"

Weiter will ich kurz auf eine Patientin kommen, die auf den ersten Blick hysterisch zu sein schien, die aber perverse Symptome zeigte. Sie zeigt ebenfalls einen ausgeprägten Hang zu Dominanz und Destruktivität, was sich bei Gelegenheit von Terroraktionen wie den Morden an Aldo Moro und Hanns-Martin Schleyer am deutlichsten zeigte. Ihr Masochismus, wie er sich im Laufe der Analyse entwickelte, war eindrucksvoll. Gleichzeitig wird alles oder zumindest fast alles, was ich sage, aufgeschnappt und in ihr sadomasochistisches System gepreßt, was ihre analytische Behandlung lähmt. Sie weist die

Interpretationen ihrer Projektionsmechanismen zurück. Wenn sie mir sagt: „Sie sind das und das", und ich interpretiere das, indem ich ihr sage: „Sie lesen das und das in mich hinein", dann beklagt sie sich: „Sie können nicht akzeptieren, daß ich sehr wohl fühlen könnte, was Sie *wirklich* sind. Ich bin sicher, daß ich Sie gut kenne. Außerdem sagt Mr. Soundso (ein bekannter Kollege), daß eine Analyse wirklich beendet ist, wenn der Analysand den Analytiker analysiert." Eines Tages sagte sie zu mir mit einer solchen absoluten Überzeugung, daß sie mich völlig machtlos fühlen ließ und sprachlos machte: „*Sie* haben keine Ahnung, was Schwierigkeiten, Angst und Dummheit sind." Unter dem Deckmantel einer offensichtlichen Idealisierung (indem sie mich übermenschlich erscheinen ließ) bezweifelte sie meine Fähigkeit, ihr zu helfen, und zerstörte so meine Grundlage, als Analytiker zu arbeiten.

Wenn ich zusammenfassen müßte, was nach meiner Beschreibung manifest Perverse oder Patienten, die eine perverse Organisation zeigen, an der Errichtung einer tatsächlichen Gemeinschaft in der Analyse hindert, dann würde ich sagen, daß es der Lebenshaß ist, das Nicht-Akzeptieren der Urszene als verantwortlich für die Geburt eines Kindes und daraus folgend die Unmöglichkeit, mit dem Analytiker ein Paar zu bilden, das ein Kind hervorbringen will, das sie selbst wären, neugeboren. Ich muß hinzufügen, daß in solchen Fällen immer im Hintergrund der Selbstmord lauert.

Einerseits weiß ich, daß diese Vorstellung mit Freuds Lebens- und Todestrieb in Verbindung gebracht werden kann. Andererseits weiß ich, daß sie etwas damit zu tun hat, was Kleinianer „gute Urszene" oder „analytisches Baby" nennen. Um so schlechter bzw. um so besser! Es ist meine eigene klinische Erfahrung und meine Art, wie ich meine Patienten verstehe, die mich dorthin geführt haben. Die Vorstellung, daß die Analyse ein Kind oder eine Geburt repräsentiert, erscheint tatsächlich in Freuds Aufsatz *Zur Einleitung der Behandlung* (1913). In Anbetracht der Tatsache, daß der Analytiker nicht ein oder mehrere Symptome auswählen kann, um den Patienten von ihnen zu befreien, sondern nur „einen

Prozeß einleiten" kann, schreibt er:

> „Im ganzen aber geht der einmal eingeleitete Prozeß seinen eigenen Weg und läßt sich weder seine Richtung noch die Reihenfolge der Punkte, die er angreift, vorschreiben. Mit der Macht des Analytikers über die Krankheitserscheinungen steht es also ungefähr so wie mit der männlichen Potenz. Der kräftigste Mann kann zwar ein ganzes Kind zeugen, aber nicht im weiblichen Organismus einen Kopf allein, einen Arm oder ein Bein entstehen lassen; er kann nicht einmal über das Geschlecht des Kindes bestimmen. Er leitet eben auch nur einen höchst verwickelten und durch alle Geschehnisse determinierten Prozeß ein, der mit der Lösung des Kindes von der Mutter endet." (S. 463)

Wir wissen, daß Ferenczi die Analyse als neue Geburt auffaßte, und Balint nahm diese Metapher auf. (Siehe auch Ranks Theorie des Geburtstraumas und der psychoanalytischen Situation als der Wiederkehr des Urtraumas. Analyse ist hier wörtlich gesprochen Mäeutik.)

Ich möchte nun klinisches Material zitieren, an dem man sieht, wie sich dieser „Bund" entwickelt. Das ist ein bewegender Moment in einer Behandlung, deren Anfangsschwierigkeiten ich nun herunterspielen möchte, obwohl sie sehr real waren. Die Patientin ist eine 35jährige Frau. Sie ist Soziologin und Mutter zweier Jungen. Sie kam wegen einer chronischen Depression. Sie hatte eine lange Analyse bei einem Analytiker gehabt, den sie liebte, aber ihr Zustand hatte sich nicht gebessert. Sie erzählte mir später, daß er während der Sitzungen zu schlafen pflegte, was sie jedoch nicht davon abhielt, mit Herzklopfen zu den Sitzungen mit ihm zu gehen. Ihre Lebensgeschichte wird von dem Umstand bestimmt, daß ihre Mutter, eine verheiratete Frau, sie durch eine ehebrecherische Beziehung bekommen hatte – etwas, was die Patientin erst als Jugendliche erfuhr, obwohl sie das Gefühl hatte, es immer gewußt zu haben. Der Mann ihrer Mutter (d.h. ihr legitimer Vater) verließ sie, als sie zwei Jahre alt war. Sie hat keine Erinnerung an ihn.

Die ersten beiden Jahre ihrer Analyse waren von einer starken Feindschaft gegen mich gekennzeichnet. Zum Beispiel zeigte sich ihre Feindseligkeit in der Art, wie sie, wenn sie kam oder ging, an mir herauf- oder hinuntersah mit einer

Verachtung, die um so schwieriger zu ertragen war, weil es unmöglich war, sie zu interpretieren. Diese Feindseligkeit zeigte sich auch in der Ablehnung aller meiner Interpretationen, die sich nichtsdestoweniger oft als richtig erwiesen. Von Zeit zu Zeit hob sich ihre unhörbare und monotone Stimme und wurde schrill: Sie machte mir klar, wie sehr sie alle fanatischen Theoretiker und Ideologen verabscheute (ein Wort, das ständig auftauchte), zu denen sie mich als Psychoanalysefanatikerin zählte. Ihre ersten Träume, die sich lange Zeit in verschiedener Weise wiederholten, wurden von Personen beherrscht (vor allem von einer gewissen Anne-Lise, der ständig tödliche Unfälle widerfuhren), die alle Fanatiker waren. Einmal kam sie über Assoziationen auf Dürrenmatts Theaterstück *Besuch der alten Dame*, in dem ein von ihrem Liebhaber sitzengelassenes junges Mädchen in die USA auswandert und gegen Ende ihres Lebens als Multimillionärin in ihr Heimatdorf zurückkehrt, um Rache an ihrem früheren Verführer zu nehmen. In der Übertragung bezeichnete ich mich als ihren legitimen Vater, der sie im Alter von zwei Jahren verlassen hatte und an dem sie Rache nehmen wollte, indem sie ihn verunglimpfte und sogar töten wollte. Diese Interpretation interessierte sie (ihre eigenen Worte), aber schien sie nicht sehr zu berühren. Schließlich hatte sie keine Erinnerung an ihn und konnte deshalb nicht einsehen, wie sie gegen ihn einen Groll hegen sollte.

So ging es mehr schlecht als recht weiter bis zu einer Sitzung, in der ich mich buchstäblich auf ein Nichts reduziert fühlte, nicht so sehr wegen des Inhalts dessen, was sie sagte, sondern wegen ihres heimtückischen Tones, der in mir ein Gefühl völliger Wertlosigkeit erweckte. Ich sagte nichts, aber ich blieb noch stundenlang unter diesem tiefgreifenden Eindruck meiner Unwürdigkeit, und zwar so sehr, daß meine Fähigkeit, meinen Patienten zuzuhören, an diesem Tag beeinträchtigt wurde. In der folgenden Sitzung berichtete sie einen Traum: „Da war ein Sessel, den ich in die Mülltonne geworfen habe. Dann überkam mich ein fürchterliches Gefühl der Verzweiflung. Ich hätte ihn behalten und etwas daraus machen können. Aber nun war alles verloren." Natürlich analysierte ich das Material als sich auf die letzte Sitzung beziehend, in der sie mir den Eindruck vermittelt hatte, daß ich gerade gut genug für die Mülltonne wäre, genauso wie sie geleugnet hatte, daß sie ihren Vater vermißt haben könnte (ich gebe die ganze Interpretation hier nur verkürzt wieder). Natürlich sind die Gefühle, die sie in mir hervorgerufen hatte, wie man annehmen darf, ihre eigenen Gefühle der Vernichtung, als sie im Alter von zwei Jahren verlassen wurde.

Sie wurde etwas interessierter. Aber sie hielt sowohl ihre Verunglimpfungen als auch ihren Haß auf fanatische Theoretiker aufrecht. Dies blieb so bis zu einer Sitzung, während der ich unter einem solchen Eindruck von Unwürdigkeit, Erniedrigung und Hoffnungslosigkeit stand, daß mir plötzlich ein Gedanke durch den Kopf schoß: „Am besten bringe ich mich um!" Ich riß mich zusammen und sagte zu der Patientin, daß sie mich auf den Gedanken brächte, daß jemand, der ihr oder ihrer Mutter nahegestanden hat, in ihrer Kindheit Selbstmord begangen haben könnte. Sie anwortete:

> „Ja, X (der legitime Vater) beging Selbstmord, als ich sechzehn Jahre alt war. Ich hatte ihn nicht wiedergesehen und erfuhr das aus der Zeitung, weil er ein ziemlich bekannter Mann war. Er nahm sich das Leben, weil eine linguistische Theorie, die er entwickelt hatte, sich als falsch erwiesen hatte. Ich fand es empörend, daß er einfach so Selbstmord beging, ohne an seine kleine, vierjährige Tochter zu denken."

Doch man darf nicht annehmen, daß von da an die Sache leichter gegangen wäre. Die Patientin war keineswegs sehr verblüfft über meine seltsame Bemerkung. (Das war lediglich ich wegen des Ergebnisses.) Es wäre ein Anerkennung der Effektivität *meiner* Theorie gewesen und hätte mich davon abgehalten, mich selbst umzubringen.

Jedoch tauchte kurz danach eine neue Art von Traum auf. Man bot ihr Geschenke an, die sie nicht haben wollte. Aber sie kam in Versuchung, besonders durch drei weiche, warme Nachthemden (die drei wöchentlichen Sitzungen, die von einem Mutterersatz gewährt wurden). Trotzdem lehnte sie sie ab. Dieses Material wurde ebenfalls aufgearbeitet. Sie war nicht ganz so mürrisch, und ich fühlte mich ein bißchen weniger als der abgenutzte, federlose Armsessel, der gerade gut genug für den Müll ist. Dann träumte sie von einem Analytiker, der einer ihrer Bekannten war und den sie nicht sehr leiden konnte. Im Traum lud er sie zu einer Beschneidung ein. Sie erinnerte sich an eine tatsächliche Einladung zu einer solchen Zeremonie durch jüdische Freunde. Sie versuchte sich an das jüdische Wort dafür zu erinnern: „Brit-Milah". Sie sagte: „Ich kann mich nicht genau erinnern, was Brit' bedeutet. Irgend etwas wie Pakt." – „Bund?" – „Genau, das ist es. Es ist das biblische Wort. Es erinnert mich an den therapeutischen Bund. Wenn ich mit Freunden zusammen bin, die analysiert werden, sind sie ganz von ihrer Analyse erfüllt. Ich fühle mich ausgeschlossen." Ich antwortete: „Ausgeschlossen aus dem Bund?"

Bei der nächsten Sitzung erzählte sie folgenden Traum:

> „Ich bin bei meinen Großeltern, auf ihrem Balkon. Am Himmel kann ich ganz ungewöhnliche Farben sehen. Es ist ein Hochzeitsflug. Ich habe im Fernsehen eine Sendung über die Fortpflanzung der Blumen gesehen ... Ich denke an die letzte Sitzung. Ich dachte, daß ich Sie kenne. Ich war vorher sicher, daß ich Sie ganz genau kenne. *Jetzt merke ich*, daß ich nichts über Sie weiß." (Siehe auch die Patientin, die für sich in Anspruch nahm zu wissen, wie ich wirklich bin.)

Als sie mehrere Monate später auf den Beschneidungstraum zurückkam (Bund), bemerkte die Patientin, daß sie die Zeremonie mit Geburt assoziiere.

Hier kann man sehen, wie sich eine Tür öffnet. Ausgehend von einer nicht destruktiven und fruchtbaren Urszene (man darf nicht vergessen, daß die eigene Geburt der Patientin unerwünscht war), wird die Identifizierung der beiden analytischen Protagonisten mit einem Paar möglich, das in der Lage ist, gemeinsam ein neues Leben zu schaffen – die Analyse selbst. Gleichzeitig tritt eine Spaltung auf zwischen einem beobachtenden Ich, das mit dem Analytiker verbündet ist, und einem Ich, das Objekt der Beobachtung ist. An Hand dieses Beispiels (das keines von Perversion, sondern eher einer Charakterneurose ist) läßt sich deutlich machen, wieviel Destruktion, Beherrschung und Haß auf das Leben und auf die Urszene den Kern des Problems ausmacht und wie ihre Verarbeitung – wenn sie möglich ist – die Analyse um eine neue, eine dritte Dimension bereichern kann, wo Analytiker und Analysand zur Zusammenarbeit gelangen.

Ich möchte hinzufügen, daß die Errichtung dieses Bundes nicht durch ein Wunder bewirkt wird. Meine letzte Patientin spricht oft von der Sitzung des Bundestraumes als der „Wendesitzung". Ich kann ihr in diesem Punkt nur teilweise folgen. Wasser geht zwar bei 100°C vom flüssigen in den gasförmigen Zustand über, aber das bedeutet nicht, daß die ersten 99° unerheblich wären.

12. Kapitel

Einige Betrachtungen über die „perverse" Art des Denkens

Das Denken ist der Feind. Das ist es, was in dem folgenden klinischen Bericht deutlich wird. Ich muß gleich hinzufügen, daß Denken als die Fähigkeit zu verstehen ist, Differenzierungen, d.h. die Realität selbst, aufzufassen. Darum ist es für den Perversen nötig, die Denkfähigkeit des Subjekts und, während der Behandlung, die des Analytikers zu vernichten.

Ein Traum des Patienten, von dem ich nun sprechen will, scheint das zu bezeugen:

> „Ich knackte Walnüsse mit meinen bloßen Händen. Ich habe das Gefühl, als ob ich das nicht tun sollte. Sie sind zerbrechlich, und ich bin nicht geschickt genug. *Ich schütte sie in einen Schmelztiegel*. Als ich aufwache, war ich ganz baff darüber, daß Walnüsse genau wie Gehirne aussehen. Gleichzeitig erinnert mich die gewölbte Nußschale an einen Frauenbauch."

Der Patient hatte kurz vorher einen langen Traum gehabt, in dem derselbe Schmelztiegel bereits auftauchte, voller bizarrer Dinge, einschließlich Papier, Bleistift und Lineal als Symbol für den sich Notizen über den Träumer machenden Analytiker. Alle diese Dingen schmolzen wie die Käsestücke in einem savoyardischen Fonduetopf und wurden ein undifferenzierter Mischmasch. Oder wie die Stücke gegrilltes Fleisch – alle gleich – in einem Topf mit Burgunder Fondue (die Worte des Patienten).

Das Denken und Gehirne zu zerstören bedeutet deshalb auch, die Unterschiede und den Inhalt des Frauenbauches zu zerstören – d.h. den Fötus und möglicherweise das Leben selbst. Es ist hier meine Absicht, aus einem klinischen Bericht einige Elemente der Psyche herauszufiltern, die zur Destruktion führen, dabei aber im Auge behaltend, daß diese Elemente in einem latenten Stadium in allen von uns vorhanden sind. Als solche beschäftigt sich meine Beschreibung nicht nur mit dem Gegenwärtigen im engen Sinne. Auf eine bestimmte Weise sind diese Elemente ewig und können unter bestimmten historischen Bedingungen aktiviert werden.

Im Gegensatz zu einigen meiner Kollegen bin ich mit Freud der Meinung, daß die Psychoanalyse ein unvergleichliches Werkzeug ist –, obwohl selbstverständlich nicht das einzige –, „etwas von den Rätseln dieser Welt zu verstehen" (*Nachwort zur „Frage der Laienanalyse"*, 1927). Tatsächlich war es Freuds Hoffnung, daß die Psychoanalyse der Schlüssel für die menschlichen Phänomene im allgemeinen (und nicht nur der für pathologische Symptome) sein könnte, die ihn die Laienanalytiker entschieden unterstützen ließ, wie er in der eben zitierten Schrift klar sagt.

Meine Absicht ist es, die Wirkungen fehlerhafter ödipaler Identifikationen auf das Denken zu beschreiben und zu verstehen. Ich muß betonen, daß ich mit „ödipalen Identifikationen" notwendigerweise diejenigen meine, die den Vater in seiner Funktion als „Inzestbarriere" zum Objekt haben. Das bedeutet, daß es mehr um die Internalisierung dieser väterlichen Funktion geht als um die Identifizierung mit den persönlichen Charakteristika des tatsächlichen Vaters.

In einem Brief, der an das Komitee gerichtet war, das sich mit Ferenczis „aktiver Therapie" und Ranks „Geburtstrauma" beschäftigte, schreibt Freud, auf Ranks Vorstellungen eingehend:

„Der Mutterleibsphantasie stellen sich Hindernisse entgegen, welche Angst hervorrufen – die Inzestschranken: Woher kommen die nun? Vertreten werden sie offensichtlich vom Vater, von der Wirklichkeit, von der Autorität, die den Inzest verwehren. Warum haben sie die Inzestschranke errichtet? Meine Erklärung war eine historische und soziale, phylogenetische. Ich leitete die Inzestschranke von der Urgeschichte der menschlichen Familie her und sah dann in dem wirklichen Vater das eigentliche Hindernis, das die Inzestschranke wieder neu aufrichtet. Hier weicht Rank von mir ab." (S. 81)

Wir wollen die Hinweise auf Phylogenese und den Mythos der Urhorde beiseite lassen, um alleine die von Freud postulierte Äquivalenz von „Vater" und „Wirklichkeit" zu beachten. Ohne einen Widerspruch befürchten zu müssen, könnten wir gleichermaßen „Vater", „Wirklichkeit" und das postödipale Über-Ich gleichsetzen, das aus der Überführung der Besetzung der Eltern in eine Identifizierung mit ihnen entsteht. Die Inzestschranke ist einer der wesentlichen Inhalte der Moral. Außerdem sind wir im Februar 1924, kurz vor Einführung der Strukturtheorie des seelischen Apparates und vor der Schrift *Der Untergang des Ödipuskomplexes*.
Zusammen mit anderen, meist französischen Autoren bin ich zu der Auffassung gekommen, daß ein wesenhafter Zusammenhang zwischen der Wirklichkeit und dem doppelten Unterschied der Geschlechter und der Generationen besteht. Der Einfachheit halber will ich in Zukunft einfach von „Unterschieden" sprechen. Ich glaube, daß meine Schrift implizit zeigen wird, daß diese modernere Definition in keiner Weise Freud widerspricht. Die ödipalen Identifikationen stellen ein entscheidendes Stadium in der Entwicklung des Ich dar. Und die Entwicklungen und Modifikationen der Art des Denkens entsprechen den Entwicklungen und Modifikationen des Ich. In gleicher Weise erzeugten das Fehlen der Assimilierung dieser Identifikationen und die daraus resultierende mangelhafte Entwicklung des Ich Unordnung des Denkens.
Der Traum eines meiner Patienten scheint mir die Sache anschaulich zu machen:

> „Ein Fisch mit offenem Maul ist ausgestellt. Man kann das glatte Innere des Körpers sehen. Wir wetten, daß man einen Kieselstein in sein Maul werfen kann, und daß dieser geradewegs bis zum Anus rollen wird und dort wieder herauskommen wird. Dann zieht sich das Fischmaul zusammen und wird zu einer Vagina. Sie zieht sich zurück. Die Vagina und der Anus sind nun ein und dasselbe. Dann wird es zu etwas wie ein

Schlangenpenis. Direkt daneben befindet sich eine Ausstellung über das jüdische Volk. Dort steht N., zu dem ich mich homosexuell hingezogen fühle. Von Zeit zu Zeit müssen Leute eine Trittleiter hinaufsteigen. In Wirklichkeit sind wir in der Gaskammer."

Ich frage den Patienten nach dem Zusammenhang zwischen der Fischgeschichte und der Ausstellung. Er antwortet, daß man mit beiden alles machen könne. Der Fisch verwandelt sich in einen Mund, einen Penis, eine Vagina und einen Anus. Aus Juden wurden Seife und Lampenschirme gemacht.

Das glatte, völlig ebene Aussehen des Fischinneren sollte beachtet werden. Es ist das Bild eines Objektes wie auch einer Welt, die ein Impuls glatt durchläuft und in der es keine Unterschiede gibt (zwischen den Körperorganen, die nicht mehr getrennt sind, sondern ineinander übergegangen sind wie in Hans Bellmers Zeichnungen). Es ist eine Welt völliger Beseitigung aller Grenzen zwischen den Objekten und sogar ihrer Moleküle, eine Welt, die beliebig verformbar geworden ist („Alles kann man machen"). Es ist eine vaterlose Welt, in der sich das Subjekt die Macht des Schöpfers anmaßt, nachdem es jede genitale Zeugung zugunsten analer Produktion aus ihr verbannt hat.

Der anale Charakter der Traumszenerie („Wir sind in einer Gaskammer") und der Formgestaltung ist offensichtlich. Es scheint mir jedoch nötig zu sein, noch einmal auf die Tatsache hinzuweisen, daß es dem Subjekt einfach durch Regression auf die anale Stufe gelingt, erneut einen Weg zu finden, sich dem Lustprinzip entsprechend zu verhalten, d.h. die Befriedigung auf dem kürzesten und schnellsten Weg zu suchen, ohne Umweg und Verzögerung. Das wird ganz deutlich in der Wette, daß der in das Fischmaul geworfene Kieselstein durch den Körper rollen soll, bis er zum Anus wieder herauskommt, entsprechend der Tendenz freier Energie, ungehindert zu zirkulieren. Was mir an diesem Traum als besonders interessant erscheint, ist, daß entsprechend den Gesetzen der Urprozesse das geistige Funktionieren selbst in bestimmter Weise als dem Lustprinzip folgend dargestellt wird. Der

Traum erfüllt nicht nur einen Wunsch mit den typischen Mitteln; der Wunsch, der hier dramatisiert und erfüllt wird, ist der nach einem geistigen Funktionieren, das dem Lustprinzip folgt, d.h. der Wunsch nach dem Traum selbst. Es ist verblüffend, daß dieser Zustand des geistigen Apparates durch die Darstellung einer Regression in die analsadistische Welt erreicht wird, als ob das Subjekt dort eine Klause finden würde, die es ihm erlauben würde, eine Funktionsweise anzuwenden, die die Errungenschaft anderer (vor allem Psychotiker) ist, nämlich die tiefere Regression zur Stufe des Narzißmus, wo es keinen Unterschied zwischen Subjekt und Objekt, innen und außen gibt und wo die Grenzen zwischen den verschiedenen Bereichen verwischt sind.

Mein Patient, den ich Romain nennen werde, ist dreißig Jahre alt. Er enthüllt klinisches Material, das in bestimmten Elementen auf diesen Traum zurückweist und so ein besseres Verständnis erlaubt. Umgekehrt vertieft dieser Traum unser Verständnis des klinischen Materials. Während einer Sitzung erzählt Romain, daß er in einem Geschäft war. Vor der Kasse war eine lange Schlange. Um zu den verschiedenen Ladentischen zu kommen, mußte er durch die Schlange hindurchgehen. Verschiedene Leute vor ihm taten das auch, und zwar gingen sie immer vor demselben Mann durch die Schlange. Als nun Romain seinerseits vor dem Mann hindurch wollte, rückte dieser in einer solchen Weise auf – wahrscheinlch hatte er es satt –, daß mein Patient um die ganze Schlange herumgehen mußte. Er war „weiß vor Zorn, am Boden zerstört, voller Haß", sagte er. Er glaubt, daß dieser Haß auf seinem Gesicht sichtbar gewesen sein muß. Er hätte den Mann umbringen können. Weiter berichtet Romain von seinen Auseinandersetzungen mit Autofahrern, und dann von dem Haß und der Aggressivität, die er gegen mich empfindet, wenn ich ihn nach seiner Uhr einige Minuten warten lasse oder ihn zwei oder drei Minuten früher verabschiede. Heftig sagt er: „Sie haben kein Recht dazu, diese Zeit gehört mir. Ich möchte in Frauenbäuche einbrechen und alles, was drin ist, herausholen." Manchmal wird Romain physisch gewalttätig. Er hat auch an Demonstrationen teilgenommen – als Mitglied einer extrem linken Gruppierung –, die in Auseinandersetzungen mit der Polizei endeten. Er sagt: „Ich war erfüllt von einem heftigen und blinden Wunsch nach Gewalt, einer Raserei ... Ich habe Molotow-Cocktails unter die Schweine geworfen. Ich hätte sie umbringen können!"

Am Tag darauf sprach er von der Wut, mit der er eine Ratte getötet hatte, „dieses impertinente Vieh, das sich herausnimmt, zu leben, ohne jemanden um Erlaubnis zu fragen". Ich brachte ihn wieder auf die letzte Sitzung, auf seine Übertragungsreaktionen und auf die Geburt eines jüngeren Bruders, die seinen Ärger und seine Eifersucht erregt hatte. Romain hatte in einer militanten Organisation Abtreibungen durchgeführt. Aber auf diese Interpretation werde ich später zurückkommen.

Während der nächsten Sitzung erzählt Romain einen Traum, in dem er an seinen Händen aus der neunten Etage eines Gebäudes hängt, worin sich ein öffentlicher Babyhort befindet. Als er seinen Militärdienst absolvierte, mußte er sechs Monate lang die Latrine reinigen. Irgend etwas war mit den Leitungen nicht in Ordnung, so daß der Kot zurückkam. Mit großem Detailreichtum, der mich während der Sitzung anwiderte, berichtete er mir, was er alles machen mußte. Am Ende fand er Spaß daran. Er hatte von Fällen gehört, wo Frauen plötzlich auf der Toilette ein Kind zur Welt gebracht hatten, als ob das Kind ein Stück Exkrement wäre. Im Alter von fünfzehn Jahren glaubte er noch, daß es genüge, ein Mädchen auf den Mund zu küssen, um sie schwanger zu machen. Seit einigen Tagen spürte er eine Schwellung in seinem Mund und hatte an die Möglichkeit eines Halskrebses gedacht. Er sagte: „Vielleicht ist es hysterisch ..." Ich erklärte ihm: Wenn ein Kind wie ein Stück Exkrement gemacht werden kann, dann können Männer genauso gebären wie Frauen, und wenn er mit fünfzehn geglaubt hatte, daß die Kinder durch den Mund gemacht werden, dann wahrscheinlich deshalb, weil es für ihn schmerzlich war, zu erkennen, daß seine Eltern während seiner Kindheit ein Sexualleben hatten, das er nicht haben konnte.

Am Tag darauf berichtete er, daß er nach der Sitzung von

einem dringenden Bedürfnis nach Schokoladenkuchen geplagt worden sei. Bis zu seiner Verheiratung hatte er jeden Tag eine Tafel Schokolade gegessen. Seine Eltern hatten immer Schokolade in ihrem Schlafzimmer, die sie miteinander aßen. Ich sagte ihm, daß es wahrscheinlich leicht für ihn gewesen sei, zu denken, daß die Intimität der Eltern sich darauf beschränke, gemeinsam Schokolade zu essen: etwas, was er als Kind ebenfalls sehr gut konnte. Romain lachte und stimmte mir zu. Dann begann er über physiologische Defekte zu sprechen, die ihm in seinem Beruf als Krankenpfleger begegnet waren, Defekte – sowohl angeborene als auch erworbene – wie künstliche Darmausgänge oder Blasen, die durch die Bauchdecke hindurch entleert werden müssen. Er hatte sich immer für Menschen mit dieser Art von Gebrechen interessiert. Er kam auf die Entbindung seiner Frau und auf die Tatsache, daß Frauen erst Stuhlgang gehabt haben müssen, ehe sie entbunden werden. Abtreibungen: sie sind blutig, mit Gewebefetzen, in Stücke geschnitten ... der Fötus, die Plazenta, die Uterusmembranen. Romain hat bei seiner eigenen Frau eine Abtreibung vorgenommen.

Bei der folgenden Sitzung erinnerte Romain sich an nichts mehr von der vorhergehenden – nur, daß er gelacht hatte. Auf dem Heimweg sah er Männer, die sich prügelten. Blut floß. Er wollte seinen Wagen anhalten, um sie zu trennen. Ein Polizist kam. Er erinnerte sich an den Tag, als er mit dem Drei-Karten-Trick hereingelegt wurde. Er wäre fast an den Ort zurückgekehrt, um nach den Männern zu suchen. So in der Gewalt anderer Männer zu sein ... Dann dachte er an Sexshops, wo man Geld in einen Apparat wirft und sich dann ein Fenster in der Wand öffnet und man eine Minute lang eine nackte Frau sehen kann, die einen Koitus imitiert. (Anscheinend findet das Reinigungspersonal nach Feierabend viel Sperma in diesen Räumen.)

Er wollte wissen, welchen Eindruck das, was er sagte, auf mich machte – einen Analytiker und gleichzeitig eine Frau. Es ist eine Methode, mich zu verletzen. (Es war das erste Mal, daß Romain davon sprach, daß sein Material in mich eindringen und Schaden anrichten könnte). Sein Vater, der einen Magenkrebs hat, wurde einer ganzen Serie von Untersuchungen unterzogen. Er hat Schläuche in ihn hineingeführt. Die Patienten in seiner Abteilung, die einer Endoskopie unterzogen wurden, hatten hängende Genitalien, schlaffe Testikel. Die anderen Krankenpfleger waren bei diesen Untersuchungen nicht gerne dabei. Aber *er* nahm seine Arbeit ernst und hatte niemals versucht, sich davor zu drücken. Einer seiner Freunde hatte eine eigenartige Bettlampe. Die beiden Schalter waren aus den Testikeln eines kleinen Tieres gemacht, das sein Freund auf der Jagd getötet hatte – Jesus am Kreuz ... Sie haben seine Seite mit einer Lanze geöffnet, um zu sehen, ob er noch blutete. Sie haben ihn ganz schön hereingelegt ... Einige Zeit später war im Aufwachraum eine Frau, die voll von Schläuchen war. Anscheinend war es eine Analytikerin ...

Gegen Ende der nächsten Sitzung erzählte Romain einen Traum. Er aß Haferbrei von einem braunen Teller. Da waren kleine Papierstückchen auf dem Teller, die aus der Packung gefallen waren. Sie erinnerten ihn an Toilettenpapier. Er hatte eine Tüte Cornflakes in seinem Wagen vergessen, die er für seine zweijährige Tochter gekauft hatte. Ein Tramp hatte offensichtlich in seinem Wagen geschlafen, der noch voll von seinem Geruch war, die Scheiben von seinem Atem beschlagen. Er hatte einige der Cornflakes gegessen. Romain hatte gezögert, sie seiner Tochter zu geben, und beschlossen, sie alle selbst zu essen. Romain, der in Rumänien geboren ist, dachte an das Wort „placinta", das in seiner Muttersprache sowohl „Plazenta" als auch „Pfannkuchen" bedeutet. Romain backt gern Kuchen und Pfannkuchen; er fragt sich, ob es nicht in Ordnung ist, etwas zu tun, was Frauen tun, und Kinder zu haben. (Einmal brachte er mir selbstgebackenen Kuchen mit, den er mit seinen schmutzigen Fingern assoziiert hatte; am Ende nahm er den Kuchen wieder mit.) Dann dachte er an einen Nagel, der durch seinen Fuß gegangen wäre – wie Jesus am Kreuz, fügte er hinzu. Er wollte wissen, warum ich nichts sage. Warum ließ ich ihn so viel leiden? Doch es mache nichts, er würde bis zum Ende durchhalten.

Eine oder zwei Sitzungen später berichtete Romain, daß

das Isolierungssystem, das er installiert hatte, um seine Wohnungsnachbarn nicht beim Geschlechtsverkehr hören zu müssen, nicht funktioniere, weil sie sich nun in einem anderen Teil der Wohnung liebten. (Bis dahin hatte er nur von der Frau gesprochen.) Er träumte, er ginge mit dem jüngeren ihrer beiden Söhne spazieren. Da war eine Mauer. Er hob den Jungen hoch, damit er darüber hinwegschauen konnte. Davon berichtete er in einer Sitzung mir und meinem Mann. Hier endete der Traum. Dann fragte ich ihn, was hinter der Mauer gewesen wäre. Er dachte einen Moment nach:

„Das Paradies ... Ich habe mir das Paradies als von Mauern umgeben vorgestellt ... Oder vielleicht eine Villa in Bukarest. Sie gehörte jüdischen Bankiers. (Er nannte mir den Namen. Tatsächlich handelte es sich um rumänische Aristokraten, deren Name dem Wort für Mutter ähnelte). In Wirklichkeit erinnerte mich diese Mauer an die Mauer eines Konzentrationslagers, das ich einmal besucht hatte."

Ich hatte große Schwierigkeiten, Romain klarzumachen, daß es um die sexuelle Aktivität seiner Eltern als Paar und die des Paares, das mein Mann und ich bilden, geht. Er reduzierte das auf etwas, was im Konzentrationslager geschieht, nachdem er es idealisiert hatte, als ob die Hölle unter dem Paradies versteckt wäre. Romain sagte, daß er zum erstenmal verstanden hätte, daß ein Traum nicht nur aus dem Traum selbst besteht, sondern auch aus den Assoziationen.

Bei der nächsten Sitzung sagte er dann, daß er die Bedeutung der Sitzung nicht verstehe. Doch das Material begann sich zu ändern, und depressive Motive tauchten in den Träumen auf. Sie spiegelten vor allem seinen Wunsch wider, die sexuellen Attribute des Mannes der Analytikerin in Gestalt eines grünen Vogels in Besitz zu nehmen, und ebenso seine Trauer darüber, daß der Vogel sich in einen Fisch verwandelt und im Wasser verschwindet (im Mutterleib). Dieses Bild war eine rudimentäre Erkenntnis des Wertes des väterlichen Penis.

Hier beende ich meinen Bericht, um die Hauptelemente des soeben dargestellten klinischen Materials zu analysieren. Romains Aggressivität wird überdeutlich an seiner Wut, wenn er auf Hindernisse stößt: der Mann in der Schlange, der jüngere Bruder, die Ratte, die Föten, die Schlange selbst, die Autofahrer und die Analytikerin, die nicht sofort verfügbar ist. Er verspürt dann den Drang, den Inhalt des Mutterleibes herauszureißen. Obwohl die ödipalen Elemente offenkundig sind, möchte ich ihnen eine wesentlich regressivere Bedeutung zuerkennen. Die Phantasie des Leerens des Mutterleibes steht im Mittelpunkt der Arbeit Melanie Kleins, und Béla Grunberger hält sie (in *Narzissus und Anubis*) für den wesentlichen Ausdruck einer Ur- und Fundamentalaggression. In Romains Fall ist diese Phantasie entschieden ein Teil seines Wunsches – der ihm im Traum erfüllt wird –, noch einmal eine Welt zu finden, die glatt und eben ist, die mit einem frei zugänglichen Mutterleib identifiziert wird, in der den geistigen Funktionen keine Hindernisse entgegenstehen und die freie Energie dem Lustprinzip entsprechend zirkulieren kann.

Wenn Vater und Wirklichkeit äquivalent sind, könnte man sagen, daß dieser Wunsch dem ältesten Inhalt des Ödipuskomplexes entspricht, der sich mit dem Wunsch identifiziert, die Wirklichkeit zusammen mit der Härte, aus der sie besteht, zu vernichten („die rauhe Wirklichkeit zu erfassen" – Rimbaud). Die Darstellung dieser nivellierten Welt, die dasselbe ist wie der seines Inhalts beraubte Mutterleib, führt zu dem Wunsch, zum intrauterinären Leben zurückzukehren (nach Ferenczi und Rank), zum Humus des Ödipuskomplexes, wovon man noch Spuren im entwickelten Ödipus und im Mythos selbst finden kann: die Ermordung des Laios an der Wegkreuzung – die Beseitigung eines Hindernisses auf dem Weg zu den Genitalien der Mutter. Jedoch ist dieser Wunsch an sich, wenn er nicht höher entwickelte Komponenten wie Liebe zur Mutter, Bewunderung für den Vater und Identifizierung mit ihm besitzt, wesentlich und fundamental regressiv und in gewisser Weise dem klassischen Ödipuskomplex völlig konträr. Ich kann hier nicht auf die Zusammenhänge zwischen diesem Prinzip und der Hypothese des Todestriebes eingehen; ich werde nur seinen Zusammenhang mit dem Lustprinzip behandeln.

Die Durchführung von Abtreibungen geht (in Romains Fall ebenso wie in anderen, mit denen ich zu tun hatte) über das persönliche Handeln (die Ermordung eines Verwandten) hinaus und bekommt eine Bedeutung, die fundamental mit der Zerstörung der Wirklichkeit selbst verbunden ist. Die Internalisierung des Vaters als Hindernis und Barriere vor dem Inzest ist nicht zustande gekommen. Außerdem muß man hinzufügen, daß der Wunsch, der zu diesem archaischen Ödipus gehört, nicht darin besteht, das Vaterprinzip selbst mit allen seinen Konsequenzen zum Verschwinden zu bringen. Darüber hinaus kann der Wunsch, in den Mutterleib zurückzukehren, in der klinischen Situation in völlig verschiedener Tarnung auftreten, ja sogar als sein Gegenteil, als Vereinigung mit der Mutter, die Aggression nicht voraussetzt oder sie sogar vermeidet (wie im Fall von Leuten mit Allergien zum Beispiel).

Ein zweiter Punkt scheint mir in diesem Material offensichtlich zu sein. Er betrifft den Prozeß, der zu einem vollständigen Mangel an Differenzierung führt, wie er sich in dem zu Anfang dieses Kapitels beschriebenen Traum zeigt. Es werden nicht nur Mund, Anus, Vagina, Penis, Kind und Erwachsener, Mann und Frau miteinander verschmolzen, sondern es werden auch neue erogene Zonen an völlig neuen Stellen geschaffen (erneut wie bei Hans Bellmer): künstliche Darmausgänge, sich durch die Bauchdecke entleerende Blasen usw. Es ist eine teratogene Welt, in der alle Permutationen und Kombinationen möglich werden. Fellini hatte eine Ahnung von der Verbindung zwischen Mißgeburten und Perversion. Der Perverse will nicht von den Gesetzen der Schöpfung (die Gesetze des Vaters sind) eingeschränkt werden und frohlockt über die Existenz der von Zeit zu Zeit auftretenden Abweichungen. All das bestärkt ihn im Glauben, daß er das genitale Universum des Vaters durch sein eigenes (anales) Universum ersetzen kann.

Auch Substanzen werden für Zwecke bestimmt, die den üblichen Gesetzen zuwiderlaufen. Die Koprophagie, die sich in dem klinischen Material deutlich zeigt – der Traum über den Haferbrei, die Cornflakes des Tramps, der Drang,

Schokoladenkuchen zu essen – hat meiner Meinung nach nichts mit einem Trauerprozeß zu tun, sondern mit dem Drang, die Beziehung zwischen den Dingen zu ändern und das zu verschlingen, was typischerweise ausgeschieden wird (vgl. Sade). Hier finden wir auch wieder das „Man kann alles daraus machen" des Traumes ebenso wie die Tiertestikel, die zu Elektroschaltern geworden sind.

Ich will einen letzten Punkt ansprechen, der mit der Urszene zu tun hat, d.h. ihre offensichtliche Reduzierung auf eine prägenitale Aktivität – Schokolade zu essen und vor allem eine sadomasochistische Beziehung zu haben. Es scheint mir hier der Ort zu sein, auf Romains augenfällig aggressive Aktivitäten einzugehen. Sie sind höher entwickelt als diejenigen, die die Zerstörung der Wirklichkeit und die völlige Nivellierung der Welt zum Ziel haben. Sie scheinen mir gleichzeitig den sadistischen Koitus der Eltern zu repräsentieren. Romains Identifizierung mit Jesus Christus, sein moralischer Masochismus (siehe den Aufsatz von Benno Rosenberg), der in der Übertragung ganz offensichtlich wurde, hat anscheinend dieselbe Bedeutung. Tatsächlich geht es hinter der offensichtlichen Resexualisierung der Beziehung zwischen dem Über-Ich und dem Ich darum, mit dem Analytiker unausgesprochen eine Urszene zu spielen – deutlich in der Kreuzigung symbolisiert –, bestehend aus Leiden und Angriff, deren Reziprozität nicht unterschätzt werden darf. So werden der Geschlechtsverkehr der Eltern und die genitale Aktivität und Fruchtbarkeit des väterlichen Penis verleugnet (vgl. Joyce McDougall). Die Urszene, die so Sitzung für Sitzung wiederholt wird, muß *per definitionem* unfruchtbar bleiben, weil sie außerhalb der elterlichen genitalen Ordnung steht. Und das ist nicht die geringste der Schwierigkeiten bei dieser Behandlung: Die analytische Arbeit muß fruchtlos bleiben. Das Kind, das dem elterlichen Geschlechtsverkehr entstammt, wie es unbewußt in der analytischen Beziehung dargestellt wird, muß ungezeugt bleiben oder abgetrieben werden.

Man wird sicher bemerkt haben, daß auf jede Interpretation der Reduktion der Urszene auf eine infantile sexuelle

Aktivität, obwohl anscheinend verstanden und wahrscheinlich genau aus dem Grund, augenblicklich ein wilder Versuch folgt, in eine undifferenzierte Welt zurückzukehren. Hier möchte ich in Erinnerung rufen, was ich im ersten Kapitel über die analsadistische Phase sagte, nämlich daß sie einen vorläufigen Entwurf, eine rohe Skizze der Genitalität darstellt. Aber ich sagte auch, daß sie später eine Imitation, eine Parodie der genitalen Welt, d.h. der Welt des Vaters, wird. Ich sagte, daß es der Realität Hohn spricht, wenn man die Genitalität durch die Phase ersetzt, die ihr normalerweise vorangeht. Es ist der Versuch, die Realität durch eine Welt des Scheins und der Täuschung zu ersetzen. *Der Planet der Affen* tritt an die Stelle der menschlichen Welt.

Die entstehende Unordnung, die Verwirrung der Werte, die Auslöschung der Unterschiede: alles muß dieser analsadistischen Regression zugeschrieben werden. Es geht um die Flucht aus der väterlichen Ordnung. Und diese vaterlose Welt ohne genitale Zeugung ist auch eine unbegründete Welt. Ich entlehne hier einen einfachen, aber wirkungsvollen Gedanken von Béla Grunberger, der ihn bei verschiedenen Gelegenheiten wiederholt hat, zuletzt in *Narzissus und Anubis* (1982): Die Ursache verhält sich zur Wirkung wie der Vater zum Kind.

In dem Universum, das ich beschreibe, ist die Welt von einem gigantischen Mahlwerk (dem Verdauungstrakt) verschlungen und auf homogene (Exkrementen-)Partikel reduziert worden. Dann ist alles gleich. Den Unterschied zwischen „vorher" und „nachher" gibt es nicht mehr, natürlich auch keine Geschichte mehr. Es zählen nur noch Quantitäten, wie etwa im Falle des Fetischisten, der zu mir sagte: „Ich kann nicht verstehen, warum sich die Juden ständig beklagen. Sie verloren sechs Millionen Menschen, die Russen aber zwanzig!" Man muß beachten – und das ist wichtig für unser Thema –, in welcher Beziehung das Material dieses Patienten steht zu Terrorismus, Ereignissen des Zweiten Weltkriegs und manchmal zu aktiver Zerstörung von Leben (z.B. Abtreibung).

Ich möchte nebenbei anmerken, daß bestimmte Wörter,

die Formen des Denkens oder geistiger Aktivität bezeichnen- ‚Beziehungen zu dem haben, was ich hier beschreibe. Das heißt, sie beziehen sich auf die Rolle der ödipalen Identifikationen im logischen Denken, denn Kausalität und Logik sind ein und dasselbe. Auf der anderen Seite der Münze ist die analsadistische Regression ein Synonym für „Verwirrung" im Reich des Denkens. Ähnlich abgeleitet finden wir das Substantiv „muddle" (Wirrwarr), das auch „geistige Unordnung" bedeutet, und das Adjektiv „muddle-headed" (wirrköpfig). Andererseits gibt es die Begriffe „conception" und „conceive", wobei das letztere die doppelte Bedeutung „im Leib empfangen oder bilden" und „im Geist formen" hat.

Jedes Urteil über eine Situation, das nicht das Wie und Warum berücksichtigt, das ein Ereignis aus seinem Kontext reißt, ohne es in eine Perspektive zu stellen, scheint mir der perversen Art des Denkens zu entspringen, das ich hier zu beschreiben versuche. Es ist eine lineare Denkungsart ohne historische Dimension. Es ist klar, daß diese Folgerungen – wenn sie, zumindest teilweise, richtig sind – auf das Gebiet der historischen Methode, der Information, des Gruppenverhaltens, der Ideologie und der Propaganda erhebliche Auswirkungen hat. In Frankreich wurde es vor einigen Jahren üblich, das fälschliche, unterstellende Gleichsetzen von Taten und Ideen, die nicht gleich sind, als „Amalgam" zu bezeichnen. Solche Amalgame demonstrieren die Funktionsweise des perversen Denkens, wie ich es verstehe: z.B. wenn die Nazis von der „jüdisch-englisch-bolschewistischen Plutokratie" sprachen, wenn französische Studenten skandieren: CRS = SS, oder wenn das Wort „Völkermord" in Fällen gebraucht wird, die nicht der Bedeutung des Wortes entsprechen.

Wenn Noam Chomsky die Gedankenfreiheit als Grund dafür angibt, die Rechte derjenigen zu respektieren, die die Existenz der Gaskammern bestreiten, dann tut er etwas Äquivalentes. Die Wörter weichen von ihrer Bedeutung ab, wie in der Perversion die Substanzen von ihrem eigentlichen Zweck abweichen. Es ist die *Ursache*, die den Gedanken festlegt. Wenn die Ursache verschwindet, dann schweben Gedanken,

Dinge, Wörter und Wesen frei in der Luft und „man kann alles machen". Perverses Denken kann auch seinen Weg in das Reich der Justiz und des Gesetzes finden.

Denken wir an einen Ausdruck, den Kinder während der Latenzperiode gebrauchen, wenn sie streiten: „Aber Mutti, *er* hat angefangen!" Dieser Satz deutet darauf hin, was übrig bleibt, wenn der Ödipuskomplex überwunden ist: Handlungen werden nicht „als solche" betrachtet, sondern werden der Kausalität untergeordnet, wie das Kind seinerseits seinen Platz in einer Geschlechterfolge einnimmt. Genau diesem väterlichen Universum sucht der Perverse sowohl in seinem Verhalten als auch in seinem Denken zu entkommen: alles ist „möglich" (ein Schwulenmagazin in Frankreich heißt „Possible"), Prägenitalität ist der Genitalität gleichwertig usw.

Die Möglichkeit, daß Perversion die nivellierte und himmlische Welt der Gleichwertigkeit, Homogenisierung und letztendlich des Lustprinzips mit Hilfe der analsadistischen Regression erreicht, scheint teilweise auf ihre Rolle als Schutz gegen Psychosen zurückzuführen zu sein. Dies wurde schon vor langer Zeit von E. Glover bewiesen, als er das zeitliche Zusammenfallen z.B. einer gewissen Besserung der Schizophrenie oder von Pausen in gewissen regressiven Prozessen zeigte, die bei einigen Patienten dank perversen Verhaltens plötzlich eintraten. Aber meiner Meinung nach kann Perversion eine stabile Organisation sein, die dann als eine unabhängige nosologische Entität aufgefaßt werden muß.

Ich will nun das Kapitel abschließen, indem ich eine Geschichte erzähle und einige Fragen aufwerfe. Seit meiner Kindheit geht mir die folgende Geschichte, die ich von einem Mann gehört habe, der während des Ersten Weltkriegs Kriegsgefangener gewesen war, nicht aus dem Kopf. Es war in einem Sonderlager in Hannover, wo es Gefangene verschiedener Nationalitäten gab. Die russischen Gefangenen wurden besonders schlecht behandelt und miserabel verpflegt. Einer von ihnen ging eines Tages an eine Mülltonne, klaubte einige Fischgräten heraus und begann, gierig daran zu lutschen. Ein deutscher Offizier kam heran, sah die Szene mit Abscheu und Widerwillen, sagte: „Das ist kein Mensch, das ist ein Hund!", und stieß ihm sein Bajonett in den Leib. Ich denke, daß meine Behandlungsweise des perversen Denkens das Verständnis dieser Szene ermöglicht, ohne sie einfach als „psychotisch" zu bezeichnen, was ein Mittel wäre, mit dem tatsächlichen Problem leicht fertigzuwerden. Darüber hinaus kann man diese Geschichte mit jener von den Fotos und Filmen des Warschauer Ghettos vergleichen, die von den Nazis mitgebracht wurden, für die die Bilder den Beweis der bestialischen Charakteristika der Juden lieferten. Aber diese Bilder führten letztendlich dazu, daß die Nazis des Verbrechens gegen die Menschenwürde angeklagt wurden.

Doch wir wissen, daß das den Primärprozessen und dem Lustprinzip unterworfene Denken noch in uns allen lebendig ist. Vielleicht ist es sogar der Widerspruch, der zwischen der Technik (die die Illusion eines „ebenen" Universums verstärkt) und der sich daraus entwickelnden Bürokratie (die Hindernisse erzeugt) besteht, was dazu führt, daß diese Art des Denkens heutzutage so einfach, wie ich es zu beschreiben versucht habe, aktiviert werden kann. Und vielleicht macht dieser Widerspruch aus unserer Welt einen tragischen Zirkus, wo die Versuchung, den Bauch der Mutter Erde mit Hilfe eines apokalyptischen Ausbruchs zu glätten, immer größer wird.

13. Kapitel

Ein klinischer Bericht: Rrose Sélavy

Eine junge Frau kommt zu mir und fragt nach einer Analyse. Sie hat sich bereits zwei Psychotherapien unterzogen, gefolgt von einer Analyse – einige Monate lang einer Analyse der „Quatrième groupe" –, die anscheinend auf Grund der Anweisung des Analytikers abgebrochen wurde. Worüber klagt Rrose Sélavy? Sie hat sich eine Villa gekauft, die sie weder zu führen noch einzurichten in der Lage ist. Was sie auch für dieses Haus anschaffen mag, es macht es nicht wirklich schön, lebensvoll oder bewohnbar. Sie weiß nicht, warum. Sie fühlt sich deshalb beunruhigt. Und sie hat sich von ihrem Mann getrennt. Sie ist eine sehr schöne junge Frau und die Mutter von drei Kindern.

Nun hat sie eine Affäre mit einem Mann, der sich ebenfalls einer Analyse unterzieht. Diese Beziehung ist aber unbefriedigend, dennoch kann sie sich nicht von ihm trennen. Mit ihrem Mann ging es sexuell ziemlich gut, und ihn verließ sie exakt wegen dieses Mannes, mit dem „es nicht klappt". Er ist brutal und sadistisch. Aber er ist ein bemerkenswerter Mann. Seine Freunde und Bekannten halten ihn für eine Art Genie. Einen solchen Mann kann sie nicht verlassen. Ihren Vater hat sie im Krieg verloren. Sie war zwei Monate alt, als er fortging, und neun Monate alt, als er fiel. Ihre Mutter heiratete erneut, als sie zweieinhalb Jahre war. Ihr Stiefvater war nett zu ihr. Drei Mädchen gingen aus dieser zweiten Ehe hervor. Die

Zwillinge kamen zuerst, als sie dreieinhalb Jahre als war, und dann noch eine weitere Schwester. Ihre Mutter war ziemlich streng zu ihr. Ihr Liebhaber ist eine Art Enthusiast. Er lehrte sie, das Schöne zu lieben. Sie reist oft nach Paris, um dort Ausstellungen zu besuchen, und gelegentlich organisiert sie selbst eine, da sie einige Künstler finanziell unterstützt. (Später werde ich erfahren, daß sie über ein erhebliches privates Einkommen verfügt, das ihr aus einem bedeutenden Familienunternehmen im Süden, wo sie lebt, zufließt.) Einmal ließ sie abtreiben, und ihr Liebhaber verlor für diesen Zeitraum jedes Interesse an ihr (eine Einzelheit, die während der Analyse wieder auftauchen wird).

Mir kommt Rrose Sélavy wie das Objekt, und nicht wie das Subjekt der Geschichte vor, die sie mir erzählt. Sie wird von Ereignissen herumgestoßen, die sie überwältigen. Mit 36 oder 37 Jahren ist sie völlig außerstande zu sagen, warum sie ihren Mann verlassen hat – warum sie ein bequemes Mittelklasseleben verließ für eine Affäre mit einem „Genie" und „Künstler", die, wie sie sagt, unbefriedigend und chaotisch ist. Niemals würde sie das Wort „Liebe" in den Mund nehmen. Wollte sie deshalb das leere Haus füllen und erfolglos bleiben – die Lücke der väterlichen Gegenwart? Oder bedeutet das schlecht geführte, unharmonische Haus „die Rückkehr des Unterdrückten", ein Symptom ihrer Sehnsucht nach dem Vater, deren Narben diese merkwürdige Beziehung zu ihrem Liebhaber tilgen soll? Ich frage sie, ob sie manchmal an ihren Vater denkt. „Nein, es ist zu lange her. Ich habe ihn nie gekannt." Hat ihre Mutter mit ihr über ihn gesprochen? „Nein." Zu einem wesentlich späteren Zeitpunkt der Analyse wird sie mir berichten, daß ihre Mutter, als sie sie gebeten hatte, ihr von ihrem Vater zu erzählen, lapidar antwortete: „Wie kannst du erwarten, daß ich mich an einen Mann erinnere, mit dem ich nur ein Jahr zusammengelebt habe?" Noch später wird sie diese Antwort der Mutter nicht als reine Gleichgültigkeit gegen ihren toten Mann interpretieren, sondern als möglichen Wunsch, keine schmerzlichen Erinnerungen zu beleben. Aus welchem Grund auch immer, das Thema Vater kam bei ihr zu Hause nie zur Sprache.

Seit diesem ersten Treffen mit Rrose Sélavy empfand ich Sympathie für sie. Wie ich erklären werde, wird diese Sympathie über eine lange Zeitspanne hin von Gefühlen der Demütigung verdrängt werden, um dann in einem spezifischen Moment der Analyse wieder zu erscheinen. Diese Sympathie entsprang meinem Eindruck, daß Rrose wehrlos war gegen die Leere, die durch die Abwesenheit ihres Vaters in ihrem Inneren entstanden war, und daß sie das dazu gebracht hatte, ihr ganzes Leben neu zu überdenken, ohne daß sie dabei bemerkte, daß hier der Versuch eines Aktes der Trauer stattfand, den sie nie durchgeführt hatte. Insgeheim dachte ich, daß das Haus, bei dessen Einrichtung sie gescheitert war, sich als ein Mißerfolg erweisen und daß Rrose einen Nervenzusammenbruch erleiden könnte.

Ich sprach über diese Eindrücke mit ihr und sagte ihr, daß sie vielleicht zu mir gekommen wäre, damit ich ihr helfen sollte, sich all dem zu stellen, was in ihr abgetrieben worden ist (im Gegensatz zu ihrem Liebhaber, der völlig desinteressiert war, als sie eine Abtreibung hatte). Ich war fasziniert von dem Wesen der Beziehung zu ihrem Liebhaber. War es eine echte Perversion? Sie sagte, daß sie sie nicht genieße. Ich stellte keine Fragen zu diesem Komplex. Ich entschied, sie zu analysieren.

Es ist schwierig für mich, die ersten Erfahrungen bei dieser Behandlung zu beschreiben. Ich machte keine Notizen, und keine Darstellung könnte komplizierter sein als jene, die ihre verwirrenden Gedankenwege detailliert aufzeichnen wollte, diese Tatsache war von Anfang an offensichtlich. Die Kluft zwischen der Art, wie ihr Gehirn funktionierte und wie meines (wie auch das des „gewöhnlichen" Neurotikers), war so groß, daß ein glaubwürdiger Bericht von den Sitzungen nur unter Benutzung eines Tonbandgerätes hergestellt hätte werden können. Das hieß, daß ich jeden ihrer Sätze in meine eigene Sprache und logischen Kategorien übersetzen mußte. Ich hatte wenig Erfolg damit, und ich war unfähig, mir gleichzeitig all die seltsamen Verdrehungen zu merken, mit denen ihre Sprache durchsetzt war. Um mich ihrer zu erinnern, müßte es mir gelingen, mich vollständig mit ihren mentalen Prozessen zu identifizieren. Die Tatsache, daß wir zwei verschiedene Sprachen redeten – mehr, als wenn ich einen schizophrenen Patienten behandelt hätte –, war für mich offensichtlich und verursachte bei mir echte Gegenübertragungsleiden. (Ich werde versuchen herauszufinden, warum.) Sie ihrerseits konnte nichts mit meinen Interpretationen anfangen, besonders nichts mit ihren Intentionen.

Ihr erster Traum während der Analyse war der folgende: Ich öffnete ihr die Tür mit dem Gesichtsausdruck ihres Dienstmädchens. Sie assoziierte dies mit der Tatsache, daß bei der Geburt ihrer Schwestern ihre Mutter sie auf die Etage der Dienstboten verbannt hatte, um Platz für die Neugeborenen zu schaffen. Dann folgten mehrere Sitzungen, bei denen sie große Arroganz zur Schau trug, indem sie über ihre Bekannten und über mich sprach. Ich saß so in meinem Sessel, als ob ich auf der Toilette säße; diese Gelegenheit, auf mich herabzusehen, machte sie glücklich, wie sie sagte. Gleichzeitig hatte sie den Eindruck, daß ich sie während der Sitzungen sehr bewunderte: ihre schönen Arme, ihre Armbänder, ihre gute Aussprache (tatsächlich wählte sie ihre Worte langsam und mit Bedacht, als ob sie Perle auf Perle auf eine Schnur zöge), ihre Art, sich geschmackvoll zu kleiden. Sie war überzeugt davon, daß ich sie um ihre Kleider beneidete. Einmal in dieser Zeit trug ich eine Weste, die aus einem Geschäft in der Nähe meiner Wohnung stammte. Sie warf mir vor, daß ich sie imitiert hätte, weil sie gerade eine ähnliche Weste gekauft hatte. Die Tatsache, daß sie sie später als ich gekauft hatte und daß sie sie noch nicht getragen hatte, konnte ihre Überzeugung nicht im geringsten beeinflussen.

Ich erklärte ihr, daß es ihre Absicht sei, ich solle die Demütigung erleben, die sie erlitten hatte, als ihre Mutter sie auf die Dienstbotenetage abschob, indem sie mich zu ihrem Dienstmädchen und zu dem unglücklichen, zurückgestoßenen Kind, das sie in jener Zeit gewesen sei, mache und mir die Neidgefühle zuschreibe, die sie in bezug auf ihre Schwestern und die Mutterschaft ihrer Mutter empfunden hatte. Gegen alle Erwartung folgerte sie daraus: Da sie nun einmal „so" sei, müsse sie ihren Launen folgen und jedermann zum Opfer derselben machen. Ihre Arroganz und ihre Verachtung waren verbitternd. Ohne den geringsten Anflug von Humor erzählte sie mir eines Tages, daß sie „kaiserlich" sei. Sie sprach hochmütig, und das mit dem Akzent einer Tee trinkenden Dame des 16. Arrondissements von Paris. Ihre Sätze wimmelten von psychoanalytischen Begriffen, die sie nicht verstand oder deren Bedeutung sie deformierte, und ihr Material war voll von angelesenen Interpretationen. Auch hatte sie die Gewohnheit, bestimmte englische Wörter zu benutzen; z.B. sagte sie, daß ihr Liebhaber eine „flat" habe, die ziemlich „cheap" sei, und er sich eine „smartere" kaufen solle.

Wenn ich die Bedeutung irgendeines bestimmten Elementes ihres Materials aufdeckte, frage sie mich regelmäßig, was sie tun solle. Als ich ihr erklärte, daß sie eine dominant-dominierte Beziehung zu mir anstrebe, ähnlich der zu ihrem Liebhaber (sie hatte begonnen, einige ihrer sadomasochistischen Sexualpraktiken zu beschreiben), verlor sie alle Geduld. Warum ich ihr nicht den Zweck der Analyse erkläre? Wenn man ein Auto kaufe, kaufe man schließlich ja auch die Gebrauchsanweisung. Gewöhnlich fragte sie nach jeder meiner Interventionen oder Interpretationen: „Welchen Zweck hat das?" – „Was muß ich tun?" – „Bedeutet das, daß ich mich so oder so verhalten muß?" Und stets kam sie zu dem Schluß, daß sie nun einmal „so" sei und ihr eigenes Wesen zu akzeptieren habe und zu genießen – sei es der masochistische oder der sadistische Aspekt ihrer Perversion.

In derselben Phase verbrachte sie ganze Sitzungen damit, mir die Unterwäsche zu beschreiben, die sie gekauft hatte, ihre Farbe, ihr Material (Satin, Seide), oder sie beschrieb den Schmuck, den sie auf ihren Reisen nach Paris erworben hatte, besonders den Schliff und den Glanz der Steine. Andere Sitzungen widmete sie der minutiösen Beschreibung von Gemälden oder der Einrichtung ihres Appartements, des Musters der Tapeten usw. (Sie hatte ihr Haus, dem Rat ihres Liebhabers folgend, verkauft, und erwähnte diese Tatsache mir gegenüber praktisch nicht). Sie kaufte auch eine Menge Kleider, die ich bewundern sollte. Als ich auf den erheblichen Zeitaufwand hinwies, den sie mit den Einkäufen von Schmuckgegenständen für ihren Körper vergeudete – schmückte sie nicht ihr *Äußeres* mit schönen Dingen, weil sie nicht in der Lage war, die Leere in ihrem *Inneren* auszufüllen? –, erzählte sie mir, daß es eine Phase in ihrem Leben gegeben hatte, in der sie ganze Tage damit verbracht hatte, in Geschäfte zu laufen und sich Kleider zu kaufen.

Letztendlich schien sie zu erwarten, daß die Analyse ihren Gefühlen und ihrem Verhalten das Gütesiegel der Schönheit und des Adels verleihen sollte – wie sie es selbst tat, indem sie ihren Körper oder ihr Haus mit Juwelen, Kunstgegenständen und -werken überhäufte. Diese Suche nach Bestätigung der Idealisierung des Selbst erlaubte es mir, in der Übertragung für mich selbst folgende Hypothese zu formulieren: Die Änderung in ihrem Leben, die eintrat, als sie die Beziehung zu ihrem Liebhaber begann und sie ihre „latente" Perversion auszuleben begann, wurde durch die Tatsache ermöglicht, daß letzterer ein Ästhet war, der sie dazu gedrängt hatte, eine Kunstmäzenin zu werden. Die Idealisierung ihrer Objekte und ihrer prägenitalen Triebe, die daraus folgten, ließ sie in eine neue Dimension fallen – Perversion. Die Kluft zwischen ihrem bourgeoisen Leben, in dem sie „lamour à la papa" machte, und ihrem neuen Leben, in dem ihr Liebhaber sie anleitete, abwechselnd die Rolle des Sir Stephen oder die der „O" zu spielen (Gestalten aus dem französischen erotischen Buch *Die Geschichte der O*), ist auf diese Idealisierung zurückzuführen, die sie nun von mir bestätigt haben wollte. Ich wurde skeptisch, was ihre Fähigkeit zur Übertragung anging. Niemals gab es den Vorschlag, ihre Objektbeziehungen zu ändern. Sie schien die Existenz jeder anderen Art von Beziehung völlig zu ignorieren.

Sie berichtete eine Kindheitserinnerung, die in meinen Augen die Elemente der Lösung, die sie gewählt hatte, konzentriert enthält: Ihre Mutter scherzte mit ihrem eigenen Vater und ihr, als kleines Mädchen, über ein skatologisches Thema. Rrose beschmierte sich den Kopf mit Exkrementen, was ihre Mutter amüsierte und sie gleichzeitig zwang, sie zu baden. Indem sie ein schmutziges Balg und ein verschmutztes Kind war, hatte sie sowohl sadistisch als auch masochistisch einen analen Austausch mit der Mutter, die ihrerseits einen mit ihrem Vater erlebte (dem Großvater mütterlicherseits der Patientin). Dies erlaubte es ihr, jeden Hinweis auf Genitalität und auf das Bild ihres Vaters zu übergehen. In ihrer Perversion erlebte sie dies anale Spiel mit ihrer Mutter und die Vermeidung der genitalen Dimension der Psychosexualität wieder. Das (zumindest anscheinende) Fehlen einer Projektion ihres Ich-Ideals auf eine genitale Urszene und auf Genitalität schienen mir nur eine schlechte Prognose zu erlauben. Natürlich bildeten ihr Bestreben, ihre prägenitalen Objekte zu idealisieren, ihre perversen Handlungen und ihr perverses Ich und daß sie diese Idalisierung bestätigt sah, einen offenkundigen Bruch. Dieser Bruch bestand zwischen einerseits der Überzeugung, daß nur die prägenitale Dimension der Psyche existiere, und andererseits einem unterdrückten und streng gegenübertragenen Gedanken, der sich seinen Weg ins Bewußtsein zu bahnen versuchte: nämlich daß Genitalität und alles, was dazugehört, der Prägenitalität überlegen ist. Dieser Bruch wird deutlich in der Notwendigkeit zu idealisieren. Ich habe vom inneren Zwang zur Idealisierung gesprochen (der die beständige Neigung des Perversen zum Ästhetischen erklärt), unabhängig davon, ob eine Sublimierung der prägenitalen Triebe auf einer spezifischen Ebene folgt oder nicht.

Rroses Über-Ich manifestierte sich auf eine merkwürdige Weise. Niemals schien sie ihre perversen Aktivitäten mit den Kriterien von „Schuld" zu messen, und ebenso nicht ihren Hang, ihre Objekte auf das Niveau von Teilobjekten zu reduzieren und sie zu fäkalisieren (worüber ich später sprechen werde). Andererseits legte sie den größten Wert auf gute Manieren. Beispielsweise verbrachte sie eine ganze Sitzung damit, die Frage zu entscheiden, ob sie wegen der Hitze in meinem Büro ihr Anzugjackett ablegen solle, denn sie war der Auffassung, daß „man das nicht tut".

Ich habe bereits über mein Gefühl der Demütigung gesprochen. Das hing damit zusammen, daß meine Patientin ständig versuchte, der Analyse eine andere Richtung zu geben. Denn für sie ging es weder um Verstehen oder um Änderung, sondern alleine darum, ihr perverses Verhalten um eine zusätzliche narzißtische Würze zu bereichern – eine Würze, die ihr als der einzige Nutzen der Analyse erschien, und sie setzte mich herab, indem sie sich beschwerte, daß ich nicht berühmt genug sei, aber die Analyse selbst erfreute sich ihrer höchsten Wertschätzung. Mein Eindruck war, daß ich einen kostbaren Gegenstand vergeudete, der von jemand anderem anders genutzt und geschätzt worden wäre.

Darüber hinaus – und ich weiß nicht, ob das bisher aus meiner Darstellung hervorgeht – war Rrose bemerkenswert stur. Ein Versuch, ihre kindlichen Säugschwierigkeiten zu interpretieren – nämlich als Projektion ihrer Aggressivität auf die Brust, indem sie sie schlechtmachte –, stieß auf eine Mauer von Unverständnis. Der Gedanke, daß sie ihre eigenen feindlichen Wünsche dem Objekt (der Brust) zuschreiben könnte, erschien ihr so absurd wie die Vorstellung, ein Marsbewohner könnte vor ihren Augen in meinem Büro landen. Mehrmals wiederholte sie, was ich ihr gesagt hatte, als ob sie es verarbeiten wollte; dann kam sie zu dem Schluß, daß, wenn es aggressive Gefühle in bezug auf die Brust gebe, das daran liege, daß alles, was aufgenommen, auch wieder ausgeschieden werde. Ich erklärte ihr, daß es viele Zwischenstufen gibt zwischen dem Moment, wo ein Baby saugt, und dem Moment des Ausscheidens dessen, was aufgenommen wurde, und bemerkte auch, daß sie mir gerade über ihre eigene Gefräßigkeit berichtet hatte. Sie beharrte auf ihrem Standpunkt, mit anderen Worten: Sie reduzierte den ganzen Prozeß auf ihren eigenen unbeherrschbaren Wunsch nach Nahrungsaufnahme, gefolgt von Ausscheidung; und sie wiederholte endlos, daß das, was aufgenommen wurde, wieder ausgeschieden werde. Zur selben Zeit bewies sie mir ihre Unfähigkeit zur psychischen Verarbeitung, die mit der Kurzschlüssigkeit des Metabolismus der Objektprozesse zusammmenfällt. Etwa zu dieser Zeit beschäftigte mich der Gedanke, eine metapsychologische Studie über die Dummheit zu verfassen; von ihrem Fall inspiriert, wäre eine solche Studie ein Kompromiß der Gegenübertragung zwischen meinem Gefühl der Irritation und meinem Wunsch, eine psychische Ätiologie für ihren Starrsinn zu finden, gewesen.

Ich will ein wenig zurückgehen. Die ersten Monate ihrer Analyse waren die mühseligsten. Ich mußte mich mit einer quälenden Phantasie herumschlagen. Tatsächlich stellte ich sie mir als Wache in einem Konzentrationslager vor. Diese Mischung aus Arroganz, Starrsinn, Sadomasochismus und der Fähigkeit, die Meinung anderer kritiklos zu übernehmen: das schien mir genau die Kombination zu sein, die zu einem SS-Mann paßt. Mit der Fähigkeit, die Meinung anderer zu übernehmen, meine ich ihre Neigung, ihre perverse Komponente unter dem Einfluß einer Person, die dieser eine narzißtische Würze zu geben vermag, auszuspielen, und ihr so eine Aura von Idealisierung vermittelt. Bestimmte Kollektivbewegungen, von denen eine ganze Menge die Grausamkeit idealisieren, spielen die Rolle, die die Ästhetik für Rrose Sélavy spielt. Diese meine Phantasie stellte mich vor die Frage, ob ich die Behandlung fortsetzen sollte. Konnte ich mich weiterhin mit einer Patientin beschäftigen, die in mir solche Gedanken hervorrief, begleitet von den entsprechenden Affekten? Als sie mir eines Tages erzählte, daß in dem Falle, daß ihre Kinder sterben würden, sie es schaffen würde, keine Trauer zu empfinden, war ich wie betäubt und meine sie betreffende Phantasie wurde noch intensiver. Paradoxerweise war ich geradezu erleichtert, als sie mir berichtete, daß sie und ihr Liebhaber „Auschwitz" spielten.

Meine sie betreffenden Phantasien waren das Echo ihrer eigenen. Später, in der Übertragung, machte sie die verschiedenen Methoden der Reduktion deutlich, die sie auf mich anwandte, um mich in ein Teilobjekt zu verwandeln. Sie stellte sich mich im Bett vor, im Nachthemd, wie ich Toastscheiben mit Butter bestrich und meinen Mann amüsierte, „wie ein Hund seinen Herrn amüsiert". Ich interpretierte diese Phantasie als auf ihrem Wunsch beruhend, einen Vater zu haben, der in der Lage ist, die Macht der Mutter einzuschränken. Sie nahm diese Interpretation mit einer gewissen Skepsis auf: Kann ein weniger als zweieinhalbjähriges Kind fühlen, daß ihm der Vater fehlt? Als ihre Mutter wieder heiratete, hatte sie einen Vater. Sie kam am nächsten Tag wieder und fragte sich, ob ich eine gute Analytikerin sei. Vielleicht wären meine Interpretationen falsch. Es war etwa eben zu dieser Zeit, daß sie ihre Mutter über ihren Vater befragte und sie um ihren Ehering bat. Ihre Absicht, mich auf ein Teilobjekt zu reduzieren, wurde kurz vor den Weihnachtsferien wieder deutlich, diesmal in zweifacher Beziehung. Wenn ich aus den Ferien kommen würde, mußte sie für drei Wochen verreisen, was eine Trennung von fünf Wochen bedeutete. Sie kam an einem Freitag – dem Tag vor unserer letzten Sitzung, dem Samstag, an dem die Banken geschlossen sind – und sagte mir, daß sie vergessen habe, Geld abzuheben, um mich zu bezahlen. Ich fragte sie, was sie davon hielte. Sie antwortete: „Oh, für mich sprudelt Geld aus einer Quelle." Ich antwortete darauf: „Ihre Quelle sprudelt nicht da, wo ich lebe." Das bezog sich auf kurz vorher interpretiertes Material, das mit oraler Frustration in Zusammenhang stand.

Am nächsten Tag kam sie und berichtete den folgenden Traum, der bewies, daß meine Intervention ihr Unbewußtes berührt hatte, jedoch nicht dort, wo ich es hätte erwarten können. „Ich liege auf dem Boden. Nicht weit von mir ist eine Quelle, und mein Bein, um das ein rotes Band geschlungen ist, befindet sich in der Quelle. Es ist dort, um kühl gehalten zu werden wie in einem Kühlschrank." Anscheinend hatte sie mich in ihr Bein verwandelt (was ihr erlaubte, mich als einen Teil ihrer selbst zu benutzen, *to pull my leg* = mich zum Narren zu halten), und ihre Vergeßlichkeit bezüglich der Bezahlung diente dem Zweck, während ihrer Abwesenheit mit mir in Verbindung zu bleiben (indem sie mich kühl lagerte). Gleichzeitig bin ich ein Weihnachtsgeschenk, umschlungen mit einem roten Band. Diese Transformation des Objekts in einen Fetisch dient der Vermeidung jeden Trennungsschmerzes. Meiner Meinung nach ist es klar, daß eine Kontrolle, die in dieser Weise auf das Objekt ausgeübt wird, dieses auf den Status von Exkrementen reduziert. Wie das Material zeigt, ist diese Kontrolle jedoch auch Schutz gegen ein gefährliches Objekt – z.B. wie sie sich mich als Hund in Beziehung zu seinem Herrn vorstellt. Rrose Sélavy beginnt die Sitzungen häufig, indem sie winzige Details meiner Kleidung kommentiert: „Das Kleid, das sie anhaben, ist blaß malvenfarbig. Es muß aus einem wollenen Gazestoff sein. Die Blumen auf dem Saum sind ein wenig heller als ihre Schuhe. Ihr Lippenstift ist etwas dunkel. Ich würde ihnen ihr Make-up gerne anders machen. Ich habe für meine Mutter eine Creme gekauft."

Ich fühle mich in einem Netz gefangen. Rrose Sélavy fügt hinzu: „Ich liebe es, Leute zu beschreiben, ihre Konturen nachzuziehen wie die eines Fleckens auf einem Tischtuch ..." Ich frage sie: „Wenn Sie ihre Mutter, mich und andere Menschen im allgemeinen nicht auf den Rang von Flecken auf einem Tischtuch reduzieren würden, hätten Sie dann Angst, daß sie Ihnen auf Grund ihrer autonomen Existenz entkommen könnten und Sie sie dann verlieren würden?" (Normalerweise gebe ich ziemlich kurze Erklärungen. Die Länge einiger der Interpretationen, die ich Rrose Sélavy zu geben pflegte, ist wahrscheinlich eine unangemessene Gegenübertragungsreaktion auf ihre mangelnde Fähigkeit, zu verstehen, zu verinnerlichen und zu verarbeiten.) Rrose erwidert jedoch erneut: „Aber wenn ich nun einmal so bin, muß ich das akzeptieren. Man hat das zu sein, was man ist ..." Ich frage sie, ob sie sicher ist, daß sie nur „das" ist, und ob sie nicht glaubt, daß sie „so" ist, weil sie Angst hat, anders zu sein. Rrose scheint nicht zu verstehen: „Mein Geliebter sagt, daß man das zu sein hat, was man ist." Ich gebe auf.

In einer weiteren Sitzung unmittelbar nach dieser erzählt sie mir: „Mein Geliebter verlangt, daß ich ihn ohne Höschen und mit Stiefeln besuchen soll. Ich möchte das nicht. Ich muß verstehen, warum ich das nicht möchte." Rrose hat selten einen Orgasmus mit ihrem Liebhaber; wenn sie jedoch einen hat, glaubt sie, daß sie sich immer mehr akzeptiert, wie sie ist, weil das bedeutet, daß sie es akzeptiert, geschlagen zu werden und Genuß daran zu empfinden. Er ist, wie sie sagt, ein Egoist. Er genießt, ohne sich um sie zu kümmern. Auf einer Kassette hat er für sie aufgenommen, was er von ihr erwartet. Auch sie hat alle ihre eigenen Wünsche aufgenommen. „Warum?" – „Damit er das endlich in seinen Kopf kriegt!" (sic) Einige Sitzungen später jedoch erzählt sie mir, daß Pierre, ein Freund, zu ihr gesagt habe, daß sie ihn und Mary, seine Frau, behandle, als ob sie Sachen seien. Dieser Satz bedeutete ihr nichts. Er war Kauderwelsch. Jetzt versteht sie besser.

Julia, ihre Tochter, wird bald ihren fünfzehnten Geburtstag feiern. Rrose wird nicht zu ihren Sitzungen kommen, weil große Vorbereitungen zu treffen sind. (Wegen der großen Entfernung zwischen Paris und ihrem Haus in Südfrankreich sind ihre Sitzungen um das Wochenende gruppiert.) Sie ruft mich an und fragt mich, ob ich ihr außerordentliche Sitzungen innerhalb der Woche einräumen kann. Ich gebe ihr zwei Termine, Dienstag um Viertel nach eins und Mittwoch morgen. Am Dienstag erscheint sie nicht. Wie gewöhnlich gehe ich um zwei Uhr. Ich bekomme einen Anruf, der mich darüber informiert, daß um Viertel nach zwei eine Person aufgetaucht ist. Meine Angestellte sagt ihr, daß die Verabredung um Viertel nach eins gewesen ist, aber sie ist offensichtlich sehr verärgert und besteht darauf, daß ich den Fehler gemacht habe. Ich aber bin sicher, daß ich Viertel nach eins festgelegt habe, denn ich war nicht allein im Zimmer, als sie anrief und die Zeit unserer Verabredung bestimmt wurde. Als sie am nächsten Tag kommt, ist sie gereizt und erzählt mir, daß ihre Reise sehr teuer gewesen sei usw. und daß ich diejenige sei, die den Fehler gemacht habe. Dann berichtet sie mir, daß auf der Rückreise von der letzten Sitzung ein Mann im Zug ihr seine Lebensgeschichte erzählt hat. Er hatte gerade mit der Frau, die er liebte, gebrochen usw. An einem bestimmten Punkt hat er sie gefragt, ob sie durstig sei. Sie sagte ja, und er ging und kaufte ihr eine Cola. Sie begann zu weinen. Ihr Geliebter kümmert sich nie um sie und käme nicht auf die Idee, daran zu denken, ob sie durstig ist oder nicht. Warum muß sie mit so einem Mann zusammen sein. Dies ist das erstemal, daß sie eine so große Bewußtheit ihrer eigenen Gefühle zeigt. Ich erkläre ihr dann, daß es etwas in ihr gibt, das große Angst davor hat, diese Art der Beziehung zu ändern, in der sie leidet und andere leiden macht. Als ich Verabredungen für die außerordentlichen Sitzungen, um die sie gebeten hat, treffe, als ich ihr eine Cola gebe, damit sie ihren Durst löschen kann, zwingt sie sich Frustration auf und stellt die kontroverse Beziehung mit mir wieder her. Sie muß mich als schlechte Person sehen und mit mir kämpfen. Sie verläßt mich ruhig und lächelnd.

Nach Julias Geburtstag kommt sie wieder und berichtet mir von einer Erinnerung an die Zeit, als sie acht Jahre alt war. Sie war in einem Internat in der Schweiz. Die Kinder, die noch nicht trocken waren, wurden von der Direktorin, die Tante Malvina genannt wurde, geschlagen. Sie selbst war trocken, aber eines Tages näßte sie in die Hosen und wurde nun ihrerseits geschlagen. War das vielleicht schon ihr Masochismus? Sie hatte einen Traum. Sie lag in einem Klubsessel, eine Art Bett, wie sie es in der Schweiz hatte. Sie hatte eine Militärdecke. Sie fühlte sich vernachlässigt und krank im Kopf. Busse, Autos, Flugzeuge und rote Hubschrauber erhoben sich in die Luft. Sie wurden von Männern gesteuert, die aussahen wie Folons Figuren. Sie schlugen mit ihren Armen, den unermeßlichen Armen, und machten ihr freundliche Zeichen. Sie bewundert die Tatsache, daß sie sich so in die Luft erheben können.

A: „Folons Figuren?"

R: „Ja. Mit schwarzen Armen und ohne Gesichter ... Schwarze Arme wie die Trauerbänder, die ich getragen habe, als ich klein war, natürlich nicht für Vater, später, für andere ..."

A: „Sie waren krank im Kopf. Was bedeutet das?"

Rrose beginnt mit einer ausführlichen Beschreibung all der Arbeit, die Julias Geburtstagsempfang für 200 Personen gemacht hat. Sie war ganz alleine. Ihr Mann wollte nicht kommen. Er sagte ihr, er habe ein neues Leben begonnen. Er haßt seine Schwiegereltern. Sie sagte ihm, daß ihre Eltern nicht anwesend sein würden. Aber es war nichts zu machen. Er kann solche Empfänge nicht ausstehen. Julias Vater war nicht anwesend. Und ihr Liebhaber wollte auch nicht kommen. Was sollen die Leute über das Leben denken, das sie führt? Am Anfang hatte ihr Liebhaber zu ihr gesagt, er wolle ihren Kindern ein Vater sein. Aber in Wirklichkeit haßt er sie. Am Tag vor der Gesellschaft rief sie ihn um drei Uhr in der Nacht an. Sie sagte ihm, daß sie ihn hasse, und nannte ihn „einen Schmerz im Arsch". Sie war wie eine Verrückte. Sie war im Delirium. Sie hatte eine Mogadon genommen. Normalerweise hatte das nicht so eine Wirkung. Aber diesmal war sie wie losgelassen.

Ich erklärte ihr dann, daß ihr beständiges Klagen über den fehlenden Vater für ihre Tochter ihren eigenen Schmerz darüber ausdrückt, keinen Vater zu haben. Aber sie hat Angst vor diesem Schmerz und vor der Hoffnung, daß diese Männer aus einer anderen Zeit – Folons Figuren, die wie ihr Vater kein Gesicht haben – zu ihr kommen. Sie muß alles, was mit dem Tod ihres Vaters zu tun hat, verbergen (die Militärdecke), weil das Entstehen von ihn betreffenden Gefühlen in ihr die Angst erweckt, verrückt zu werden. Es ist das Ende der Sitzung. Rrose Sélavy sagt nichts und geht lächelnd.

Es muß festgehalten werden, daß sich die Idealisierung nicht mehr auf Rroses Körper bezieht (sie ist vernachlässigt), sondern sich auf Flugmaschinen richtet. Gleichzeitig wird hier im Material der Patientin erstmalig Irrsinn erwähnt. (Fol-on, Krankheit des Kopfes: „fol" und „folle" heißen auf französisch „närrisch".) Am nächsten Tag kommt sie wieder und zieht geradeheraus meine Interpretation der letzten Sitzung in Zweifel. Sie fürchtet, daß ich mich irre. Vielleicht bin ich eine schlechte Analytikerin – abgesehen davon, daß sich auch ein guter Analytiker irren kann. Dieser Traum steht in Beziehung zu ihrem Aufenthalt in der Schweiz. Nun, offensichtlich „schließt das eine das andere nicht aus". Ich sage ihr, daß sie möglicherweise in der Schweiz, in ihrer Beziehung zu Tante Malvina, ein Mittel gegen den Schmerz um ihren Vater gefunden hat.

Die Patientin beschreibt einen Traum, den sie gerade gehabt hat. Ein Mann, der ihr Liebhaber gewesen ist und sie plötzlich verlassen hat, obwohl er ein warmherziger Mensch war, ist mit seiner Frau anwesend. Er bietet auf väterliche Weise Rroses Sohn Bücher an. Trotz ihrer Zweifel zu Beginn der Sitzung scheint Rrose meine Interpretation akzeptiert zu haben und baut in ihrem Traum eine ödipale Szene auf: das

Paar, ihr Exliebhaber und seine Frau, und das Geschenk (ein Buch, d.h. Wissen), das der Vater dem Kinde gibt, das sie repräsentiert. Die Fahrzeuge, die sich in ihrem Irrsinnstraum in die Luft erheben, repräsentieren den Penis des Vaters, der schließlich doch noch bewundert wird, und den sie durch Tante Malvinas Peitsche ersetzt hatte.

Rrose fährt mit ihrer Geschichte fort. Sie hat den Film *Ein besonderer Tag* gesehen und spricht über die Handlung so zusammenhängend und klar, wie es für sie ungewöhnlich ist. Die Liebe zwischen dieser Frau und dem Homosexuellen, die die einzigen sind, die Hitlers Ankunft in der Stadt nicht bejubeln, hat sie sichtlich bewegt. Fängt sie an, sich eine Beziehung vorzustellen, die außerhalb der Dimension liegt, die so offensichtlich mit dem Hitlertum verknüpft ist?

Die folgende Sitzung ist ganz dem Bericht eines Traumes gewidmet, den sie noch nicht erzählt hat und den sie zwischen dem Irrsinnstraum und den beiden oben beschriebenen Sitzungen hatte. Rrose befindet sich in einem sehr langen, niedrigen, dunklen Raum mit je einem Fenster an den Enden. Da und dort gibt es irgendwelche Unterteilungen, aber gleichzeitg ist es ein einziger Raum. Ihr Liebhaber, der auf einer Matratze schläft, nimmt einen Teil des Raumes ein. Der Bruder ihres Liebhabers und Rrose, die Freundin des Bruders (deren Vorname derselbe ist wie der der Patientin) sind ebenfalls anwesend. Rrose, die Freundin, ist wie gewöhnlich auf männliche Art gekleidet. Sie macht der Patientin ein Kompliment wegen ihres seidenen Kleides, das sie „weiblich" findet. Der Bruder ihres Liebhabers kommt in den Raum, wo die Patientin steht. In seiner Hand hält er eine „Bratpfanne, in der ein Omelette und zwei sehr appetitliche Tomaten mit ihren Unterseiten nach oben schmoren". Vielleicht sind das Brüste, fügt sie hinzu. In der Wirklichkeit ist der Bruder ihres Liebhabers ein guter Koch. Es ist, als ob die Küche sich in der Mitte des Raumes befände. Der lange, dunkle Raum hat etwas Ungesundes an sich. Zu Beginn ihrer Ehe hat sie eine Villa am Meer gemietet. Sie hatte Schwierigkeiten mit der Empfängnisverhütung. Sie hat sich eine Spirale einsetzen lassen. Die schmerzte. Sie weinte. Sie mußte sie entfernen lassen. Nebenbei bemerkt, sie hat vergessen zu erwähnen, daß ein früherer Liebhaber, der gerade geheiratet hat, ebenfalls in ihrem Traum anwesend war. Er war da mit seiner Frau. Rrose kann nicht kochen. Das ist ein ständiger Streitpunkt für ihren Liebhaber. Ihre Mutter kann ebenfalls nicht kochen. Sie konnte nichts von ihr lernen. An Sonntagen gab es immer ein großes Durcheinander, weil das der Tag war, an dem das Personal frei hatte. Ihre Mutter machte üblicherweise ein Omelette, das sie verdarb. Austine, die Haushälterin, wußte, wie man wundervolle Tomatenomelettes zubereitete. Auch Rrose versuchte es, jedoch ohne Erfolg. Der Tomatensaft vermischte sich mit den Eiern. Vielleicht liegt es daran, daß die Tomaten, die „mit ihren Unterseiten nach oben in der Pfanne schmoren", separat liegen.

Ich denke bei mir, daß wir wieder in die Welt der Unordnung zurückgekehrt sind. Der lange, niedrige, dunkle und ungesunde Raum mit den Fenstern an beiden Enden erinnert mich an Rroses Vorstellung vom Verdauungskanal (die oben in der Episode, die Rroses Nahrungsprobleme behandelte, dargestellt wurde): eine Röhre mit zwei Öffnungen als Eingang und Ausgang, eine homogene Röhre, die das Objekt ohne jede Differenzierung auf irgendeiner Stufe passiert. Es ist ebenso ein Anus, wo Rrose und ihr Liebhaber wieder eingezwängt sind (die Matratze), also auch ein Bild ihrer „ungesunden" Vagina, ihres schmerzvollen und fruchtlosen Sexuallebens. Es ist der Mann, der ernährt (und nicht die Frau). Die Tomaten sind gleichzeitig „Ärsche" und Brüste. Rrose, die ihre Männlichkeit auf ihre Namensvetterin projiziert, stellt sich als von einer Frau umworben dar usw. Das Ergebnis: Vermischung der Zonen, Vermischung der Geschlechter, Vermischung der Funktionen. Während ich noch über diesen Rückfall ins Undifferenzierte nachdenke, sagt Rrose: „Was für ein Mischmasch oder was für ein Omelette!"

Wie ich bereits ausgeführt habe, bin ich der Auffassung, daß diese Undifferenziertheit Teil der sadistisch-analen Phase ist, wo alle Objekte, erogenen Zonen, Ideale usw. vom Verdauungskanal pulverisiert und in identische Partikel zerlegt werden, die Fäkalien. Ich habe deutlich machen können, daß diese Regression Teil jeder Perversion ist, wie auch immer sie aussehen mag, und nicht nur des Sadomasochismus. Meine Theorie gründet sich auf die Gleichung: Penis = Fäkalien = Kind, was bei der Perversion wörtlich genommen werden muß. Fäkalien gehören sowohl Männern wie Frauen, Kindern und Erwachsenen an, während man ein Mann sein muß, um einen genitalen, zeugungsfähigen Penis zu besitzen, und eine Frau sein muß, um ein Kind in die Welt zu setzen, in beiden Fällen muß man das Stadium des Erwachsenenseins erreicht haben. Mit anderen Worten: Den Penis und das Kind mit Fäkalien gleichzusetzen führt dazu, den doppelten Unterschied zwischen den Geschlechtern und den Generationen – die Basis der Wirklichkeit und aller Unterschiede – aufzulösen. Auf diese Weise verschwinden die genitale Ordnung und der genitale Penis des Vaters aus der psychischen Szene.

Es gibt jedoch in Rroses Traum den Versuch einer Differenzierung in Form der angedeuteten Aufteilung des langen Raumes und der Separierung der Tomaten von dem Omelette. Dieser letzte Punkt gestattet es mir festzustellen, daß die einfachsten Alltäglichkeiten durch die Regression in die analsadistische Dimension und den ihr innewohnenden Mangel an Differenzierung behindert werden können. So ist Rrose nicht in der Lage, ein Omelette zuzubereiten, ohne es zu einem Mischmasch zu machen. Die Fähigkeit, auf die Idee zu kommen, die Tomaten separat zu schneiden und zu kochen, um ihren Saft zu extrahieren, und sie dann mit den geschlagenen Eiern zu vermischen, um daraus ein Omelette zu machen, würde voraussetzen, daß Rrose nicht in das Universum gefallen wäre, in dem die spezifischenn Eigenschaften von Objekten sich nur vermischen können, indem sie sich selbst zerstören und ein Amalgam bilden, das verdauter Nahrung ähnelt, wie sie in Form von Fäkalien erscheint. Es wäre notwendig gewesen, daß Rroses Mutter ein angemessenes Identifikationsobjekt dargestellt hätte. Sie lehrte sie nicht, wie man kocht („die Vermischung", genitale Sexualität).

Ich bin nicht der Meinung, daß die zur Perversion gehörende analsadistische Regression immer die gleichen Endergebnisse hätte. Jeden Perversen beeinflussen natürlich verschiedene Faktoren, was zu einem breiten Spektrum von Möglichkeiten führt. Man kann annehmen, daß die Kleider, die in dem Traum erwähnt werden, ein Anzeichen für einen neuen Versuch sind, das perverse Selbst und die damit verbundene Analität zu idealisieren, während das Paar, das Rrose vergessen hat zu erwähnen, ein ödipales Rudiment darstellt. Rrose berichtete mir von ihrer Mutter, die nicht kochen konnte. Ihre Mutter, sagt sie, ist eine unternehmende Frau, die die Männer herumstößt. „Mein Vater war eindeutig schwach, und mein Stiefvater ist es auch. Meine Mutter hat einen alten Liebhaber, von dem man sagt, er sehe aus wie mein Vater. Vielleicht hat sie am Ende doch mit ihm weitergemacht und will nur nicht darüber sprechen ..."

Ein Problem, das auftaucht, ist das Entstehen, ob nun dauerhaft oder kurzfristig, des perversen Mechanismus der analsadistischen Regression und der Idealisierung dieser psychosexuellen Dimension und des damit einhergehenden Ausschlusses des Vaters, seines genitalen Penis und des genitalen Universums allgemein. Ein anderes Problem ist die Bestimmung der Funktion dieser Perversion im Verhältnis zur Psychose. Ist es einfach eine Frage der Vermeidung psychischen Leidens, das durch den Tod des Vaters verursacht wird, indem es durch eine sadistische Beziehung zur Mutter ersetzt wird (die unternehmende Frau, der Liebhaber), in der sie abwechselnd die Mutter mit der Peitsche und das geschlagene Kind spielt, während der Vater ausgeschlossen bleibt? Oder ist es so, daß sie in der Art eines perversen Jungen die Illusion aufrechtzuerhalten sucht, sie sei das einzige Liebesobjekt ihrer Mutter, indem sie die Prägenitalität eines kleinen Mädchens und infantile Sexualität höher einschätzt als die Genitalität und den genitalen Penis des Vaters, wobei der Tod des Vaters noch hilfreich ist? Wie Rrose sagen würde, vielleicht schließt das eine das andere nicht aus.

Die erste Sitzung in der folgenden Woche ist bestimmt von einem starken Ausbruch von Perversion, ähnlich wie in der letzten Sitzung der Woche, die ich gerade beschrieben habe. Rrose erscheint sehr herausgeputzt. Sie trägt ein fuchsienfarbenes Kleid und mit glitzernden Pailletten besetze Schuhe, ein wenig an die Disco-Mode erinnernd. Ein Bild schoß mir durch den Kopf: die Puppe Olympia aus *Hoffmanns Erzählungen*. Als sie sich hinlegte, sagte sie: „Jedesmal, wenn ich auf der Couch liege, na, fast jedesmal – jedenfalls heute – frage ich mich, ob ich korrekt aussehe, wie es sein sollte, und ob ich passe."

> A: „Passen wozu?"
> R: „Meine Mutter war eine sehr strenge Frau. Sie hatte einen strengen Moralkodex. Wenn sie abends ausging, trug sie ein enges, glitzerndes Abendkleid. Diese Erinnerung an die Mutter in einem glänzenden Kleid ist bereits vorher in ihrem Material aufgetaucht. Aber nicht sexy. Sie war auf majestätische Weise schön. Ein Filmstar. Eine Göttin. Sie stellte sich auf ein Piedestal. Ein Typ wie Greta Garbo. Göttlich. Sie haßt Vulgarität. Sie ist wie ich. Ich gleiche ihr darin sehr. Wenn ich mich hinlege, frage ich mich, ob der Saum meines Kleides die richtige Höhe hat. Es ist einiges geschehen diese Woche. Es beunruhigt mich, Ihnen davon zu erzählen. Vielleicht sind Sie nicht damit einverstanden. Ich habe mich meinem Liebhaber ganz hingegeben wie die „O" oder Justine sie hat kürzlich einen pornographischen Film gesehen, der auf Sades *Justine* basiert oder wie Nonnen, die auf der Suche sind nach dem absoluten Dein Wille geschehe'. Ich habe es genossen."

Alle ihre großen Phrasen sind offensichtlich entliehen und sind nicht Teil ihres Vokabulars. Sie ziert häufig ihre Rede mit einem Mosaik aus Zitaten. Eines Tages, als sie sich im Spiegel betrachtete, sagte sie zu mir, sie sähe „ein mitgenommenes, bemitleidenswertes, verlorenes und durchsichtiges Gesicht – wie eine vom Meer umhergeworfene und von den Wellen ans Ufer gespülte Muschel". Abgesehen von solchen literarischen Reminiszenzen, sind viele ihrer Aussprüche Wiederholungen der Worte ihres Liebhabers.

In diesem Moment entzünde ich eines der Räucherstäbchen, die ich in meinem Büro habe. Der Gegenübertragungscharakter dieser Geste wird mir augenblicklich bewußt. Rrose sagt darauf:

> R: „Sie haben sich gerade eine Zigarette angesteckt. Das ist ein Zeichen, daß sie glücklich sind. Es ist eine ägyptische Zigarette. Vielleicht nehmen Sie Drogen ... Nein, ich glaube nicht, nicht mit dem Leben, das Sie führen, und den Arbeiten, die Sie hinter sich bringen .... (sic). Ich bin froh, daß ich mich über meinen Vater geärgert habe, weil er gestorben

ist."
A: „Über Ihren Vater geärgert?"
R: „Ja, in den letzten Sitzungen. Der Haß, den ich für meinen Liebhaber oder meine Kinder empfinde sic, hat mit meinen Gefühlen mit meinem Vater zu tun."
A: „Ist das alles, was Ihnen die letzten Sitzungen gebracht haben? Haß, und nicht Leiden?"
R: „Ich leiden? Das habe ich niemals in mein Leben eindringen lassen; das kapsele ich sofort ab ... Sie sagt dies voll Stolz. Nach meinen Sitzungen wurde mir klar, daß ich Julias Empfang am vierzigsten Todestag meines Vaters gegeben habe. Als ich merkte, daß meine Mutter nicht über meinen Vater sprechen wollte, dachte ich, sie verachtet ihn. Ich verbannte ihn und die mit ihm zusammenhängenden Erinnerungen in den hintersten Winkel meines Gedächtnisses. Ich bin das schwarze Schaf der Familie. Physisch bin ich nicht wie die anderen ... Ich möchte gern wissen, was ich meinem Geliebten über diese Sitzung erzählen werde. Ist es gut, ist es schlecht?"

In der nächsten Sitzung geht Rrose, wenn auch mit einer gewissen Reserve, detaillierter auf die sexuelle Beziehung zu ihrem Liebhaber ein. Manchmal fordert er sie auf, ihn dazu zu zwingen, bestimmte Dinge zu tun, manchmal unterwirft sie sich seinem Willen.

A: „Manchmal sind Sie sein Objekt, und manchmal ist er Ihr Objekt?" Ich benutze wieder das Wort „Objekt" der letzten Sitzungen.
R: „Ja. Ich wüßte nicht, was mir das ersetzen könnte ... Vielleicht sollte ich die Analyse beenden ... Vielleicht bin ich geheilt ... All diese Phantasien ... Es ist, als ob ich ein neues glänzendes Objekt im Sand gefunden hätte." Die „perverse Lösung" als idealisierter Schmutz.
In der nächsten Sitzung verkündet Rrose: „Ich habe damals den Traum, als ich in dem Armsessel in der Schweiz saß und wo Flugmaschinen landeten und Männer mit schwarzen Trauerbinden, nicht zu Ende erzählt." (Sie hatte aus nichts schließen lassen, daß der Traum noch nicht zu Ende sei.)
R: „Ich befinde mich mit meinem Geliebten in einem Haus. Wir sprechen über unsere Reise in die Vereinigten Staaten. Dann gehe ich hinaus. Ich treffe meine Töpferei- und Weblehrerin, die etwas zu mir sagt. Ich gehe zur Toilette. Ich erinnere mich nicht mehr, ob ich meine Lehrerin auf dem Wege zur oder von der Toilette traf. Ich gehe in die Toilette. Sie ist überwältigend. Absolut raffiniert. Sie ist wie die *powder-rooms* in England. Ich liebe die englischen Toiletten. Sie sind luxuriös. Toiletten erinnern mich an das Badezimmer meiner Mutter. Was für eine Eleganz ... Rrose spricht in einem manirierten, affektierten und kapriziösen Tonfall. Das in meinem Traum war türkisfarben und weiß. Das Fenster

war mit mehreren Farbschichten überzogen, um ein sanftes, mildes Licht zu erzeugen. Ein tiefer Teppich bedeckte den Boden. Es gab flauschige Handtücher ... Da war ein englisches Mädchen mit flammendrotem Haar, das mich an die Frau in dem Schönheitssalon, den ich besuche, erinnerte. Sie beschäftigte sich mit meinen Beinen. Sie enthaart sie. Die Toilette mit ihrer Raffinesse erinnert mich an den Laden mit Namen „Göttliche Schönheit", wo ich Seife und Kosmetika kaufe. Das hat auch mit meiner Mutter zu tun. Ich sagte, daß sie göttlich war. Da lag ein sterbendes Insekt auf dem Boden, das sich im Todeskampf befand. Die Töpfereilehrerin ... Ich habe aufgehört zu weben. Die Vereinigten Staaten sind die neue Welt ...".

A: „Sie haben die beiden Teile ihres Traumes durch mehrere Sitzungen getrennt ... Vielleicht weil Sie die Antwort gefunden haben, was die zweite Hälfte ihres Traumes bedeutet im Verhältnis zu dem, was die erste Häflte ausdrückt: Sehnsucht nach Ihrem Vater und Angst, daß diese Sehnsucht sie verrückt werden lassen könnte. Die neue Welt ist die Welt Ihres Liebhabers, Ihrer Mutter und der Toilette, die Sie ausschmücken, weil Sie zu verbergen versuchen, daß es sich um Scheiße handelt ..."

Ich glaube, daß die Töpferei- und Weblehrerin – ein Versuch zur Sublimierung – mich repräsentiert. Dasselbe gilt für das englische Mädchen, das sich um die Enthaarung ihrer Beine kümmert – indem sie sie glättet und die Haare und damit auch die Analität beseitigt. Diesmal helfe ich ihr dabei, ihr Selbst zu idealisieren und die fäkale Welt mit einer Oberfläche in glänzenden Farben zu maskieren. In der letzten Sitzung hat sie mich scharf getadelt, weil ich sie wegen eines Wortes, das sie ausgesprochen hatte, unterbrochen habe. Sicher kann ich genau so gut Französisch wie sie. Sie würde selbstverständlich verstanden haben, hätte sie auf englisch gesprochen...

Rrose ist irrtiert, dann ärgerlich.

R: „Ich verstehe nichts von dem, was Sie sagen. Zunächst einmal hat mir mein Geliebter erklärt, daß Liebe Herrschaft über den anderen ist. Seine Analyse bestätigte das sic. Darüber hinaus kann ich nicht erkennen, was es anderes in der Liebe geben könnte. Sexualreports zeigen nur dies: Sadomasochismus, Beherrschtwerden, Homosexualität, Exhibitionismus. Nun, vielleicht gibt es beim Exhibitionismus kein Beherrschtwerden, aber was soll es anderes geben?"

A: „Anderes als eine beschissene Beziehung?" (Wir hatten vor ziemlich

langer Zeit über Toilettentraining gesprochen.)
R: (erstaunt, laut sprechend) „Natürlich, und das keineswegs nur in übertragenem Sinn. Es ist wahr. Es kommt in unseren Phantasien vor. Zu scheißen und den Partner zum Scheißen zu bringen."

Es könnte sein, daß Rrose „Phantasien" nennt, was in Wirklichkeit echte Handlungen sind. Sie fährt fort: „Auf jeden Fall ist alles Zwang. Liebe, Schreiben und auch Weben, alles ist Zwang. Ich schreibe ein Tagebuch über meine Analysen." Ich sagte nichts mehr. Es war das Ende der Sitzung. Rrose verließ mich mit einem häßlichen Blick.

Kurze Zeit später brach Rrose mit ihrem Liebhaber, nachdem sie den folgenden Traum gehabt hatte: Sie liegt auf der Analysecouch. Sie trägt Stiefel mit extrem hohen Absätzen. In der Wirklichkeit hat ihr Liebhaber von ihr verlangt, sich solche Stiefel anzuschaffen. Ihr Füße schmerzen. Ich ziehe ihr die Stiefel aus. Wir unterhalten uns freundlich, und ich massiere ihre Füße. Sie trägt billige Hosen, die sie in der Nähe meiner Wohnung gekauft hat. Vielleicht im *La Ville de Nancy*. Sie meint, daß sie ziemlich gut wären. Vielleicht hatte sie genug Zwang erlebt? Tatsächlich dauerte der Bruch mit ihrem Liebhaber nur einige Monate. Der erste Traum, den Rrose über die Wiederaufnahme ihrer Beziehung zu ihrem Liebhaber hat, ist der folgende: Sie hat sexuellen Verkehr mit ihm. Überall ist Blut. Sie hat Angst, ihm das zu sagen, aber sein Penis sieht entschieden aus, wie manchmal Hundescheiße aussieht, die das Straßenpflaster verdreckt.

14. Kapitel

Eine metapsychologische Untersuchung der Perversionen

In diesem abschließenden Kapitel versuche ich, die Grundzüge einer Gesetzmäßigkeit des Realitätsverlustes in der Perversion im Vergleich zum Realitätsverlust in einer Neurose und einer Psychose zu umreißen. Ich will hier die Perversionen von einem metapsychologischen Standpunkt aus angehen. Aber ehe ich mir die Freiheit nehme, meine eigenen Gedanken darzustellen, ist es meiner Meinung nach nötig, sich Freuds Vorstellungen über perverse Mechanismen in Erinnerung zu rufen. Er sagt in *Drei Abhandlungen zur Sexualtheorie* (1905): „Die Neurose ist sozusagen das Negativ der Perversion." (S. 65) Dieser Aphorismus läßt weder der komplexen und differenzierten Verarbeitung einer Neurose noch der Originalität der Mechanismen, die für die Perversion spezifisch sind, Gerechtigkeit widerfahren. Freud geht so weit, von „positiven" und von „negativen" Perversionen zu sprechen, um Perversionen bzw. Neurosen zu bezeichnen. Und noch in den *Drei Abhandlungen* sagt er sogar über Neurosen, daß „das Studium der positiven Perversionen das genaue Gegenstück (ergibt)" (S. 67).

Die Abhandlung *Fetischismus* (1927) ist nichts weniger als eine Meinungsänderung. Freud beschreibt hier im Zusammenhang mit dem Aufbau des Fetischs zwei Mechanismen, die sich jeweils von dem neurotischen Verteidigungsmechanismus, dessen Modell die Verdrängung ist, unterscheiden.

In letzterem Fall geschieht das Verbleiben im oder das Zurückdrängen ins Unbewußte – dessen Sphäre die der isolierten psychischen Gruppen ist, bestehend aus Vorstellungen oder Erscheinungen, die mit den Instinkten zu tun haben – ohne jede Veränderung des Ich. Was den Affekt angeht, so wissen wir, daß er verdrängt, umgewandelt (in der Hysterie), von der Vorstellung getrennt, verlagert, so daß er eine falsche Verbindung mit einer anderen Vorstellung eingeht (in der Zwangsneurose), oder in Form von Angst abgeleitet wird. Schon zum Zeitpunkt von *Entwurf K* (1.1.1896, 1950) nahm Freud an, daß Wahnvorstellungen etwas mit der Veränderung bzw. Entstellung des Ich zu tun haben, ein Gedanke, auf den er in seinem Aufsatz *Weitere Bemerkungen über die Abwehr-Neuropsychosen* (1896) zurückkam. Bereits in seiner Abhandlung *Die Abwehr-Neuropsychosen* (1894) setzte er neurotische Mechanismen zu psychotischen in Gegensatz. In der Psychose verwirft

> „das Ich die unerträgliche Vorstellung mitsamt ihrem Affekt und benimmt sich so, als ob die Vorstellung nie an das Ich herangetreten wäre. Allein in dem Moment, in dem dies gelungen ist, befindet sich die Person in einer Psychose ... Das Ich reißt sich von der unerträglichen Vorstellung los, diese hängt aber untrennbar mit einem Stück der Realität zusammen, und indem das Ich diese Leistung vollbringt, hat es sich auch von der Realität ganz oder teilweise losgelöst." (S. 72f)

Man kann feststellen, daß Freuds Beispiele für das, was als typisch für den Mechanismus der Verleugnung genannt wird, gelten soll, mit der Ablehnung von Vorstellungen zu tun haben, die sich auf Objektverlust beziehen: die sitzengelassene Verlobte, die ihren Versprochenen jahrelang in ihren schönsten Kleidern erwartet; die Mutter, die nach dem Tod ihres Kindes unentwegt ein Stück Holz in ihren Armen wiegt.

Wir wissen, daß in „Der Wolfsmann" (1918) Verleugnung und Spaltung, ohne daß die Begriffe benutzt werden, beschrieben und dem Kastrationskomplex zugeschrieben werden.

> „Am Ende bestanden bei ihm zwei gegensätzliche Strömungen nebeneinander, von denen die eine die Kastration verabscheute, die andere be-

reit war, sie anzunehmen und sich mit der Weiblichkeit als Ersatz zu trösten. Die dritte, älteste und tiefste, welche die Kastration einfach verworfen hatte, wobei das Urteil über ihre Realität noch nicht in Frage kam, war gewiß auch noch aktivierbar." (S. 117)

Wenn es auch üblich ist, den „Wolfsmann" als die erste Schrift zu betrachten, in der die Verleugnung mit dem Kastrationskomplex in Beziehung gesetzt wird, läßt sich doch feststellen, daß dies bereits in der Abhandlung *Über infantile Sexualtheorien* (1908) sehr deutlich vorweggenommen wird. Der kleine Junge, der die Genitalien seiner Schwester sieht, hat bereits ein genügend starkes Vorurteil, um seine Wahrnehmung zu falsifizieren. Tatsächlich wird die Beziehung zwischen *Verleugnung* und dem Kastrationskomplex in den Jahren vor dem Erscheinen des Aufsatzes über den Fetischismus stark betont, etwa in *Die infantile Genitalorganisation* (1923), *Das ökonomische Problem des Masochismus* (1924) und in *Einige psychische Folgen des anatomischen Geschlechtsunterschieds* (1925).

Der Aufsatz *Neurose und Psychose* (1924), in dem Freud seine neue Strukturtheorie des seelischen Apparates auf das vergleichende Studium der Neurose und Psychose anwendet, schließt mit direkten Hinweisen auf Spaltung einerseits und auf Verleugnung andererseits:

„Es wird dem Ich möglich sein, den Bruch nach irgendeiner Seite dadurch zu vermeiden, daß es sich selbst deformiert, sich Einbußen an seiner Einheitlichkeit gefallen läßt, eventuell sogar sich zerklüftet oder zerteilt. Damit rückten die Inkonsequenzen, Verschrobenheiten und Narrheiten der Menschen in ein ähnliches Licht wie ihre sexuellen Perversionen, durch deren Annahme sie sich ja Verdrängungen ersparen.
Zum Schlusse ist der Frage zu gedenken, welches der einer Verdrängung analoge Mechanismus sein mag, durch den das Ich sich von der Außenwelt ablöst. Ich meine, dies ist ohne neue Untersuchungen nicht zu beantworten, aber er müßte, wie die Verdrängung, eine Abziehung der vom Ich ausgeschickten Besetzung zum Inhalt haben." (S. 391)

Die Abhandlung *Der Realitätsverlust bei Neurose und Psychose* (1924) bringt uns zur Verleugnung als zum Objektverlust in Beziehung stehend zurück. Indem er auf Elisabeth von R. zurückkommt, eine Fallgeschichte, die er in *Studien über Hysterie* (1895) publiziert hatte, erinnert uns Freud daran, daß das hysterische Leiden des Mädchens durch die Verdrängung (und die darauf folgende Rückkehr des Verdrängten) des Gedankens ausgelöst worden war, der ihr in den Sinn gekommen war, als sie am Totenbett ihrer Schwester gestanden hatte: „Nun ist er der Mann ihrer Schwester frei und kann dich heiraten." Freud schreibt: „Die psychotische Reaktion wäre gewesen, die Tatsache des Todes der Schwester zu verleugnen." (S. 364) Später sagt Freud im selben Artikel, „daß bei der Neurose ein Stück der Realität fluchtartig vermieden, bei der Psychose aber umgebaut wird ... Oder noch anders ausgedrückt: Die Neurose verleugnet die Realität nicht, sie will nur nichts von ihr wissen; die Psychose verleugnet sie und sucht sie zu ersetzen." (S. 365)

Die Abhandlung *Fetischismus* (1927) liegt in der Tat auf einer Linie mit Freuds Versuchen, die Beziehung zur Realität bei einer Neurose von der bei einer Psychose zu differenzieren und einen oder mehrere Mechanismen zu entdecken, die für die Psychose dasselbe darstellen, was die Verdrängung für die Neurose ist. Es ist aus Freuds Schriften klar ersichtlich, daß Verleugnung bei Psychosen manchmal auf einen Objektverlust hinausläuft, der durch die Bildung von Wahnvorstellungen ersetzt wird (etwa im Falle des amentiellen Syndroms) und wesentlich größere Teile der Realität umfaßt (*Der Realitätsverlust bei Neurose und Psychose*, 1924). Das stimmt überein mit Freuds Vorstellungen über die Psychose, wie er sie in *Zur Einführung des Narzißmus* (1914) entwickelt hat. Auf jeden Fall kommen befriedigende Halluzinationen nicht einfach daher und ersetzen die verleugnete unverträgliche Vorstellung. Die psychotische Regression und der Versuch ihrer Wiederherstellung implizieren einen erheblich größeren Realitätsverlust, unabhängig davon, was die Krankheit ausgelöst hat. Wenn vor dem Artikel *Fetischismus* die Grenzen zwischen Neurosen und Perversionen unscharf waren, dann ist eines der Probleme, mit dem er uns konfrontiert, die Frage: Kann und muß die Verleugnung der Realität, die in der Psychose stattfindet, in Verbindung stehen mit der Verleugnung des Fehlens eines Penis bei Frauen? Und, wenn nicht, was ist der Unterschied? Denn nun scheint der Unterschied zwischen perversen und psychotischen Mechanismen unscharf zu sein. Für Freud ist der Fetisch ein Ersatz für den mütterlichen Penis, den das Kind nicht hatte verleugnen wollen. Freud sagt: „Der Hergang war also der, daß der Knabe sich geweigert hat, die Tatsache seiner Wahrnehmung, daß das Weib keinen Penis besitzt, zur Kenntnis zu nehmen." Wenn es kastrierte Wesen, wie etwa Frauen, gibt, dann ist die Kastration möglich; die Drohung konnte wahrgemacht werden, der Penis des Kindes war in Gefahr, „und dagegen sträubt sich das Stück Narzißmus, mit dem die Natur vorsorglich gerade dieses Organ ausgestattet hat." Es ist einigermaßen überraschend, wie Freud die Verteidigungsstrategie des Kindes beschreibt:

> „Das älteste Stück unserer psychoanalytischen Terminologie, das Wort ,Verdrängung', bezieht sich bereits auf diesen pathologischen Vorgang. Will man in ihm das Schicksal der Vorstellung von dem des Affekts schärfer trennen, den Ausdruck ,Verdrängung' für den Affekt reservieren, so wäre für das Schicksal der Vorstellung ,Verleugnung' die richtige deutsche Bezeichnung." (S. 312f)

Wir wissen, daß alle Freudschen Schriften über die Verdrängung und besonders sein metapsychologischer Aufsatz zu diesem Thema (1915) den beiden Triebrepräsentanten verschiedene Bestimmungen zuschreibt, Bestimmungen, die klar definiert sind: Nur die Vorstellung kann verdrängt werden, der Affekt dagegen kann nie unbewußt werden. Diese Umkehrung verdient betont zu werden. Vielleicht ist sie ein Hinweis darauf, wie man die Frage der Verleugnung angehen kann. Auf jeden Fall zeigt es uns Freuds eigene Schwierigkeiten bei der Lösung dieses Problems. Freud sagt weiter, „daß die Wahrnehmung geblieben ist und daß eine sehr energische Aktion unternommen wurde, ihre Verleugnung aufrechtzuhalten." Das Kind hat den Glauben an den mütterlichen Penis gleichzeitig bewahrt und aufgegeben. Der Fetisch ist zu seinem Ersatz ernannt worden, und im gleichen Atemzug hat „der Abscheu vor der Kastration sich in der Schaffung dieses Ersatzes ein Denkmal gesetzt" (S. 313). Wir sehen, daß der

Fetisch dazu dient, den Affekt, der mit der Wahrnehmung der weiblichen Genitalien verbunden ist, zu verdrängen und gegenzubesetzen (müssen wir nach Freud nicht so sagen?). Nun vereinigt der Fetisch gleichzeitig die Verleugnung der Kastration und den Schrecken vor der Kastration. Freud kommt dann auf seine beiden Aufsätze von 1924: *Neurose und Psychose* und *Der Realitätsverlust bei Neurose und Psychose*. Er glaubt, daß er zu weit gegangen ist, indem er annahm, daß bei einer Neurose das Ich im Dienste der Realität einen Teil des Es verdrängt, während bei einer Psychose das Ich sich durch das Es veranlaßt sieht, sich von einem Teil der Realität abzulösen. Zwei junge Männer hatten als Kinder ihren Vater verloren, und beiden gelang es nicht, diesen Tod wahrzunehmen. Aber keiner von ihnen entwickelte eine Psychose. Der Mechanismus, der hier wirksam ist, ist die Verleugnung eines Teiles der Realität, genauso wie im Fetischismus „die unliebsame Tatsache der Kastration des Weibes" verleugnet wird.

An dieser Stelle bringt Freud erstmalig deutlich Spaltung mit Verleugnung in Verbindung: „Es war nur eine Strömung in ihrem Seelenleben, welche den Tod des Vaters nicht anerkannt hatte; es gab auch eine andere, die dieser Tatsache vollkommen Rechnung trug; die wunschgerechte wie die realitätsgerechte Einstellung bestanden nebeneinander." (S. 316) Hier haben wir es mit einer Spaltung zwischen zwei Haltungen des Bewußtseins zu tun, einer Spaltung, die durch das Ich hindurchgeht; aber in dem Maße, wie der an der Realität hängende Teil des Ich noch existiert, bewahrt er das Subjekt davor, psychotisch zu werden. „Ich kann also die Erwartung festhalten, daß im Fall der Psychose die eine, die realitätsgerechte Strömung, wirklich vermißt werden würde." (S. 316) (Diese Vorstellung gab Freud später in *Abriß der Psychoanalyse* (1938–1940) auf: Auch bei einer Psychose ist das Ich gespalten.) Deshalb sehen wir hier die gleiche Verbindung von Spaltung und Verleugnung wie im Falle des Fetischismus: Der Fetisch bestätigt und verleugnet gleichzeitig die Kastration der Frauen.

Der Aufsatz *Fetischismus* enthält also (trotz seines Mangels an Genauigkeit) die erste Beschreibung dieser engen Verbindung. Dieser Zusammenhang zwischen den beiden Mechanismen ist von nun an integraler Bestandteil der Theorie der Perversionen. Die Bedeutung der Entdeckung dieser Abwehr – als interner Mechanismus, der auf das Ich einwirkt – kann gar nicht überschätzt werden. Diese Annahme der Möglichkeit eines Risses im Ich – der einen Teil des Ich veranlaßt, psychotisch zu handeln, und es ihm doch erlaubt, mit der Realität in Verbindung zu bleiben – eröffnet große Perspektiven für die Erforschung der psychischen Funktionen im allgemeinen, und sie eröffnet die Möglichkeit, daß in nichtpsychotischen Personen ein psychotischer Teil existiert (und umgekehrt).

In *Die Ichspaltung im Abwehrvorgang* (1938) sagt Freud:

> „Das Ich des Kindes befinde sich also im Dienste eines mächtigen Triebanspruchs ... und wird plötzlich durch ein Erlebnis geschreckt, das ihn lehrt, die Fortsetzung dieser Befriedigung werde eine schwer erträgliche reale Gefahr zur Folge haben ... Es antwortet auf den Konflikt mit zwei entgegengesetzten Reaktionen ... Einserseits weist es mit Hilfe bestimmter Mechanismen die Realität ab und läßt sich nichts verbieten, andererseits anerkennt es im gleichen Atem die Gefahr der Realität, nimmt die Angst vor ihr als Leidenssymptom auf sich und sucht sich später ihrer zu erwehren. Man muß zugeben, das ist eine sehr geschickte Lösung der Schwierigkeit ... Aber umsonst ist bekanntlich nur der Tod. Der Erfolg wurde erreicht auf Kosten eines Einrisses im Ich ... Die beiden entgegengesetzten Reaktionen auf den Konflikt bleiben als Kern einer Ichspaltung bestehen." (S. 59f)

Freuds Beispiel dieser „geschickten Lösung" ist exakt ein Fall von Perversion. Es handelt sich um einen 3 bis 4jährigen Jungen, der von einem älteren Mädchen verführt worden war und so das weibliche Genitale kennengelernt hatte. Nach Abbruch dieser Beziehung setzte er die so empfangene Anregung in eifriger Onanie fort. Dann folgte eine Kastrationsdrohung von einer Kinderpflegerin. Die Wahrnehmung des Geschlechtsorgans des kleinen Mädchens bekommt nun eine ganz neue Bedeutuung: Die Kastrationsdrohung könnte in die Wirklichkeit umgesetzt werden. Normalerweise wird in einem solchen Fall die masturbatorische Aktivität, die mit unbewußten inzestuösen Phantasien mit der Mutter als Objekt einhergeht, eingestellt. Das Kind verzichtet auf die Triebbefriedigung, um seinen Penis zu schützen, verinnerlicht das Inzestverbot und errichtet das Über-Ich. Der Junge in Freuds Beispiel fand einen anderen Ausweg. Er schuf sich einen Fetisch, der nach Freud ein Ersatz für den fehlenden Penis der Mutter ist. Dies erlaubt ihm, die Realität der Kastration zu leugnen.

Abgesehen von der Bedeutung, die Freud dem Fetisch zuschreibt, lege ich Wert auf die Feststellung, daß Perversion – in diesem Falle Fetischismus – ein Mittel ist, dem unheilvollen Charakter des Ödipuskomplexes zu entgehen. Sie erscheint als Rebellion gegen das universelle Gesetz des Ödipuskomplexes. Freud spricht in demselben Artikel von diesem Vorgang als „kniffige Behandlung der Realität".

Ich möchte nun zeigen, daß meine eigenen Untersuchungen es mir ermöglichen, die Elemente der „geschickten Lösung" des Perversen, die seines „listigen" Umgangs mit der Realität darzustellen. Ich werde zu anderen Schlußfolgerungen als Freud kommen, die aber in mancher Hinsicht, wie ich meine, die seinen ergänzen. Zu diesem Zweck muß ich in groben Strichen einige Feststellungen umreißen, deren Kern ich bereits in zwei oder drei früheren Schriften definiert habe. Diese Elemente beschreiben meine Auffassung von der perversen Lösung. Eine verführerische Mutter hilft dem zukünftigen Perversen, die Illusion aufrechtzuerhalten, er wäre das einzige Objekt ihrer Wünsche, und das auf Kosten des Vaters: Dessen Fähigkeiten und genitale Attribute werden disqualifiziert. Um diese Illusion auch weiter aufrechterhalten zu können, muß das Kind ein neues Universum entwerfen, aus dem alle Unterschiede, die Konflikte und psychisches Leid hervorbringen können, verbannt sind.

Dieses Universum, das vorgibt, nichts mit der (genitalen) Welt des Schöpfervaters gemeinsam zu haben, ist das der analsadistischen Regression. Um die Überzeugung aufrechtzuerhalten, daß das anale Universum dem väterlichen überlegen ist, werden alle Elemente, aus denen diese Neuschöpfung besteht, einem Idealisierungsprozeß unterworfen. Ich werde die Aussagen überprüfen, die in dieser Formel enthalten sind. Ich werde das Problem der Verführung durch die Mutter beiseite lassen und will nur daran erinnern, daß es von den meisten Autoren der Gegenwart und bereits von Freud selbst, in *Drei Abhandlungen* und in *Leonardo*, als ätiologischer Faktor der Perversionen aufgefaßt wurde.

Ich zitiere lieber einen in die gleiche Richtung weisenden Absatz aus *Die Verneinung*, wo Freud versucht, die Erlangung der Fähigkeit, zwischen subjektiv und objektiv zu unterscheiden, zu beschreiben:

> „Der Gegensatz zwischen Subjektivem und Objektivem besteht nicht von Anfang an. Er stellt sich erst dadurch her, daß das Denken die Fähigkeit besitzt, etwas einmal Wahrgenommenes durch Reproduktion in der Vorstellung wieder gegenwärtig zu machen, während das Objekt draußen nicht mehr vorhanden zu sein braucht. Der erste und nächste Zweck der Realitätsprüfung ist also nicht, ein dem Vorgestellten entsprechendes Objekt in der realen Wahrnehmung zu finden, sondern es *wiederzufinden*, sich zu überzeugen, daß es noch vorhanden ist ... Man erkennt aber als Bedingung für die Einsetzung der Realitätsprüfung, daß Objekte verloren gegangen sind, die einst reale Befriedigung gebracht hatten." (S. 14)

Natürlich sind die hier beschriebenen Mechanismen sehr primitiv, aber sie machen verständlich, daß die Aufrechterhaltung der Illusion des vollen Besitzes der Mutter ein Hindernis für den Realitätsbezug sein kann.

Ich habe an anderem Ort deutlich die Tatsache betont, daß die Dimension der Illusion, die von der Mutter in die Psyche des Kindes eingebracht wird, zur Flucht aus der Zeit führt. Ich habe den kürzeren Weg beschrieben, den das Ich-Ideal des zukünftigen Perversen wählt, während im Gegensatz dazu jemand, der seinen Vater zum Vorbild nimmt, den längeren Weg einschlägt. Wie ich gezeigt habe, hat seine Mutter in ihm den Glauben genährt, daß er nicht erwachsen werden müsse und sich nicht mit seinem Vater identifizieren müsse, um schließlich seinen Platz einzunehmen. Die Hindernisse auf dem Weg zur Reife werden umgangen, weggewischt oder für nicht existent erklärt. Seine Mutter hilft ihm nicht, sich ihnen zu stellen, sondern sie zu vermeiden.

Um genauer in den Blick zu bekommen, worum es hier

geht, möchte ich mich Freuds Gedanken über die Aufgabe der erogenen Zonen zuwenden, die er in seinen Briefen an Fliess entwickelt hat. In dem Brief vom 14. November 1897, in dem Freud Fliess seine Entdeckung der Entwicklung der Libido mitteilt, spricht er von einem *organischen* Element, das an dem Mechanismus der Verdrängung beteiligt wäre, und das wäre die Aufgabe der erogenen Zonen. Dieser Prozeß fände bei Perversionen nicht statt. Die menschliche Zivilisation hänge mit der Entwicklung des aufrechten Ganges und der damit verbundenen Aufgabe bestimmter „Geruchssensationen" zusammen. Die Erinnerungen an die Erregungen der aufgegebenen erogenen Zonen erzeugen eine „Binnensensation, die analog ist dem Ekel im Objektfalle. Grob gesagt, die Erinnerung stinkt aktuell, wie in der Gegenwart das Objekt stinkt und wie wir das Sinnesorgan (Kopf und Nase) im Ekel abwenden, so wendet sich Vorbewußtes und der bewußte Sinn von der Erinnerung ab." (S. 247)

Wenn Freud später in *Das Unbehagen in der Kultur* (1929) von „organischer Verdrängung" spricht, dann betrachtet er sie „als Abwehr einer überwundenen Entwicklungsphase ... Dieser Vorgang wiederholt sich auf anderem Niveau, wenn die Götter einer überholten Kulturperiode zu Dämonen werden" (S. 459, Anm.). Wenn das Kind die erogenen Zonen nicht aufgibt, wird es zu einem Perversen. Es ist erstaunlich, daß Freud aus reiner Intuition in zahlreichen Schriften eine so enge Beziehung zwischen Analität und Perversion hergestellt hat.

Ich habe bereits die Bedeutung des Idealisierungszwanges beim Perversen hervorgehoben. Mit Hilfe der Idealisierung versucht er, vor anderen und vor sich selbst den analen Charakter seiner Triebe, seiner Objekte und seines Ich zu verbergen. Dieser Zwang ist für die Affinität des Perversen zur Schönheit und zur Welt der Kunst verantwortlich: Der Perverse ist oft ein Ästhet. Es ist interessant, daß Freud in seinen allerersten Schriften Perversionen und Idealisierung in Verbindung brachte, wie er auch einen Zusammenhang zwischen Perversionen und Analität sah. „Vielleicht gerade bei den abscheulichsten Perversionen muß man die ausgiebigste psychische Beteiligung zur Umwandlung des Sexualtriebes anerkennen. Es ist hier ein Stück seelischer Arbeit geleistet, dem man trotz seines greulichen Erfolges den Wert einer Idealisierung des Triebes nicht absprechen kann." (S. 61)

Die Hervorhebung dieser seelischen Arbeit gestattet uns einen kurzen Blick auf die Energieumwandlung, die wir im Zusammenhang mit dem Affekt genauer kennenlernen werden und die auch die Suche nach spezifischen Mechanismen der Perversion vorwegnimmt.

In einem Brief an Abraham schreibt Freud (14.2.1909):

„Der Fetisch kommt so zu Stande: er resultiert aus einer besonderen Art der Verdrängung, die man als partielle bezeichnen könnte, bei welcher ein Stück des Komplexes verdrängt, ein anderes, zugehöriges zur Entschädigung *idealisiert* wird. (Historische Parallele: Das Mittelalter mit seiner Verachtung des Weibes und Erhöhung der Jungfrau Maria). In unserem Falle handelt es sich um eine ursprüngliche Riechlust am übelriechenden Fuß, (den der Perverse darum stets dem gereinigten vorzieht). Diese Riechlust wird vertrieben, dafür der Fuß, der einstige Spender des Genusses, zum Fetisch erhoben. Von seinem Geruch ist dann nicht mehr die Rede." (S. 81)

In seiner Abhandlung über *Die Verdrängung* (1915) kommt Freud auf die Vorstellung der partiellen Verdrängung als einen Ursprung des Fetischs mit einer Hand in Hand gehenden Idealisierung zurück.

„Die Verdrängung arbeitet also *höchst individuell*; jeder einzelne Abkömmling des Verdrängten kann sein besonderes Schicksal haben; ein wenig mehr oder weniger von Entstellung macht, daß der ganze Erfolg umschlägt. In demselben Zusammenhang ist auch zu begreifen, daß die bevorzugten Objekte der Menschen, ihre Ideale, aus denselben Wahrnehmungen und Erlebnissen stammen wie die von ihnen am meisten verabscheuten, und sich ursprünglich nur durch geringe Modifikationen voneinander unterschieden. Ja, es kann, wie wir's bei der Entstehung des Fetisch gefunden haben, die ursprüngliche Triebrepräsentanz in zwei Stücke zerlegt worden sein, von denen das eine der Verdrängung verfiel, während der Rest, gerade wegen dieser innigen Verknüpftheit, das Schicksal der Idealisierung erfuhr." (S. 252f)

Der gemeinsame Ursprung der „bevorzugten Objekte der Menschen" und der „von ihnen am meisten verabscheuten" erklärt meiner Meinung nach die Labilität des Idealisationsmechanismus, die ich eben erwähnt habe, als auch die ewignahe Verfolgung. Das liegt daran, daß die Analität jederzeit ihre dünne, glitzernde Schale zu durchbrechen und wieder im hellen Tageslicht zu erscheinen droht, wie die gräßliche Leiche eines Ertrunkenen wieder an die Wasseroberfläche kommt.

Das Subjekt, das sich jeder Identifizierung mit dem genitalen Vater entzieht – das Werte, Objekte und Lustquellen gleichmacht, indem es sie in Exkrementenpartikel verwandelt –, ist mit der vernichtenden Erkenntnis des analen Charakters seines Ich konfrontiert. Daher muß die Idealisierung vor allem das Ich selbst und die Objekte, in denen es widergespiegelt wird, verbergen. Das bringt mich zu der Annahme, daß die Verleugnung bei der Perversion ein wesentlich größeres psychosexuelles Feld als die Erkenntnis der weiblichen Genitalien und des fehlenden Penis umfaßt, die man als ihr Charakteristikum betrachtet. Die Verleugnung bezieht sich auf die Genitalität als ganze, auf die Urszene (vgl. J. McDougall, *Primal Scene and the Scenario of the Pervert*), auf den genitalen Penis des Vaters und seine Zeugungskraft, auf die Vagina der Mutter und auf die genitale Komplementarität zwischen den Geschlechtern im allgemeinen. Diese Verleugnung ist allen Perversionen gemeinsam. Sie ist der Kern der perversen Organisation.

Wenn die Idealisierung die Analität maskiert, so enthüllt sie sie auch gleichzeitig. Denn wenn die Analität erfolgreich verdrängt oder vollständig sublimiert wäre oder wenn die analsadistische Regression ichgerecht wäre, dann wäre die Idealisierung ein völlig überflüssiger Mechanismus. So wird in der Perversion die Analität weder vom Ich wirklich akzeptiert, noch wird es wirklich verdrängt; sie wird, je nach Subjekt, in verschiedenem Grade akzeptiert oder verdrängt. Das bringt mich auf den Gedanken, daß die Idealisierung die Rolle einer Art von Verneinung spielt, je nachdem, welche Vorstellung das Subjekt von sich selbst und seinen Objekten hat. Die Idealisierung wäre ein Weg, zu dem analen Charakter etwa wieder auftauchender Vorstellungen „nein" zu sagen und gleichzeitig hinzuzufügen: „Das ist nicht gemeint; das

Gegenteil ist gemeint." Sie ist keine Reaktionsbildung, was sich an ihrer Labilität und ihrer Verbindung mit dem Selbstgefühl statt mit Schuld zeigt. Wenn die Verneinung mit einer teilweisen Aufhebung der Verdrängung zusammenhängt, wie Freud in seinem Aufsatz zu diesem Thema sagt, hinge die Idealisierung ihrerseits mit jener Art von partieller Verdrängung zusammen, über die Freud an Abraham schreibt, daß sie mit der Konstruktion des Fetischs zu tun hat.

Mir scheint, daß diese partielle Verdrängung, von der Freud sprach, und die teilweise Aufhebung der Verdrängung, die typisch für die Verneinung ist, zusammenfallen können. So würden wir auf dem Gebiet der Spaltung zwischen Ich und Es bleiben (was bei der Neurose geschieht). Aber hier in der Perversion würde der Repressionsmechanismus einige verdrängte Inhalte analen Charakters im Ich zulassen, nachdem sie maskiert, d.h. idealisiert worden sind. Ich glaube, daß diese Inhalte nicht gespalten sind, wie Freud es in seinem Aufsatz *Die Verdrängung* anzunehmen scheint, nämlich daß der eine Teil verdrängt und der andere idealisiert wird. Es ist ein bestimmter Bruchteil dieser Inhalte, der dank der Maske der Idealisierung die Barriere der Verdrängung überwindet und ins Ich gelangt. Aber die Idealisierung hat nun in bezug auf die Verleugnung noch eine andere Funktion. Denn wenn nicht irgendwo im Bewußtsein des Perversen die Idee existieren würde, daß das väterliche Universum der Maßstab ist, an dem alle Werte gemessen werden, dann bestünde für ihn nicht die Notwendigkeit, das anale Universum (mit seinem analen Ich, analen Penis usw.), das er an die Stelle der genitalen Dimension der Psychosexualität zu setzen versuchte, zu verbergen. Die Analität würde sich dann ohne jede Modifikation zeigen. Diese letzte Hypothese würde mit Freuds Ansage übereinstimmen: „Die Neurose ist das Negativ der Perversion."

Deshalb spielt die Idealisierung meiner Meinung nach bei Perversionen eine fundamentale Rolle. Sie beweist die Existenz eines eigentümlichen Mittels zur Verdrängung von Analität. Die mit letzterer verbundenen Vorstellungen werden von den Verdrängungskräften zugelassen, vorausgesetzt, sie sind idealisiert worden. Die Idealisierung versucht, anale Werte als den genitalen überlegen auszugeben, wobei die letzteren das Objekt der Verleugnung sind. Sie ist gleichzeitig der Beweis für eine Spaltung des Ich, denn sie will eine Überlegenheit beweisen, die nicht ohne ihre gleichzeitige fundamentale Fragwürdigkeit existieren könnte.

In der Perversion schließt die Idealisierung – als Ergebnis der Projektion des Ich-Ideals, des Erben des Narzißmus, auf die Prägenitalität (der kürzere Weg) – die gesamte Dimension der Illusion ein, auf die der Perverse seine Psychosexualität aufgebaut hat. Da ein solches Ich-Ideal die Realität des Unterschiedes zwischen den Geschlechtern und den Generationen beiseite wischen will, kann es auf einer bestimmten Ebene nur als Betrug aufgefaßt werden. Die Mutter, die zu seinem Entstehen beigetragen hat, ist ein Objekt des Hasses (obwohl in den meisten Fällen dieses Gefühl zahlreichen Wandlungen unterworfen ist). So ist in der Perversion die Idealisierung immer der Verfolgung sehr nahe. Freud schreibt in *Die Verdrängung*: „In demselben Zusammenhang ist auch zu begreifen, daß die bevorzugten Objekte der Menschen, ihre Ideale, aus denselben Wahrnehmungen und Erlebnissen stammen wie die von ihnen am meisten verabscheuten." (S. 252f)

Meiner Meinung nach gilt dies immer für die vom Perversen idealisierten Triebe und Objekte, da diese Idealisierung auf einer fundamentalen Camouflage beruht, die nur verzweifelt aufrechterhalten werden kann.

Wenn wir die Entwicklung der Analität des Perversen verfolgen, dann stellen wir fest, daß sie – nachdem sie anfänglich positiv besetzt war, wie es in einer normalen Entwicklung ist und sein muß – nicht den üblichen aufeinander folgenden Veränderungen unterworfen war (Verdrängung, Sublimierung, Charakterveränderungen, Integration unter genitalem Primat). Die alten Götter haben sich nicht in Dämonen verwandelt. Aber wenn man das, was üblicherweise ein Dämon werden müßte, in etwas „Göttliches" verwandelt, dann heißt das nicht nur einfach, daß die alten Götter weiterhin verehrt werden. Es heißt vielmehr, daß diese Verehrung genau in dem

Maße verstärkt wird, wie der Glaube erschüttert worden ist. So kann der Weihrauch, der von den den alten Göttern errichteten Altären aufsteigt, kaum seinen Schwefelgeruch verhehlen.

Diese Projektion des Ich-Ideals auf die Prägenitalität (Analität) und auf prägenitale Vorbilder muß auf zwanghafte Weise aufrechterhalten werden. Denn sie basiert auf der Verleugnung der Genitalität und der väterlichen genitalen Kräfte, auf die sich keine narzißtische Libido richtet. Wie ich schon gesagt habe, muß diese Verleugnung unausweichlich mit der Erkenntnis der genitalen Dimension der Psychosexualität koexistieren. Man kann die Idealisierung als einen zwanghaften Weg auffassen, die Triebe, Werte und Liebe zu Objekten der analen Phase ichgerecht zu machen. Wenn diese Ichgerechtigkeit erschüttert wird, dann können diese zu Verfolgungen werden: Sade wurde mehr oder weniger paranoid, und Sacher-Masoch erwürgte in seinen letzten Wahnvorstellungen seine geliebten Katzen, die Prototypen der *Venus im Pelz*.

Man kann sich vorstellen, daß in bestimmten Fällen neurotische Aspekte des perversen Ich die Mechanismen der Idealisierung umzukehren versuchen und daß es ihnen gelingt, die Tünche, die die Analität überdeckt, anzukratzen. Das Pappmachéuniversum des Perversen ist erschüttert: Seine falschen Säulen (der anale Penis) sind in Gefahr umzustürzen, seine Stuckkapitelle (seine feinsinnige Art des Denkens) sind kurz davor herunterzufallen. Diese Erschütterungen sind gleichzeitig eine schreckliche Bedrohung und eine mehr oder weniger starke Versuchung – die Versuchung, das Reich der Lüge aufzugeben und in das der Wahrheit zu gelangen. Wir haben gesehen, daß Freud in seinen früheren Schriften versuchte, zwischen psychotischen Mechanismen und neurotischen (hauptsächlich Verdrängung) zu unterscheiden. Einem Konzept der Psychose wird von Anfang an höchste Bedeutung beigemessen. Die Abwehr wird nicht nur als gegen die Sexualität gerichtet aufgefaßt, sondern auch gegen die Außenwelt, indem die unverträgliche Vorstellung nach außen abgestoßen wird. Im Falle der Amentia wird die von der Realität erschütterte Idee betont. Im Falle der Paranoia werden die Vorwürfe in die externe Welt abgeleitet.

Was wäre dann der Unterschied zwischen der Verleugnung im Falle der Perversion im Vergleich mit Psychosen? Mir scheint, daß die Verleugnung der genitalen Ordnung beim Perversen untrennbar von der analsadistischen Regression ist. Der (teilweise) Rückzug der sexuellen und narzißtischen Besetzung, der Verlust des „Interesses" an der genitalen psychosexuellen Dimension führt den Perversen zurück ins anale Universum. Ich habe die Tatsache betont, daß wir es hier mit der Erschaffung einer „neuen Welt" zu tun haben. Trotzdem könnte sie nicht mit der autokratischen Schaffung von Realität durch einen Psychotiker verglichen werden, wie sie Freud in seinem Aufsatz *Neurose und Psychose* (1924) beschreibt:

> „In der Amentia wird nun nicht nur die Annahme neuer Wahrnehmungen verweigert, es wird auch der Innenwelt, welche die Außenwelt als ihr Abbild bisher vertrat, die Bedeutung (Besetzung) entzogen; das Ich schafft sich selbstherrlich eine neue Außen- und Innenwelt und es ist kein Zweifel an zwei Tatsachen, daß diese neue Welt im Sinne der Wunschregungen des Es aufgebaut ist, und daß eine schwere, unerträglich erscheinende Wunschversagung der Realität das Motiv dieses Zerfalles mit der Außenwelt ist." (S. 389)

Der Erfolg des Perversen, seine „listige" Art, mit der Realität umzugehen, besteht in der Erschaffung einer Welt, die ihr Material einigen Elementen seiner internen Welt entleiht, die wirklich in ihm vorhanden sind. Sie sind in jedem von uns vorhanden, denn wir sind alle durch die anale Phase gegangen, auch wenn sie verschieden und individuell integriert worden ist.

Wir haben bereits gesehen, daß das anale Universum als vorläufiger Entwurf des genitalen Universums aufgefaßt werden kann. So ist das anale Universum ein versunkener Kontinent, ein sagenhaftes Atlantis, das der Perverse mit magischen Kräften heraufbeschwört. Diese „neue Welt", obwohl sie „im Sinne der Wunschregungen des Es aufgebaut ist", beruht gleichzeitig auf einer gewissen Art von Realität – nämlich auf der einer Entwicklungsphase, die man gewöhnlich hinter sich läßt, deren Rückstände aber noch in jedem von uns vorhanden sind. Das alles geschieht, als ob der Perverse einen „Trick" gefunden habe, die Leiden des Neurotikers zu vermeiden, ohne seine Bindungen an die Realität in gleichem Maße und auf die gleiche Weise wie der Psychotiker zu lösen. Die Lücke zwischen der genitalen und der analen Welt wird nicht mit Wahnvorstellungen oder durch Halluzinationen, sondern mit Hilfe der Idealisierung ausgefüllt. Ich beziehe mich hier auf Freud, der in *Neurose und Psychose* (1924) sagt: „Über die Genese der Wahnbildungen haben uns einige Analysen gelehrt, daß der Wahn wie ein aufgesetzter Fleck dort gefunden wird, wo ursprünglich ein Einriß in der Beziehung des Ichs zur Außenwelt entstanden war." (S. 389) Die Idealisierung hat dieselbe Funktion wie der Wahn: die Wiederherstellung der Verbindung zur Realität. In seiner Abhandlung *Zur Einführung des Narzißmus* (1914) beschreibt Freud eine erste pathologische Phase bei einer Psychose (hier zirkuläre Schizophrenie), die in einem Rückzug der Libido ins Ich besteht. Bei der Perversion entspricht diese Phase der analsadistischen Regression.

Der narzißtische Rückzug (Teilrückzug der narzißtischen Interessen und Bedeutung) aus der Genitalität führt nicht zum Größenwahn, trotz der Tatsache, daß es einen tatsächlichen Rückzug vom Vater als Darsteller des Ich-Ideals und eine Hinwendung zum analen Ich gibt. Aber der größere Teil der narzißtischen Besetzung wird durch die Idealisierung abgedeckt. Dies erspart dem Perversen die zweite Phase der Psychose (Größenwahn) und die zweite Phase des neurotischen Prozesses, d.h. die Angst. Tatsächlich beherrscht sie zumindest teilweise die Affektveränderungen. Affekte, die mit der Aufwertung, Erhebung und Überbewertung von Objekten, Ich und Regungen in Verbindung stehen, werden von der Genitalität auf die Analität übertragen.

Zusammenfassend können wir nun die folgenden Aussagen machen:

Auf der Ebene des Ich existiert eine Spaltung zwischen der *Verleugnung* und der *Erkenntnis* der Realität.

Die *Verleugnung* betrifft ein fundamentales Element der

menschlichen Realität: den doppelten Unterschied zwischen den Geschlechtern und den Generationen. Zugunsten des analsadistischen Universums vollzieht sich ein Rückzug sowohl der Objekt- als auch der narzißtischen Libido.

Die *Erkenntnis* der Realität, d.h. des doppelten Unterschiedes zwischen den Geschlechtern und den Generationen einschließlich der der genitalen Vorrechte des Vaters und der Komplementarität der Eltern, zeigt sich in der *Idealisierung* analer Elemente, die im wesentlichen der Erhaltung des Selbstwertgefühls mittels eines akzeptablen Selbstbildes dient. Diese Idealisierung ist die notwendige Bedingung für die Zulassung verdrängter analer Inhalte ins Ich. Die Analität bleibt tatsächlich einer partiellen Verdrängung unterworfen, solange sie Einfluß auf den analen Charakter des Ich hat. Die Maskierung der Analität durch die Idealisierung ermöglicht es ihr, die Barriere der Verdrängung zu überwinden. Deshalb wird in der Perversion die analsadistische Regression nicht nur vom Ich akzeptiert. Dieser Punkt muß betont werden.

Der *Affekt* (in Verbindung mit narzißtischer Besetzung) wird von einer Seite der Trennungslinie des gespaltenen Ich auf die andere versetzt – und wird nicht verdrängt, wie Freud in seinem Aufsatz über den Fetischismus behauptet hat.

Verdrängte Vorstellungen (wir sind nun im Es) sind jene, die den analen Charakter des Ich beeinflussen, soweit es nicht durch die Idealisierung maskiert worden ist.

Man könnte zu folgender Hypothese kommen: Die Derivate des im Zusammenhang mit der Urszene Verdrängten werden möglicherweise einer zweiten Verdrängung unterworfen, die der bei Neurosen auftretenden gleicht. Soweit es diesen Derivaten gelingt, eine Verbindung mit Elementen des Ich herzustellen, werden sie Gegenstand der Verleugnung.

Kurz gesagt haben wir hier sowohl Mechanismen der Verdrängung als auch der Verleugnung, wobei die Idealisierung eine dialektische Rolle gegenüber beiden Arten von Mechanismen spielt. In *Abriß der Psychoanalyse* (1938 – 1940) vergleicht Freud, nachdem er die Ich-Spaltung in der Psychose und im Fetischismus beschrieben hat, erstere mit dem alten Mechanismus der Spaltung zwischen Ich und Es, d.h. mit der für die Neurose typischen Verdrängung. Ich finde es interessant, daß Freud hier die Spaltungsmechanismen in Beziehung setzt, ohne sie durcheinanderzubringen. Ich glaube, daß die beiden Formen der Spaltung – die horizontale und die vertikale – einander nicht ausschließen; im Gegenteil, in der Perversion bestehen sie nebeneinander.

Der Zustand des psychischen Apparates bei Perversionen

– Vorschlag eines Schemas –

Ich

Verleugnung | *Erkenntnis*
(der Realität) bezüglich des doppelten Unterschiedes zwischen den Geschlechtern und den Generationen (Genitalität) | (der Realität) deren Beweis die Idealisierung der Analität ist. Sie schließt ein:
– Erkenntnis dessen, was Gegenstand der Verleugnung ist,
– Erkenntnis des analen Charakters des Ich des Subjekts
Sie gestattet den Zugang verdrängter analer Inhalte zum Bewußtsein.

Verdrängung

Verdrängte Vorstellungen
– die sich auf das anale Bild des Ich beziehen,
– die sich auf die genitale Urszene beziehen

Es

(Anmerkung: Die Pfeile zeigen die Richtung der gespaltenen ebenso wie die verdrängten Elemente und die dialektische Funktion der Idealisierung gegenüber diesen beiden Gruppen von Elementen.)

Bibliographie

Abraham, H.C., Freud, E.L. (Hrsg.), S.Freud/K.Abraham, Briefe 1907 – 1926, Frankfurt/M. 1965/1980

Abraham, K., Gesammelte Schriften in zwei Bänden, Bd. 1, Frankfurt/M. 1982

Anzieu, D., L'illusion groupale, in: Nouvelle Revue de Psychanalyse, 4, 1971

Bak, R., Fetishism, in: Journal of the American Psychoanalytic Association, 1, 1953

Balint, M., Contribution to the Study of Fetishism, in: The International Journal of Psycho-Analysis, 16, 1935

Bellmer, H., Die Puppe, Frankfurt/M. 1976

Bellmer, H., Post-scriptum à Oracles et spectacles d'Unica Zürn, in: Obliques, Paris 1975

Bibel, Deutsche Ausgabe mit den Erläuterungen der Jerusalemer Bibel, Freiburg 1968

Brun, J., Désir et réalité dans l'oevre de Hans Bellmer, in: Obliques, Paris 1975

Camus, A., Caligula, Paris 1958

Camus, A., Theâtre, Récits, Nouvelles, Paris 1967

Chasseguet-Smirgel, J., Le rossignol de l'Empereur de Chine – Essai psychanalytique sur le „faux", in: Pour une psychanalyse de l'art et de la créativité, Paris 1971

Chasseguet-Smirgel, J., Essai sur l'Idéal du Moi: Contribution à l'etude de la „maladie d'idéalité, in: Revue Française de Psychanalyse, 37, 1973

Chasseguet-Smirgel, J., Reflexions on the Connexions between Perversion and Sadism, in: The International Journal of Psycho-Analysis, 59, 1978

Chasseguet-Smirgel, J., Loss of Reality in Perversions, in: Journal of the American Psycho-Analytic Association, 29, 1981

Deutsch, A. (Großrabbi), Manuel d'instruction religieuse israélite, Paris 1976

Deutsch, H., Some Forms of Emotional Disturbance and their Relationship to Schizophrenia, in: The Psychoanalytic Quarterly, 11, 1942

Deutsch, H., The Impostor – Contribution to the Ego-Psychology of a Type of psychopath, in: The Psychoanalytic Quarterly, 24, 1955
Dostojewsky, F., Les démons, Paris 1963
Eliade, M., Forgerons et alchimistes, Paris 1977
Eliade, M., Mephistophélès et l'Androgyne, Paris 1962
Ferenczi, S., Thalassa: A Theory of Genitality, in: The Pschoanalytic Quarterly, New York 1938
Freud, S., Gesammelte Werke, London 1951
Freud, S., Aus den Anfängen der Psychoanalyse, London 1950
Frisk, H., Griechisches etymologisches Wörterbuch, Heidelberg 1961
Gillespie, W.H., A Contribution to the Study of Fetishism, in: The International Journal of Psycho-Analysis, 33, 1940
Gillespie, W.H., The Psychoanalytical Theory of Sexual Deviations with Special Reference to Fetishism, in: The Pathology and Treatment of Sexual Deviations, London 1964
Glover, E., Sublimation, Substitution and Social Anxiety, in: On the Early Development of Mind, London 1956
Glover, E., The Relation of Perversion – Formations to the Development of Reality-Sense, in: On the Early Development of Mind, London 1956
Glover, E., A Note on Idealisation, in: On the Early Development of Mind, London 1956
Glover, E., Aggression and Sado-Masochism, in: Pathology and Treatment of Sexual Deviations, London 1964
Glover, J., Notes on an Unusual Form of Perversion, in: The International Journal of Psycho-Analysis, 8, 1927
Greenacre, P., Certain Relationships between Fetishism and Faulty Development of the Body Image, in: The Psychoanalytic Study of the Child, 8, London 1953
Greenacre, P., The Impostor, in: The Psychoanalytic Quarterly, 17, 1958
Greenacre, P., Perversions: General Considerations Regarding their Genetic and Dynamic Background, in: The Psychoanalytic Study of the Child, 23, London 1968
Grunberger, B., A Psycho-Dynamic Study of Masochism,

Hrsg. S. Lorand und M. Balint, New York 1958
Grunberger, B., Etude sur la relation objectale anale, in: Le narcissisme, Paris 1971
Grunberger, B., Le narcissisme et l'Oedipe, in: Le narcissisme, Paris 1971
Grunberger, B., Essai sur Fétichisme, in: Revue Française de Psychanalyse, 40, 1976
Hennecke, E., Neutestamentliche Apokryphen, Tübingen 1959, 3. Aufl.
Hoffmann, E.T.A., Fantasie- und Nachtstücke, Darmstadt 1979
Ionesco, E., Kurze Stücke und Texte, unverkäufl. Bühnenmanuskript, o.O. u. J.
Jacobson, E., The Self and the Object World: Vicissitudes of their Infantile Cathexes and their Influence on Ideational and Affective Development, in: Psychoanalytic Study of the Child, 9, London 1954
Jelinski, C., Les dessins de Hans Bellmer, Paris 1973
Jones, E., The Phallic Phase, in: International Journal of Psycho-Analysis, 14, 1933
Jones, E., Das Leben und Werk von Sigmund Freud, Bern 1982, 3. Aufl.
Josephus, F., Histoire ancienne des Juifs, Paris 1968
Khan, M., Alienation in Perversions, London 1979
Krafft-Ebing, R., Psychopathia Sexualis, Paris 1969
Lacan, J., Ecrits, Paris 1966
McDougall, J., Primal Scene and Sexual Perversion, in: International Journal of Psycho-Analysis, 53, 1972
Moliere, J., Der Misanthrop, Frankfurt/M. 1960
Novey, S., Some Philosophical Speculations about Genital Character, in: The International Journal of Psycho-Analysis, 36, 1955
Parkin, A., On Fetishism, in: The International Journal of Psycho-Analysis, 44, 1963
Payne, S., Some Observations on the Ego Development of the Fetishist, in: The Inter. Jour. of Psycho-Analysis, 20, 1939
Reich, A., Narcissistic Object Choice in Women, in: Psychoanalytic Contributions, New York 1973

Reich, A., Early Identifications as Archaic Elements in the Superego, in: Psychoanalytic Contributions, New York 1973
Reich, A., Pathologic Forms of Self-Esteem Regulations, in: Psychoanalytic Contributions, New York 1973
Sade, Marquis de, Oeuvres Complètes, Paris 1967
Sade, Marquis de, The 120 Days of Sodom and Other Writings, New York 1966
Sandler, J., On the Concept of Superego, in: Psychoanalytic Study of the Child, 15, New York 1960
Schmideberg, M., Delinquent Acts as Perversions and Fetishes, in: International Journal of Psycho-Analysis, 37, 1956
Shakespeare, W., Othello, Frankfurt/M. 1961
Shakespeare, W., Troilus und Cressida, Frankfurt/M. 1966
Socarides, C., Development of a Fetishistic Perversion, in: Journal of the American Psychoanalytic Association, 8, 1960
Sperling, M., Fetishism in Children, in: The Psychoanalytic Quarterly, 32, 1963
Sueton, Cäsarenleben, Hrsg. M. Heinemann, Stuttgart 1957
Weissmann, P., Some Aspects of Sexual Activity in a Fetishist, in: The Psychoanalytic Quarterly, 26, 1957
Wells, H.G., Die Insel des Dr. Moreau, Wien/Hamburg 1976
Wilde, O., Das Bildnis des Dorian Gray, Frankfurt/M. 1985
Wilde, O., Sämtliche Werke, Bde. 2 und 7, Frankfurt/M. 1982
Winnicott, D.W., Transitional Objects and Transitional Phenomena, in: The International Journal of Psycho-Analysis, 34, 1953
Woolf, M., Prohibitions against Simultaneous Consumption of Milk and Flesh in Orthodox Jewish Law, in: The International Journal of Psycho-Analysis, 26, 1945
Wulff, M., Fetishism and Object-Choice in Early Childhood, in: The Psychoanalytic Quarterly, 15, 1946

Index

A
Abraham, K. 72, 108, 114ff, 124, 137f, 146 f
Adlersche Theorie 70
Affekt in Hysterie und Zwangsneurose 217, 233
„als ob"-Objekte 105ff
alte Götter 135
Anagramm 35f
Analerotik 115
analer Phallus 101, 111, 119, 128
anale Sexualität 134
Analität 101ff, 140, 227, 231
Analsadismus 83, 139f
analsadistische Welt 9ff, 231
Andersen, H.Ch. 98ff
anomos 19
Anzieu, D. 89, 93
Astarte-Kult 15, 19
Ästhetizismus 131ff, 136, 138ff
Atheismus 14

B
Bak, R. 123
Balint, M. 123
Baron von Arizona, Der 104f
Bellmer, H. 24, 34ff, 188
biblische Gebote 15ff
Brun, J. 34f
Bund, therapeutischer 162ff

C
Caligula 24ff
Camus, A. 29
Chomsky, N. 191
chronologische Lücke 8, 79, 91

D
Denken, perverses 178ff
Deutsch, A. 15
Deutsch, H. 105ff
Dionysien 21

Doktor Moreau, Die Insel des 24, 31ff, 37
Dorian Gray, Das Bildnis des 144f
Dostojewsky, F. 8
Dürrenmatt, F. 174

E
Einbalsamieren 129
Eliade, M. 21
Ethik, 23, 38

F
Fallstudien *siehe* Jean-Jaques, Norbert, Romain, Rrose Sélavy
Falschheit 66ff
Familienroman 107
Ferenczi, S. 43, 179, 187
Fetischismus 42, 66, 83, 117ff, 138, 163f, 221f
Fixierung 133
Fliess, W. 132
Freud, S.
 Die Abwehr-Neuropsychosen (1894) 217
 Studien über Hysterie (1895) 150ff, 218 f
 Entwurf einer Psychologie (1895) 43, 80, 217
 Weitere Bemerkungen über die Abwehr-Neuropsychosen (1896) 217
 Brief an Fliess (9.10.1898) 132
 Die Traumdeutung (1900) 40, 47, 109f
 Bruchstück einer Hysterie-Analyse (1905) 131, 133
 Drei Abhandlungen zur Sexualtheorie (1905) 55, 63, 74, 132, 146, 216, 224ff
 Zwangshandlungen und Religionsübungen (1907) 19
 Der Dichter und das Phantasieren (1908) 42, 45

Entwurf einer Psychologie (1895) 43, 80, 217
Weitere Bemerkungen über die Abwehr-Neuropsychosen (1896) 217
Brief an Fliess (9.10.1898) 132
Die Traumdeutung (1900) 40, 47, 109f
Bruchstück einer Hysterie-Analyse (1905) 131, 133
Drei Abhandlungen zur Sexualtheorie (1905) 55, 63, 74, 132, 146, 216, 224ff
Zwangshandlungen und Religionsübungen (1907) 19
Der Dichter und das Phantasieren (1908) 42, 45
Über infantile Sexualtheorien (1908) 56, 218
Analyse der Phobie eines fünfjährigen Knaben (1909) 57ff, 71, 133, 224
Brief an Abraham (18.2.1909) 146f, 226
Eine Kindheitserinnerung des Leonardo da Vinci (1910) 71, 133, 224
Brief an Abraham (24.2.1910) 137
Formulierungen über die zwei Prinzipien des psychischen Geschehens (1911) 37, 39
Totem und Tabu (1912–1913) 76, 127
Zur Einleitung der Behandlung (1913) 172
Zur Einführung des Narzißmus (1914) 42, 44, 85, 219, 232
Die Verdrängung (1915) 147, 220, 226, 228
Triebe und Triebschicksale (1915) 43
Das Unbewußte (1915) 151
Über Triebumsetzungen, besonders der Analerotik (1917) 22
Aus der Geschichte einer infantilen Neurose (1918) 67ff
Ein Kind wird geschlagen (1919) 116
Jenseits des Lustprinzips (1920) 78f
Massenpsychologie und Ich-Analyse (1921) 85ff, 94, 102
Fußnote zum „Kleinen Hans" (1923) 66
Das Ich und das Es (1923) 80, 85, 94, 102
Die infantile Genitalorganisation (1923) 218
Der Untergang des Ödipuskomplexes (1924) 57, 79
Der Realitätsverlust bei Neurose und Psychose (1924) 164, 218f, 221
Das ökonomische Problem des Masochismus (1924) 169f, 218
Neurose und Psychose (1924) 164, 2218, 221, 231f
Die Verneinung (1925) 145, 224
Einige psychische Folgen des anatomischen Geschlechtsunterschiedes (1925) 218
Hemmung, Symptom und Angst (1926) 17, 43, 65f, 69f, 75, 80f, 152
Nachwort zur „Frage der Laienanalyse" (1927) 179
Über den Fetischismus (1927) 117f, 163f, 216, 219, 221f
Das Unbehagen in der Kultur (1929) 85, 135, 225
Warum Krieg? (Brief an Einstein, 1932) 135
Neue Folge der Vorlesungen zur Einführung in die Psychoanalyse (1933) 86
Konstruktionen in der Analyse (1937) 150, 153f Die endliche und die unendliche Analyse (1937) 53, 68, 149f, 162f, 233

Die Ichspaltung im Abwehrvorgang (1938–1940) 40, 42, 222
Ein Abriß der Psychoanalyse (1938–1940) 57, 149, 163, 221
Führer 88ff
Fuller, S. 104f

G
Gegenübertragung 266, 197, 201, 212
Genesis 18
Genmanipulationen 37
Gillespie, W. H. 121
Gleichheit 30, 86ff
Glover, E. 118, 129, 138ff, 192
Glover, J. 123ff
Goethe, J.W. 81
Greenacre, P. 107, 121
Grunberger, B. 61, 79, 83, 118, 187, 190
Gruppen 82ff

H
„Hans, Der kleine" 55ff, 69f, 72, 116
Herdentrieb 88
Herz, J. 82ff
Hilflosigkeit des Kindes 80
Hochstapler 106ff
Hoffmann, E.T.A. 34
Homosexualität 61, 74, 116ff
Hybride 15ff, 32ff
Hybridisierung 18
Hybris 15ff, 31ff
Hysterie 217

I
Ich-Ideal 42ff, 53, 84ff, 134, 224, 229
Ich, infantiles 49, 70, 151
Ichspaltung 164
Idealisierung 97, 101, 129, 136, 199, 223f
Identifikation 61, 103ff, 108f
Ideologien 83f, 91ff, 191
Imitation 109

Impotenz, infantile 9
instinktives Wissen 78
Instinkttheorie 78
Interpretationen 149, 153, 160, 174, 183, 198, 203
Inzest 10, 42, 56, 80f
Inzesttabu 9, 16f, 22, 180
Ionesco, E. 50, 84

J
Jacobson, E. 109
Jean-Jacques 51ff, 116
Jelinski, C. 35
Jones, E. 56
Josephus, F. 28
Juliette, Die Geschichte der 11ff
Justine, Die neue 11ff, 20

K
Kastrationsangst, -komplex 41ff, 55, 66ff, 73, 79, 84, 120, 122, 218
Klein, M. 187
Kloakentheorie 68
kollektive Phänomene 86ff
Konstruktion 149ff
Krafft-Ebing, R. 118
Kriminalität 105, 119
Kunst 133ff

L
Lacan, J. 125
Le Bon, G. 91
Leichenverbrenner, Der 82ff, 95
Leonardo da Vinci 71, 132
Libidotheorie 44
Lind, J. (Die schwedische Nachtigall) 100
Lustprinzip 37ff, 44, 78f, 193
Luzifer 20, 24
luziferische Charaktere 24ff

M
Machttrieb 57
Magie 36
Masochismus 61, 169

Masse *siehe* Gruppen
Masturbation 41, 51
McDougall, J. 118, 189, 227
Mimikry 106
Molière 112f
Montherlant, H. de 103
Monismus *siehe* phallischer M.
moralische Motive 80
Mord 12, 82, 93
Mutterbeziehung 45, 66, 71, 89, 223ff
Muttergottheit 92
Mystiker 83

N
Nachtigall, Die chinesische 98ff
Namensgebung 19
Narzißmus 39ff, 79, 82ff
Natur 12, 141
Nazismus 8, 37, 83, 92
Nekrophilie 82ff
Neugier 57
Neurose 67, 132, 216ff
nomos 19
Norbert 154ff
Novey, S. 107

O
Objektbeziehung 44
Ödipuskomplex 8, 42ff, 56, 62ff, 71, 78f, 84, 120, 124, 127, 223
Onanie *siehe* Masturbation
Ontogenese 76

P
paranoider Kern 69
Parkin A. 121, 128
Passivität 69
Payne, S. 121
Penis = Kind = Fäzes 111, 134, 210
perverser Kern 7, 84
phallischer Monismus 55, 58, 62, 67, 71, 78ff, 91, 125
Phallus *siehe* analer Ph.
Phallusimago, mütterliches 71

Phylogenese 76, 127, 135, 180
Planet der Affen 23, 190
Prägenitalität 9, 46, 80, 114f, 121, 134, 200
Prinz, Der glückliche 143f
Proselytenmacherei 95
Prüfungsträume 47ff
Psychose 162f, 216ff
Pubertät 55

R
Rank, O. 125, 179, 187
Realität 9f, 21ff, 53, 178f, 187, 223, 231f
Realitätsprinzip 37ff, 44
Realitätsverlust 216ff
Regression 9, 89, 93, 181ff, 210, 231
Reich, A. 108f
Romain 180ff
Rosenberg, B. 189
Rousselot, J. 131
Rrose Sélavy 237, 194ff

S
Sacher-Masoch 230
Sade, M. de 10ff, 20, 23, 83, 135, 189, 230
Sadismus 10ff
Sakrileg 11
Sandler, J. 92f
Schautrieb 57
Schmideberg, M. 105
Schöpfung 101, 1005, 115ff, 131ff
Schuldgefühle, fehlende 167, 200
Schwarze Messe 21
Shakespeare, W. 53, 148
Socarides, C. 121, 123
Sodom, Die 120 Tage von 10ff, 20
Sperling, M. 121ff
Stoller, R. 124
Sublimierung 131, 138
Sueton, I. 24ff

T
Talleyrand 105
Teufelsreligion 19

243

therapeutischer Bund 162ff
Thomasevangelium 21
Transvestitenkabarett 8
Trieb 40

U
Über-Ich 53, 61, 84ff, 152f, 200
Übertragung 150ff, 157, 166, 199
Uniformität 88ff
Urhorde 87, 180
Urszene 66f, 77f, 116, 167, 189, 227

V
Vagina 62, 67, 78
Vater, Entthronung des 34f
Vater, Identifikation mit dem 44
Vater, Abwertung des 46
Vaterkomplex 88
Verdauung 83
Verdauungstrakt 26, 31ff, 190, 209
Verdrängung 70, 147, 220, 225ff, 227f, 233
Verführung 73ff, 223ff
Verleugnung 217, 221, 227, 232
Vermischung, die verbotene 15ff, 210
Verneinung 145

W
Weissmann, P. 122
Wells, H.G. 24, 32ff
Wilde, O. 140ff
Wirklichkeit *siehe* Realität
Wissenstrieb 57
„Wolfsmann, Der" 67ff, 152, 217
Wulff, M. 121

Z
Zürn, U. 35
Zwangsneurose 17, 217

Susann Heenen-Wolff
„Wenn ich Oberhuber hieße..."
Die Freudsche Psychoanalyse zwischen
Assimilation und Antisemitismus
Psychologie 4
Format 14 x 20,5 cm, Paperback
ca. 220 S., ca. DM 27,80
ISBN-Nr. 3-923301-18-9

> Daß zwischen der Psychoanalyse und dem, was man gemeinhin „jüdischen Geist" nennt, eine sehr enge Beziehung besteht, scheint so selbstverständlich zu sein, daß man sich in der Regel nicht darum bemüht, diesen „jüdischen Geist" zu definieren oder nach der spezifischen Art und Weise seiner Vermittlung zu fragen. Die Autorin geht der Frage nach, inwieweit Freuds gesellschaftliche Situation als Jude von Bedeutung für die Entwicklung der psychoanalytischen Theoriebildung und Freuds Menschenbild war.

Jean Laplanche
Leben und Tod in der Psychoanalyse
192 S., DM 19,80
14 x 20,5 cm, Broschur
ISBN 3-923301-09-X

Jean Laplanche, Professor für Psychoanalyse an der Sorbonne, zeigt am Werk von Freud, daß die Psychoanalyse menschliche Sexualität als etwas von der Lebensordnung Abgeleitetes und zugleich dieser Fremdes versteht. Die Psychoanalyse selbst ist, entsprechend ihrem Gegenstand, ein Derivat der Biologie und zugleich deren Verwerfung. Dieser ambivalenten Beziehung der Sexualität zum Leben und der Psychoanalyse zur Biologie geht der Autor - durch alle Widersprüche der Lehre hindurch - bis zur letzten Konsequenz nach: bis zum Begriff des Todestriebs.